Tout sur ma tablette Galaxy Tab 3 pour les Nuls

Paul Durand-Degranges

FIRST
Interactive

Tout sur ma tablette Galaxy Tab 3 pour les Nuls

Éditions First, un département d'Edi8
12, avenue d'Italie
75013 Paris - France
Tél. 01 44 16 09 00
Fax 01 44 16 09 01
Courriel : firstinfo@efirst.com
Internet : www.editionsfirst.fr

ISBN : 978-2-7540-5982-4
Dépôt légal : avril 2014
Mise en page : Catherine Kédémos
Imprimé en France par Pollina Fastline - L2083

Sommaire

Présentation

Bienvenue dans *Tout sur ma tablette Galaxy Tab 3 pour les Nuls* ! Grâce à cet ouvrage, vous allez démarrer rapidement dans l'utilisation de votre tablette.

Devenir un expert

Que vous soyez un débutant ou un utilisateur déjà expérimenté, vous trouverez dans cet ouvrage les réponses à toutes les questions que vous vous posez sur votre tablette.

Vous apprendrez à bien utiliser votre tablette, avec les manipulations quotidiennes ou plus avancées, et à personnaliser et protéger votre appareil.

Des questions et surtout des réponses

Cet ouvrage est conçu pour vous apporter des réponses. Il est présenté sous la forme de tâches. Vous trouverez les informations nécessaires lorsque vous en aurez besoin.

Que faire lors du premier démarrage ? Comment déverrouiller la tablette ? Comment débloquer un programme ? Comment envoyer des courriels ? Voici des exemples de questions auxquelles vous trouverez une réponse dans *Tout sur ma tablette Galaxy Tab 3 pour les Nuls*.

Des tâches simples et illustrées

Dans chacun des thèmes abordés, chacune des tâches de *Tout sur ma tablette Galaxy Tab 3 pour les Nuls* propose des procédures ou des réponses claires.

Les captures d'écran illustrant chacune des explications permettent de repérer les zones concernées par les manipulations. Vous êtes ainsi guidé dans la mise en œuvre des solutions proposées.

Organisation de l'ouvrage

Le *Chapitre 1* présente les manipulations à réaliser lors de la première mise en route de la tablette.

Le *Chapitre 2* décrit un ensemble de manipulations à connaître absolument, que vous soyez un novice ou un utilisateur aguerri.

Le *Chapitre 3* vous explique comment saisir des informations sur la tablette à l'aide du clavier virtuel.

Le *Chapitre 4* présente les applications fournies avec la tablette.

Le *Chapitre 5* vous indique comment personnaliser l'écran d'accueil de votre tablette.

Au *Chapitre 6*, vous apprendrez à configurer votre tablette pour la connecter à un réseau.

Les *Chapitres 7, 8* et *9* sont respectivement consacrés à la navigation sur le Web, au courrier électronique et aux messageries instantanées.

Au *Chapitre 10*, vous découvrirez comment obtenir de nouvelles applications pour votre tablette.

Ensuite, place au multimédia. Le *Chapitre 11* est consacré à la musique. Le *Chapitre 12* à la lecture de livres électroniques, le *Chapitre 13* vous indique comment regarder des vidéos et le *Chapitre 14* vous apprend la photographie et la vidéo.

Les *Chapitres 15* et *16* présentent les réseaux sociaux avec, respectivement, Facebook et Twitter.

Grâce aux *Chapitres 17* et *18*, vous allez apprendre à manipuler les fichiers sur votre tablette et à connecter cette dernière à un ordinateur.

Les *Chapitres 19* et *20* présentent des applications pour vous organiser, gérer vos contacts et votre emploi du temps.

Le *Chapitre 21* présente l'application Maps que vous utilisez pour vous repérer et l'application Navigation qui offre un guidage vocal pour atteindre une destination.

Le *Chapitre 22* donne quelques astuces pour protéger votre tablette et la retrouver en cas de perte.

Enfin, le *Chapitre* 23 vous indique comment utiliser le téléphone et comment envoyer des SMS, si votre modèle de tablette est équipé d'un emplacement pour carte SIM.

Si vous avez besoin de conseils ou si vous avez une question à propos d'un élément qui manque dans cet ouvrage, n'hésitez pas à me contacter par courriel :

paul.durand-degranges@wanadoo.fr.

Vous avez également la possibilité de vous abonner à mon compte Twitter (@pauldurandd) ou à ma page Facebook (`http://on.fb.me/19aAYW6`).

Bonne lecture !

Galaxy Tab 3 7" et 8" en un coup d'œil

1. Appareil photo/caméra frontale
2. Capteur de lumière
3. Écran tactile
4. Bouton Menu
5. Bouton Accueil
6. Bouton Retour
7. Haut-parleurs
8. Connecteur USB
9. Micro
10. Bouton Marche/Arrêt
11. Bouton de volume sonore
12. Appareil photo arrière
13. Connecteur pour casque ou haut-parleur
14. Emplacement micro SD

Galaxy Tab 3 10.1" en un coup d'oeil

1. Capteur de lumière
2. Appareil photo/caméra frontale
3. Écran tactile
4. Bouton Menu
5. Bouton Accueil
6. Bouton Retour
7. Connecteur pour casque ou haut-parleur
8. Haut-parleurs
9. Connecteur Micro USB
10. Micro

11 Appareil photo arrière

12 Connecteur USB 2

13 Emplacement micro SD

14 Bouton de volume sonore

15 Bouton Marche/Arrêt

Gestes de base

Toucher ou **Taper** Touchez la surface de l'écran pour effectuer une opération équivalente à un clic. Touchez, par exemple, un bouton, une icône ou une touche de clavier.

Pincer et **Écarter** Placez le pouce et l'index (ou le pouce et le majeur si vous trouvez cela plus pratique) sur l'écran. Lorsque vous écartez les doigts, vous effectuez un zoom avant (vous agrandissez ce qui est affiché à l'écran) et lorsque vous pincez les doigts, vous faites un zoom arrière (vous réduisez la taille de ce qui est affiché à l'écran).

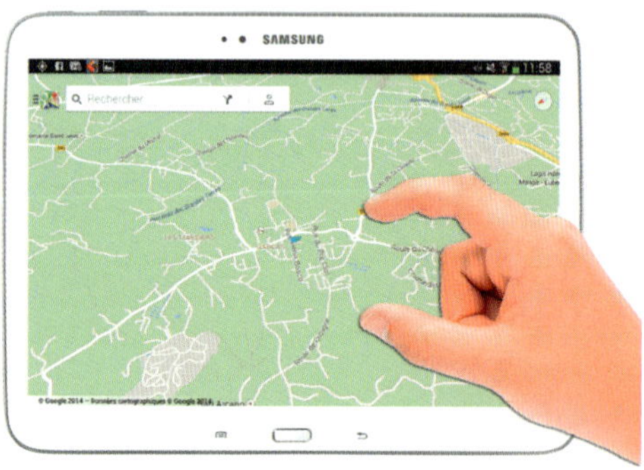

Glisser Posez votre doigt sur l'écran et faites-le glisser dans la direction où vous souhaitez déplacer l'élément sous votre doigt.

Donner une pichenette Vous donnez une pichenette sur l'écran dans la direction où vous souhaitez faire défiler le contenu. Vous touchez l'écran pour arrêter le défilement.

Changer d'orientation Lorsque vous faites pivoter votre tablette, le contenu pivote automatiquement. Vous avez la possibilité de bloquer le changement automatique d'orientation afin d'éviter les modifications intempestives.

Chapitre 1

Premier démarrage

Dans ce chapitre :

- Préparer le premier démarrage
- Recharger la tablette
- Procéder au premier démarrage
- Mettre en veille la tablette
- Sortir la tablette du mode Veille
- Arrêter la tablette

Vous venez d'avoir votre nouvelle tablette Galaxy Tab et vous avez hâte de commencer à l'utiliser. Vous ne savez pas très bien par où commencer ? Ce chapitre vous présente les éléments essentiels lors de votre première prise de contact.

Préparer le premier démarrage

Lors du premier démarrage de votre tablette, vous allez devoir fournir quelques informations.

La batterie de la tablette dispose certainement de suffisamment d'autonomie pour vous permettre d'effectuer ce premier démarrage, toutefois vous pouvez commencer par recharger votre tablette avant de procéder à ce premier démarrage.

Si vous êtes impatient, mettez votre tablette en charge et utilisez-la alors qu'elle est toujours en charge.

> NOTE : Si vous possédez un modèle qui se connecte au réseau cellulaire, insérez la carte SIM dans le tiroir prévu à cet effet (si la carte ne s'y trouve pas déjà), comme indiqué par la suite.

Recharger la tablette

Pour recharger votre tablette, utilisez le câble fourni par Samsung. Le côté le plus petit se connecte au bas de la tablette.

Lorsque votre tablette est en fonctionnement, vous pouvez voir une icône représentant la batterie dans le coin inférieur droit.

De l'autre côté du câble, vous trouvez un connecteur USB et vous avez deux possibilités pour le connecter :

- Vous l'insérez dans le chargeur fourni avec votre tablette et vous branchez ce dernier sur une prise secteur.
- Vous l'insérez dans un port USB d'un ordinateur (PC ou Mac) sous tension.

> NOTE : Si une croix s'affiche sur la batterie, cela signifie que celle-ci n'est pas en charge. C'est le cas par exemple lorsque vous connectez la tablette à un ordinateur et que la tablette n'est pas totalement éteinte. Pour utiliser la tablette tout en la rechargeant, servez-vous de l'adaptateur secteur.

Insérer les cartes

À l'arrière de la tablette, vous trouvez les emplacements pour la carte micro SD et, selon le modèle de tablette, pour la carte micro SIM.

1. À l'aide de votre ongle, ouvrez le compartiment pour la micro SD.

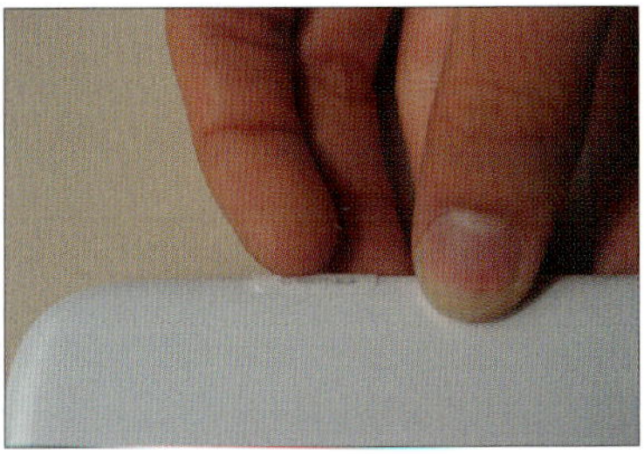

2. Insérez la carte dans son logement. Notez que si vous avez conservé le plastique de protection à l'arrière de la tablette, un dessin vous indique dans quel sens insérer la carte. Si vous n'avez pas conservé ce plastique, placez l'encoche de la carte vers le bas de la tablette.

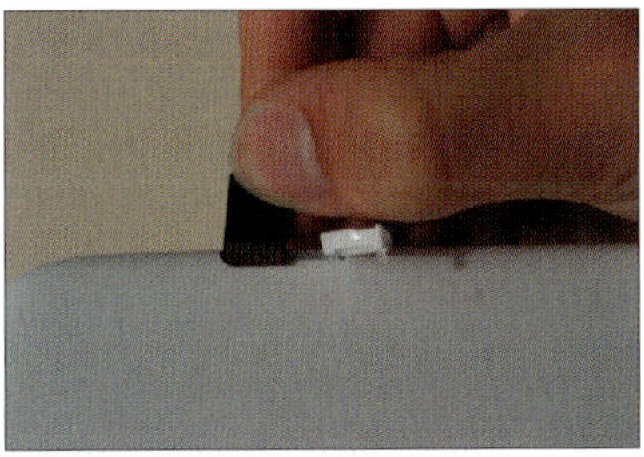

3. Refermez le compartiment de la carte.

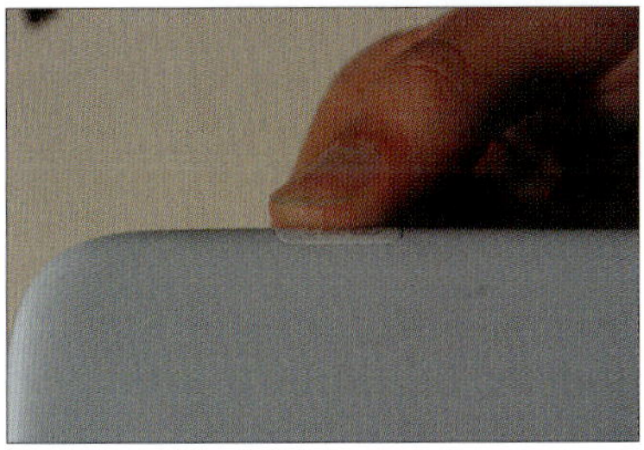

4. Si votre tablette est équipée d'un emplacement pour une carte SIM, ouvrez le compartiment de la carte avec votre ongle.

5. Insérez la micro SIM dans le compartiment. Ici encore, si vous avez conservé le plastique de protection, aidez-vous du dessin. Dans le cas contraire, placez la puce vers vous, l'encoche en haut à gauche.

6. Refermez le compartiment de la carte micro SIM.

Procéder au premier démarrage la tablette

Lors du premier démarrage de la tablette, vous devez répondre à quelques questions. Ne vous inquiétez pas, cela n'a rien de compliqué et c'est une opération que vous effectuez une seule fois.

1. Appuyez sur le bouton Marche/Arrêt jusqu'à ce que l'écran s'allume.

2 Dans le premier écran, « Bienvenue », tapez la ligne indiquant la langue, puis choisissez **Français**. Tapez le bouton **Suivant**.

NOTE : Pour revenir à l'écran précédent à tout instant, touchez le bouton sensible Retour (il est placé à droite du bouton en bas au centre de l'écran).

3 Si vous n'avez pas inséré de carte SIM dans votre tablette (et que le modèle le permet), un écran vous l'indique et vous rappelle les opérations à effectuer pour insérer la carte SIM. Tapez **Suivant**.

4 Dans l'écran suivant, sélectionnez votre réseau Wi-Fi en touchant ce dernier. Selon la configuration du réseau, il peut être nécessaire de saisir un mot de passe ou vous pouvez profiter du système WPS pour connecter facilement votre tablette si votre box le permet.

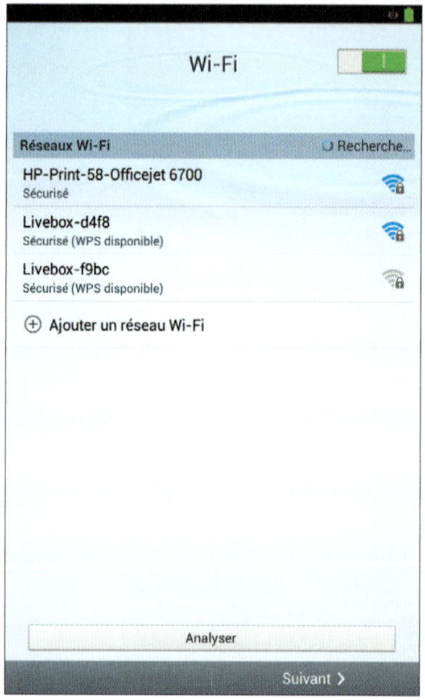

5 Vérifiez la date et l'heure ainsi que le fuseau horaire, puis touchez **Suivant**. Si vous devez modifier la date, l'heure ou le fuseau horaire, touchez l'élément concerné puis, dans le nouvel écran, effectuez le réglage.

❻ La page Contrat utilisateur final s'affiche. Pour continuer vous devez accepter ce contrat, touchez la case en regard de **Je comprends et accepte les conditions d'utilisation ci-dessus**. Si vous ne souhaitez pas envoyer de manière anonyme les rapports d'erreur de votre appareil, touchez **Non merci**. Touchez **Suivant**.

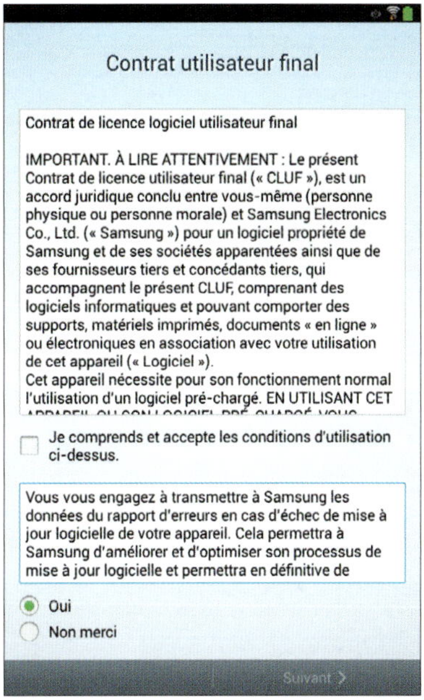

❼ Si vous le souhaitez, vous pouvez créer un compte Samsung ou vous connecter à l'aide d'un compte que vous possédez déjà (avec un autre appareil de la marque). Si vous ne souhaitez pas utiliser de compte Samsung dans l'immédiat, touchez **Ignorer**.

8 Indiquez si vous possédez un compte Google. Si vous utilisez déjà une adresse Gmail, vous possédez un compte. Si vous ne possédez pas de compte, un écran vous propose d'en créer un. Si vous en possédez un, vous pouvez saisir vos identifiants.

9 Indiquez vos choix en matière de géolocalisation.

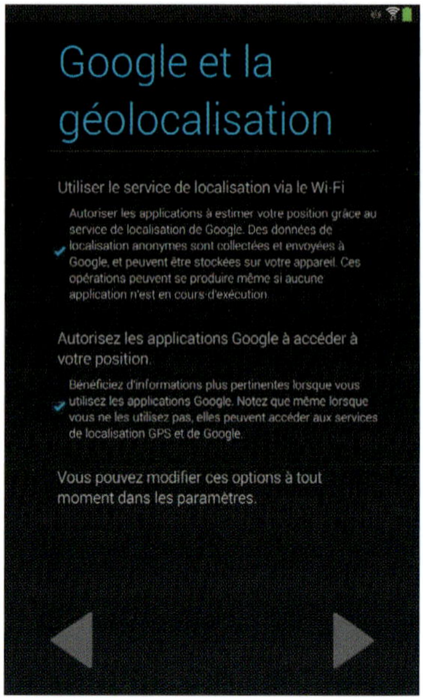

10 À l'aide du clavier virtuel, saisissez votre prénom puis touchez la zone **Nom** pour saisir votre nom.

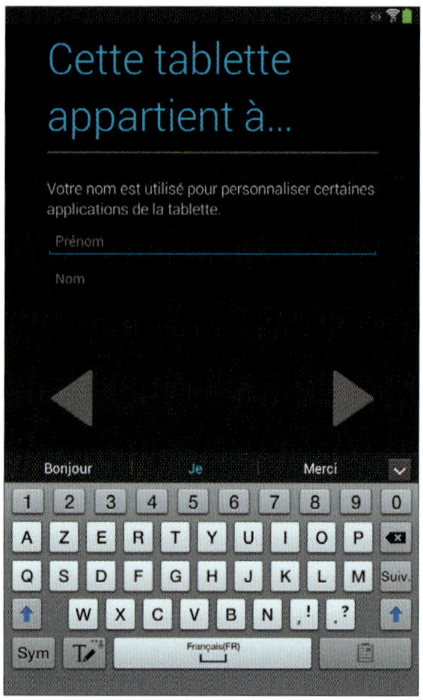

⓫ Indiquez si vous souhaitez créer un compte Dropbox, utiliser un compte existant ou ignorer cette étape.

⓬ Activez ou désactivez certaines fonctionnalités en tapant les interrupteurs concernés. Pour plus d'informations sur une fonctionnalité, touchez son libellé pour afficher une fenêtre d'aide.

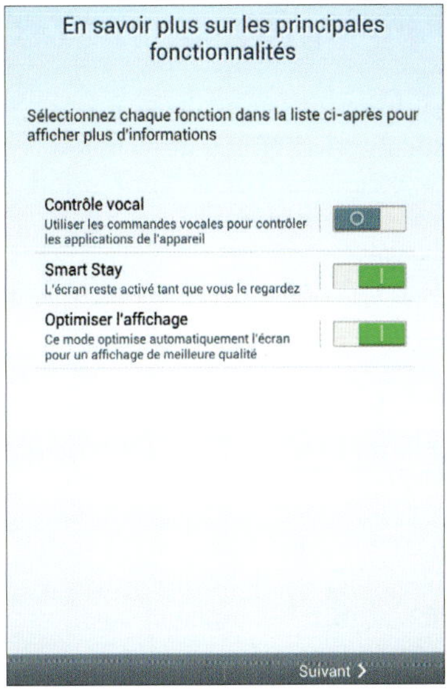

⓭ Dans le dernier écran, il vous est proposé de nommer votre appareil. Par défaut, le modèle de l'appareil est utilisé, vous modifiez ce nom pour qu'il soit plus parlant lorsque vous recherchez votre appareil sur le réseau. Touchez **Terminer**.

⓮ La page d'accueil s'affiche une fois que vous avez terminé la configuration.

Mettre en veille la tablette

Par défaut, au bout de trente secondes, la tablette passe automatiquement en mode Veille. L'écran s'éteint et l'on a l'impression que la tablette s'est arrêtée.

Vous avez aussi la possibilité de mettre en veille votre tablette en appuyant rapidement sur le bouton de démarrage.

Passez votre tablette en mode Veille pour économiser de l'énergie – puisque vous éteignez l'écran, pour éviter les erreurs de manipulation (si vous touchez l'écran, rien ne se passe). Si vous personnalisez la sortie de veille, vous pouvez aussi éviter que des personnes non autorisées utilisent votre tablette en demandant, par exemple, la saisie d'un code.

> NOTE : Si vous trouvez que le délai de trente secondes avant que l'écran passe en mode Veille est un peu court, vous avez la possibilité de modifier celui-ci dans les paramètres de la tablette.

Sortir la tablette du mode Veille

1. Pour sortir du mode Veille, appuyez sur le bouton de démarrage.

2. L'écran s'allume en mode Verrouillé. Par défaut, pour le déverrouiller, faites glisser votre doigt dessus.

> NOTE : Vous avez la possibilité de paramétrer d'autres méthodes pour déverrouiller la tablette. Par exemple, activez la reconnaissance de votre visage.

Arrêter la tablette

1. Appuyez longuement sur le bouton d'allumage, la fenêtre Options de la tablette apparaît.

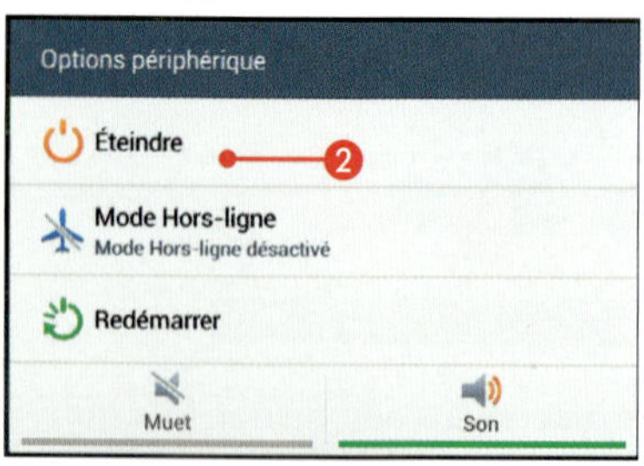

2. Touchez **Éteindre** pour arrêter la tablette. Touchez **Mode Hors-ligne** pour désactiver le Wi-Fi ou la 3G comme cela est demandé, par exemple, dans les avions. Touchez **Redémarrer** pour redémarrer votre tablette.

> NOTE : Vous avez également la possibilité d'activer le mode Muet dans la fenêtre Options de la tablette.

Chapitre 2

Manipulations de base de l'écran

Dans ce chapitre :

- Toucher l'écran
- Écarter et pincer
- Effectuer un zoom rapide
- Faire pivoter
- Faire glisser
- Découvrir l'écran de la tablette tactile
- Découvrir l'écran d'accueil
- Naviguer dans les écrans d'accueil
- Les boutons de navigation
- Mode Portrait et Paysage
- Utiliser le mode Vue double
- Gérer les fenêtres
- Régler la luminosité et le son

Dans ce chapitre, vous allez découvrir les manipulations de base nécessaires pour utiliser votre nouvelle tablette : les gestes sur l'écran, le mode Vue double, la gestion des fenêtres, mais aussi le réglage de la luminosité et du son.

Toucher l'écran

Si vous avez démarré votre tablette comme indiqué dans le chapitre précédent, vous avez déjà utilisé l'une des principales manipulations de l'écran tactile : le toucher.

L'opération est très simple puisqu'il suffit de toucher du doigt (généralement de l'index) l'élément souhaité (par exemple, un bouton de validation). Par exemple, touchez l'icône **Applis**, en bas à droite de l'écran, pour afficher la liste des applications présentes sur votre tablette.

> NOTE
> Même si vous avez de gros doigts, les zones sont généralement suffisamment espacées pour que vous puissiez toucher les commandes sans problème.

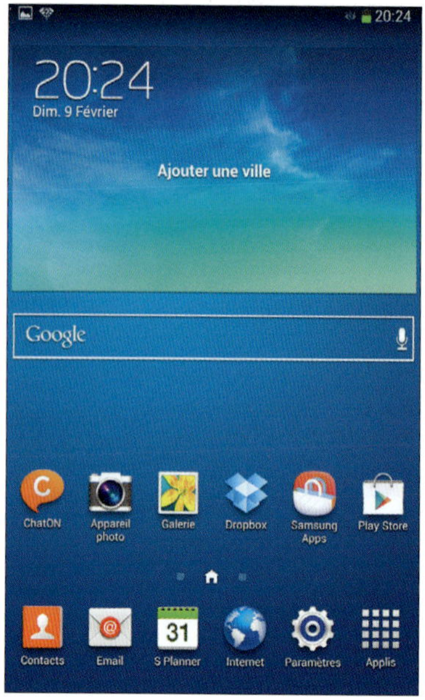

Écarter et pincer

Lorsque vous utilisez certaines applications, vous avez la possibilité de faire des zooms (avant ou arrière) sur ce qui est affiché à l'écran. Par exemple, si vous affichez une photo, vous pouvez faire un zoom sur un élément précis. Pour expérimenter les mouvements pincer et écarter, ouvrez l'application Maps. Pour cela, affichez les applications, comme indiqué dans la section précédente, puis touchez l'icône **Maps**, pour ouvrir cette application.

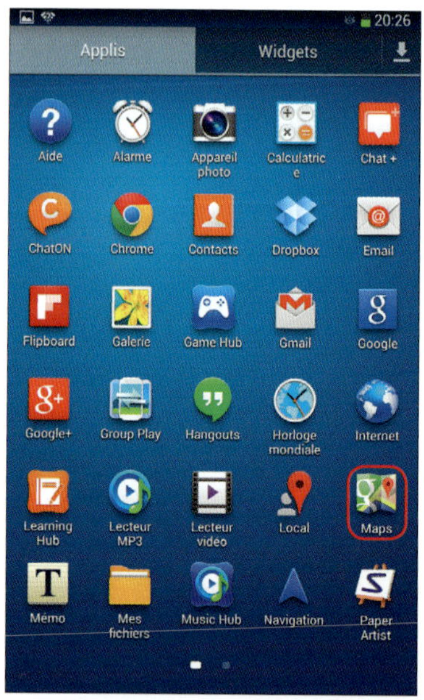

NOTE

Il peut être nécessaire de répondre à quelques questions lors du premier démarrage de l'application. De plus, vous devez être connecté à Internet pour pouvoir utiliser Maps.

1 Pour effectuer un zoom avant (agrandir) sur une zone précise, placez votre pouce et votre index sur la zone.

2 Écartez les doigts comme pour étirer ce qui se trouve entre le pouce et l'index.

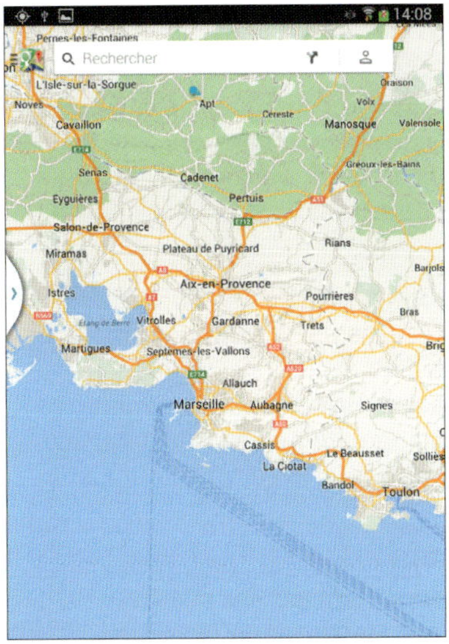

3 Si nécessaire, recommencez l'étape 1 pour continuer d'agrandir la zone souhaitée. Notez qu'il existe toujours une limite au-delà de laquelle vous ne pouvez plus zoomer.

4 Pour faire un zoom arrière (réduire), effectuez l'opération inverse : vous placez votre pouce et votre index (écartés) sur la zone à réduire, puis vous pincez les doigts comme pour resserrer la zone concernée.

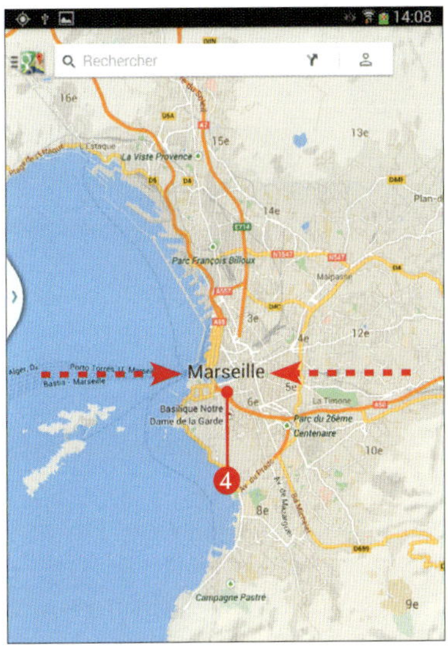

Effectuer un zoom rapide

Dans la section précédente, vous avez vu comment écarter les doigts pour effectuer un zoom sur un point précis. Il existe une méthode un peu plus rapide : le double-toucher.

En conservant l'exemple de l'application Maps, double-touchez (touchez deux fois rapidement l'écran) la zone sur laquelle vous souhaitez faire un zoom. Le zoom s'effectue immédiatement et vous pouvez continuer de zoomer en double-touchant plusieurs fois.

Selon les programmes, le comportement du double-toucher n'est pas le même. Par exemple, avec le navigateur Internet.

❶ Double-touchez une zone de la page Web (du texte ou une image) pour faire un zoom sur la partie concernée afin de mieux la visualiser.

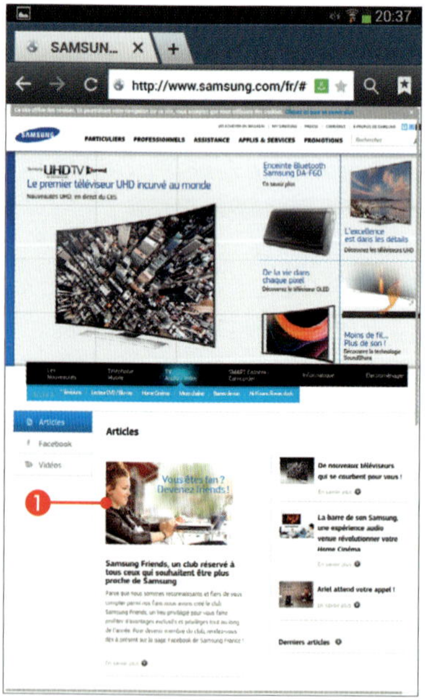

❷ Double-touchez de nouveau l'écran pour rendre à la page sa taille d'origine.

Faire pivoter le contenu

Avec deux doigts posés sur l'écran, vous pouvez faire pivoter l'image dans certaines applications. En restant dans l'application Maps, vous avez la possibilité de changer l'orientation du plan.

1 Placez vos deux doigts sur l'écran, par exemple le pouce sur le point qui ne doit pas bouger et l'index sur un autre point.

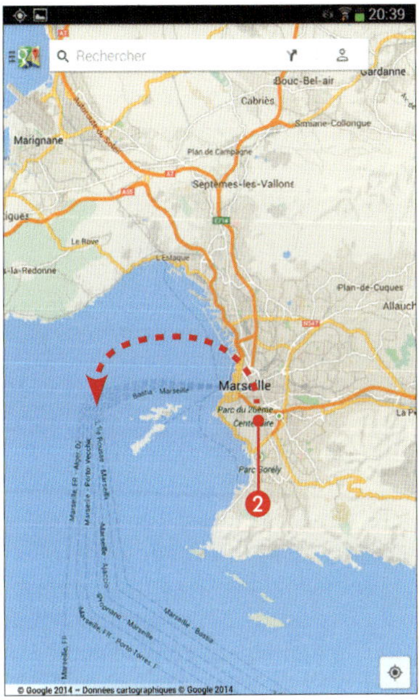

2 Déplacez votre index comme si vous utilisiez vos deux doigts comme un compas. Au lieu de tracer un cercle, votre index fait pivoter l'image avec votre pouce comme point central.

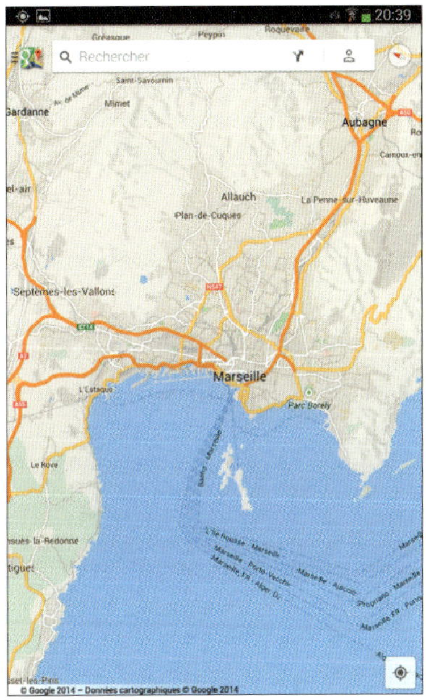

Faire glisser et donner une pichenette

Il existe encore deux mouvements de base que vous devez connaître : faire glisser et donner une pichenette.

❶ Pour faire glisser, placez votre doigt sur l'écran.

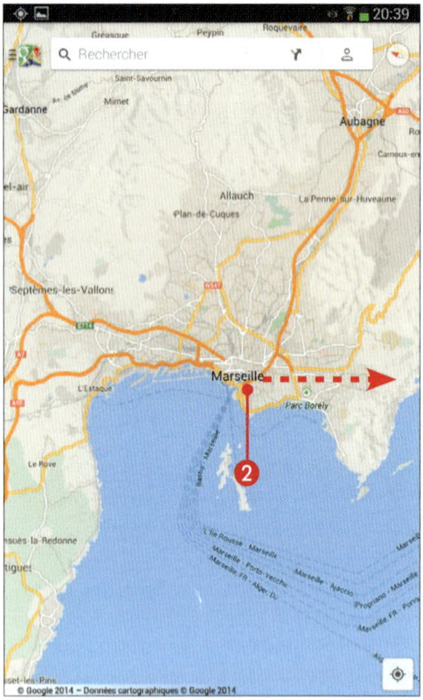

❷ En laissant le doigt sur l'écran, faites-le glisser dans le sens souhaité pour déplacer l'élément affiché. Ceci fonctionne dans l'application Maps, mais c'est aussi une manipulation essentielle avec les listes.

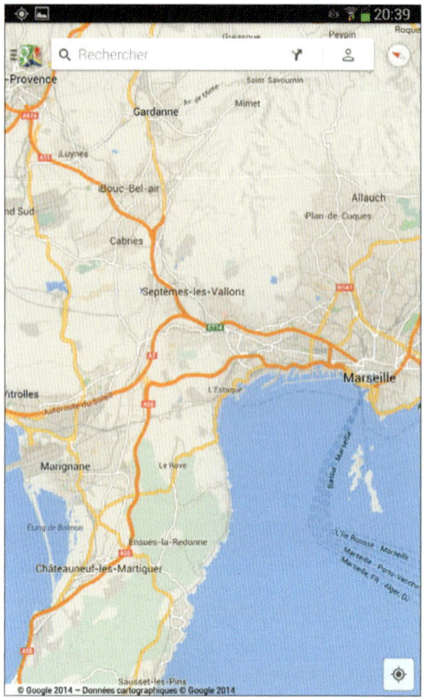

❸ La pichenette permet de faire défiler rapidement le contenu : placez votre doigt sur l'écran et d'un geste rapide, en relevant le doigt, donnez une impulsion pour faire défiler. Le défilement s'arrête seul (la vitesse et la durée dépendent de l'application). Vous pouvez arrêter le défilement en replaçant votre doigt sur l'écran (ou sur la liste qui défile).

Découvrir l'écran d'accueil

L'écran d'accueil (ou la page d'accueil) propose les fonctions principales de votre tablette. Vous avez ainsi à disposition immédiate les applications qui vous sont les plus utiles.

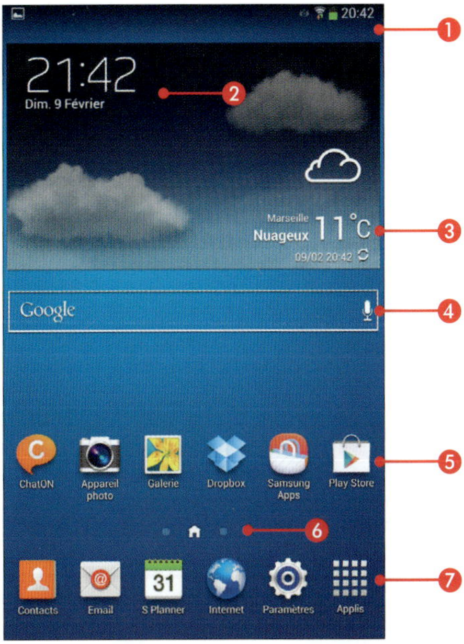

❶ **Barre de statuts**. Placée en haut de l'écran, elle vous informe *via* des icônes spécifiques.

❷ **Date et heure**.

❸ **Météo locale**.

❹ **Barre de recherche Google**. Touchez cette zone pour afficher une page de recherche Google.

❺ **Icônes de raccourcis**. Des applications s'affichent, touchez une icône pour ouvrir l'application concernée.

❻ **Points de navigation.** Ils indiquent quelle page d'accueil est affichée à l'écran.

❼ **Barre d'accès rapide**. Elle s'affiche sur l'ensemble des pages d'accueil et permet d'accéder aux applications les plus utilisées. L'icône de droite, Applis, donne accès à toutes les applications installées sur votre tablette.

Découvrir les boutons de navigation

Au bas de l'écran, vous trouvez trois boutons que vous allez utiliser régulièrement pour naviguer sur votre tablette. Vous remarquez que le bouton central est physique alors que les deux autres sont tactiles.

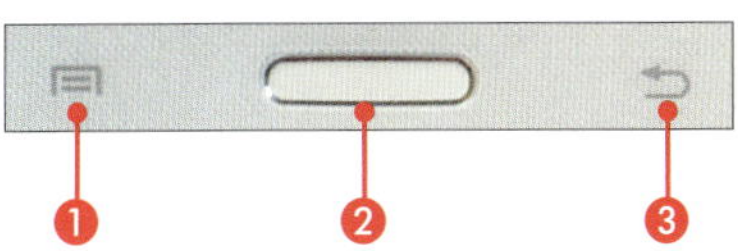

❶ **Menu**. Touchez ce bouton pour afficher un menu contenant les options disponibles pour ce qui est affiché sur votre écran.

❷ **Accueil**. Touchez ce bouton pour revenir à la page physique, il réaffiche la page d'accueil quel que soit l'élément affiché à l'écran. Restez appuyé sur l'écran pour afficher le Gestionnaire de tâches qui présente la liste des applications récentes ouvertes. Effectuez deux appuis consécutifs pour lancer l'application S Voix avec laquelle vous commandez vocalement la tablette.

❸ **Précédent**. Appuyez sur ce bouton (appelé aussi Retour) pour afficher l'écran précédent.

> Les touches tactiles sont éclairées en sortie de veille, mais elles s'éteignent en cas d'inutilisation. Elles restent toutefois actives et si vous appuyez dessus, elles exécutent les commandes prévues et se rallument.

Naviguer dans les pages d'accueil

Par défaut, votre tablette Galaxy vous propose des pages d'accueil que vous pouvez personnaliser. Vous placez sur ces pages d'accueil des icônes pour accéder à vos applications préférées ou à des widgets (par exemple, une horloge ou la météo locale). Si vous n'avez pas suffisamment de pages pour placer vos applications, vous ajoutez de nouvelles pages.

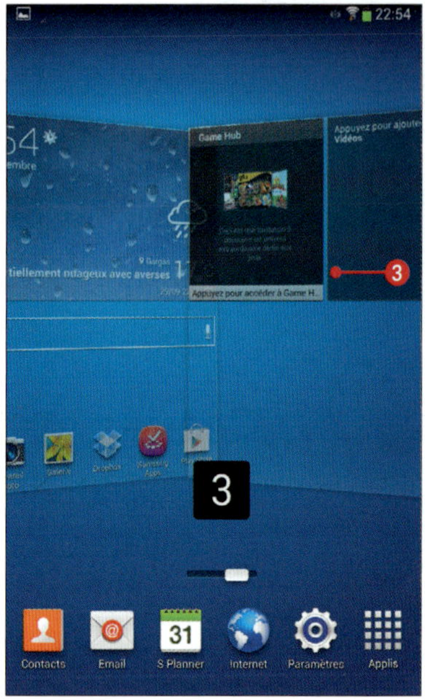

❶ Pour passer d'une page d'accueil à l'autre, donnez une pichenette sur l'écran vers la droite ou vers la gauche, selon la page d'accueil que vous souhaitez afficher.

❷ La rangée de points au bas de l'écran représente les pages d'accueil. La page d'accueil principale est représentée par une petite maison. La page d'accueil courante est repérée par un point blanc. Vous pouvez appuyer sur ces points pour passer d'une page à l'autre.

❸ Si vous restez appuyé sur les points, les pages s'affichent sur un carrousel et vous faites glisser votre doigt vers la droite ou la gauche pour afficher les pages. Relâchez votre doigt lorsque la page souhaitée s'affiche.

Gérer les pages d'accueil

Vous ajoutez ou supprimez des pages d'accueil sur votre tablette.

❶ Pour afficher l'ensemble des pages d'accueil, pincez n'importe quelle page d'accueil.

❷ Pour ajouter une page d'accueil, appuyez sur la page marquée du signe +.

❸ Pour supprimer une page, faites un appui long dessus et faites-la glisser sur la corbeille.

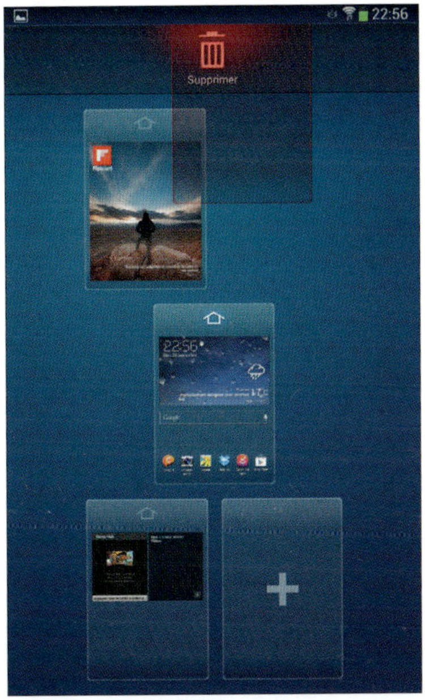

❹ Pour changer la page d'accueil par défaut (celle qui s'affiche lorsque vous appuyez sur le bouton **Accueil**), touchez la maison de la page souhaitée.

❺ Pour changer l'ordre des pages, faites un appui long sur une page puis faites-la glisser à l'emplacement souhaité.

❻ Appuyez sur le bouton **Accueil** en bas de l'écran pour revenir à la page d'accueil par défaut.

Mode Portrait et Paysage

Un capteur de mouvement, appelé accéléromètre, est intégré à la tablette. Ce capteur permet, entre autres, de déterminer dans quel sens se trouve la tablette : en mode Paysage (illustration de gauche) ou en mode Portrait (illustration de droite).

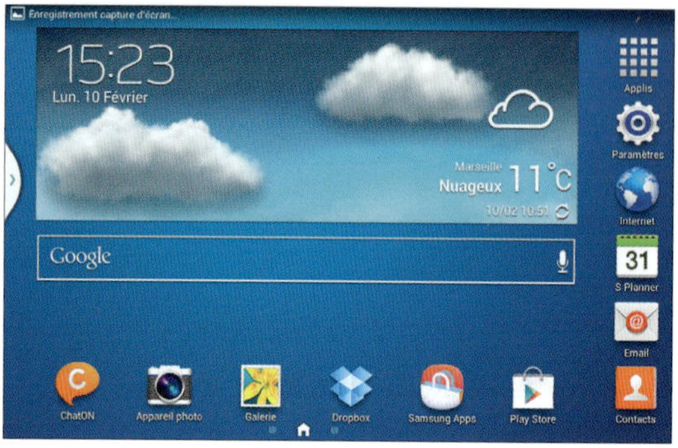

Pour activer ou désactiver l'orientation automatique de la tablette, vous devez aller dans les paramètres.

❶ Touchez l'icône **Paramètres**, en bas de l'écran d'accueil.

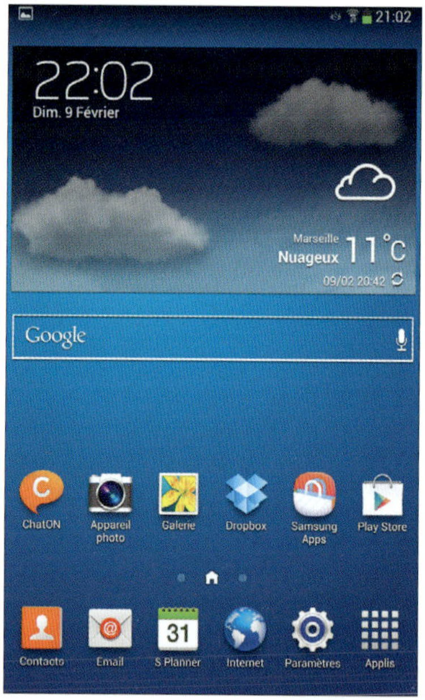

❷ Dans le volet de gauche, touchez **Accessibilité** dans la section Système.

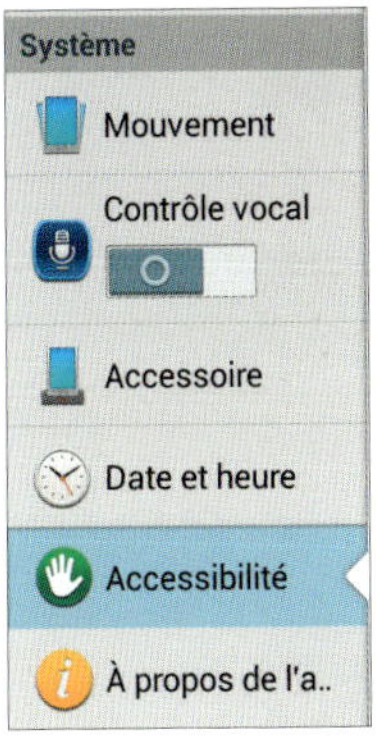

❸ Dans le volet de droite, touchez **Rotation auto. écran**. Lorsque la case est cochée, la rotation automatique est activée. Décochez la case pour que l'écran reste toujours orienté de la même manière (si vous décochez la case lorsque l'écran est en mode Portrait, il reste en mode Portrait).

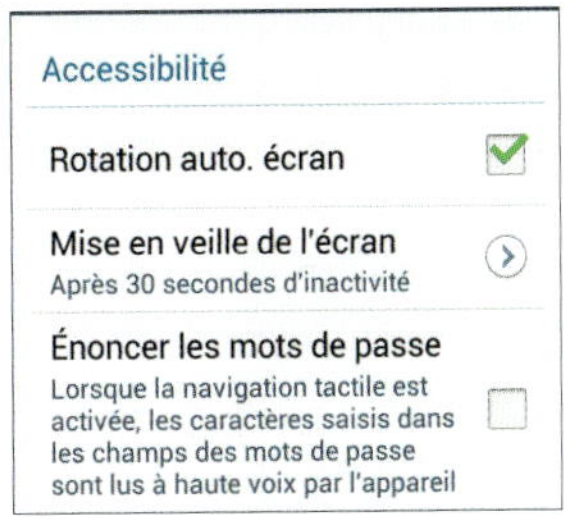

Activer le mode Fenêtres multiples

Vous avez la possibilité de partager l'écran afin d'afficher deux applications en même temps. Mais avant de pouvoir faire cela, vous devez en activer le mode.

❶ Affichez les paramètres en touchant l'icône **Paramètres** en bas de la page d'accueil.

❷ Dans le volet de gauche, touchez **Affichage**.

❸ Dans le volet de droite, cochez **Fenêtres multiples**.

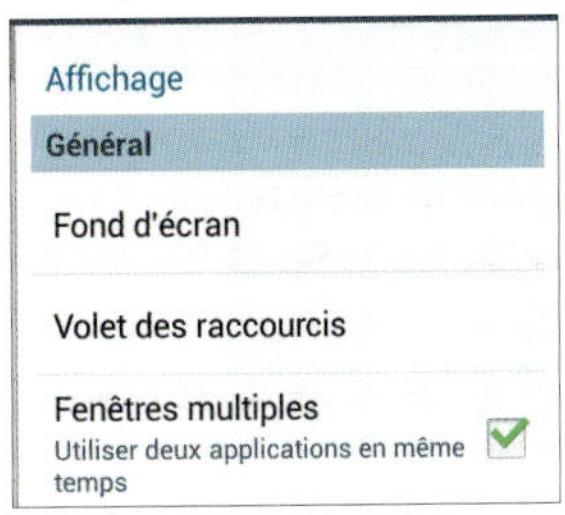

Afficher plusieurs fenêtres

Lorsque vous avez activé le mode Fenêtres multiples, un onglet s'affiche au centre du bord gauche de l'écran.

❶ Touchez l'onglet sur le côté gauche pour afficher une liste d'applications.

❷ Touchez l'icône de l'application que vous souhaitez démarrer.

❸ Touchez de nouveau l'onglet pour afficher les applications.

❹ Touchez l'icône de la deuxième application que vous souhaitez afficher. Maintenez l'appui sur l'icône.

❺ Faites glisser l'icône sur la moitié supérieure ou la moitié inférieure de l'écran.

❻ Les deux applications s'affichent en même temps. Faites glisser la barre de séparation pour dimensionner les fenêtres. Des boutons vous permettent de manipuler les fenêtres.

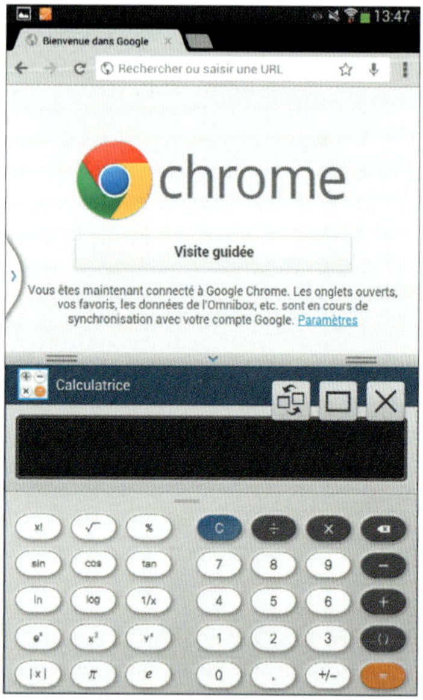

Régler la luminosité et le son

1. Affichez les paramètres en touchant l'icône **Paramètres** en bas de la page d'accueil.

2. Appuyez sur **Son** pour régler le volume et configurer les notifications.

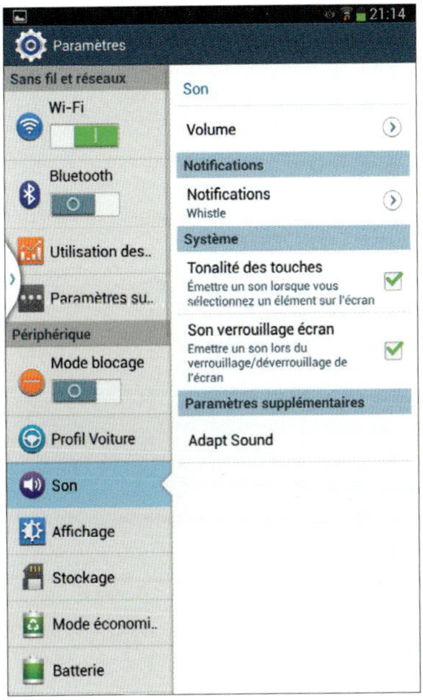

3. Pour régler la luminosité, touchez **Affichage** dans le volet de gauche, puis **Luminosité** dans le volet de droite.

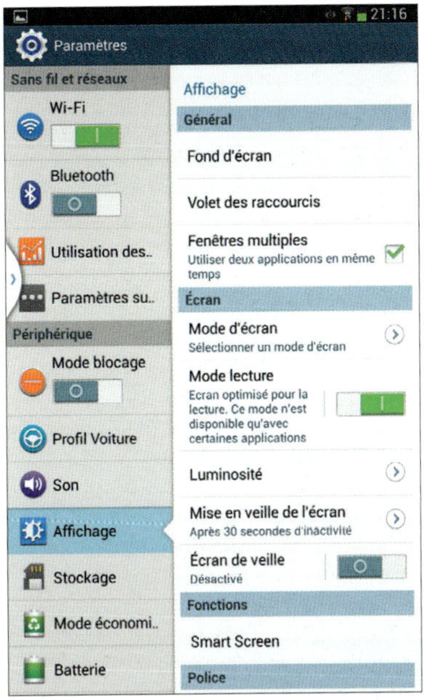

4. Faites glisser le curseur pour régler la luminosité. Cochez la case **Luminosité automatique** si vous souhaitez que la luminosité se règle automatiquement en fonction de la luminosité ambiante.

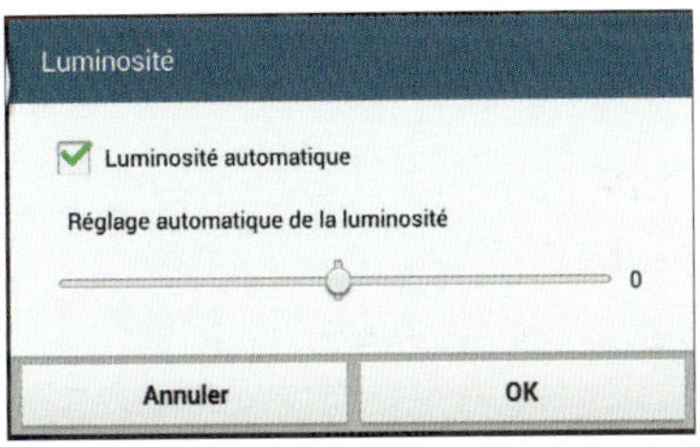

> Pour régler le volume sonore, utilisez les boutons à droite du bouton de mise en marche de la tablette.

Chapitre 3

Découvrir le clavier virtuel

Dans ce chapitre :

- Utiliser le clavier
- Changer l'aspect du clavier
- Déplacer le clavier
- Changer de type de clavier
- Obtenir la ponctuation et les symboles
- Obtenir des majuscules
- Utiliser le texte intuitif
- Dicter du texte
- Sélectionner et modifier du texte
- Copier, couper et coller

Vous l'avez remarqué, votre tablette n'est pas équipée d'un clavier physique. Cela ne vous empêchera pas de saisir du texte. Pour cela, vous utilisez un clavier virtuel qui s'affiche à l'écran.

Utiliser le clavier

Le clavier apparaît automatiquement dès que vous touchez une zone dans laquelle vous devez saisir des informations.

❶ Touchez la zone dans laquelle vous souhaitez saisir des informations. Par exemple, touchez **Rechercher,** en haut de l'application Maps.

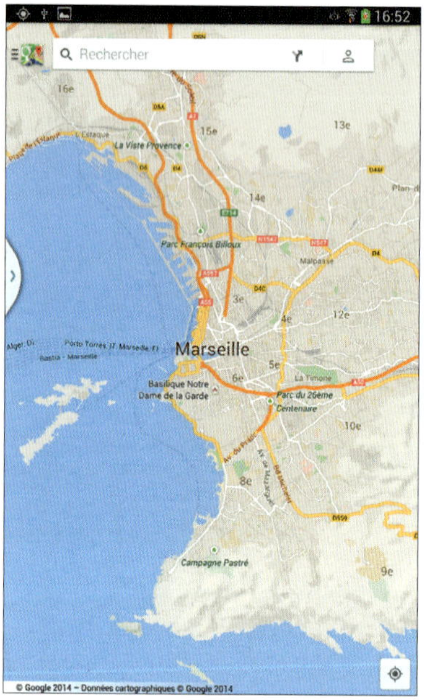

❷ Appuyez sur les touches du clavier virtuel pour saisir votre texte.

❸ Notez que dans le cas de Maps, la touche Entrée arbore l'icône d'une loupe pour indiquer qu'elle permet de lancer la recherche. Le contenu du clavier s'adapte souvent au contexte dans lequel il est utilisé.

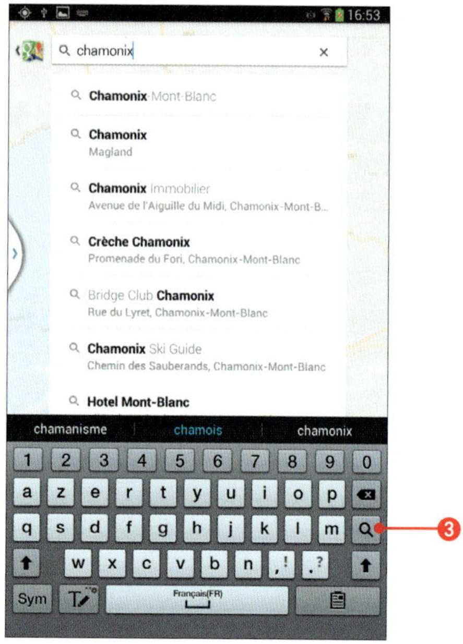

❹ Le clavier se ferme seulement lorsqu'il n'est plus nécessaire.

Changer l'aspect du clavier

❶ Pour changer de type de clavier, restez appuyé sur la touche immédiatement à gauche de la barre d'espace.

❷ Un menu contextuel s'affiche. Touchez le type de clavier souhaité :

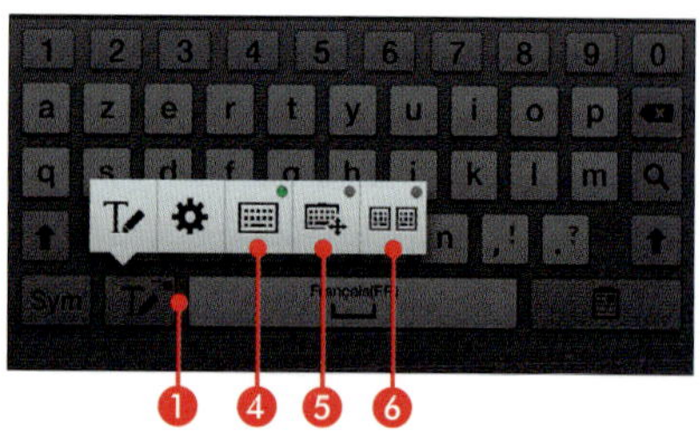

❸ Un point vert, en haut à gauche des icônes, indique le type de clavier activé.

❹ **Clavier Azerty**. Il s'agit du clavier standard qui occupe tout le bas de l'écran.

❺ **Flottant**. Un clavier de petite taille s'affiche à l'écran.

❻ **Couper**. Le clavier est coupé en deux. Vous pouvez utiliser ce mode lorsque vous tenez la tablette dans vos mains et que vous souhaitez taper les lettres avec vos pouces.

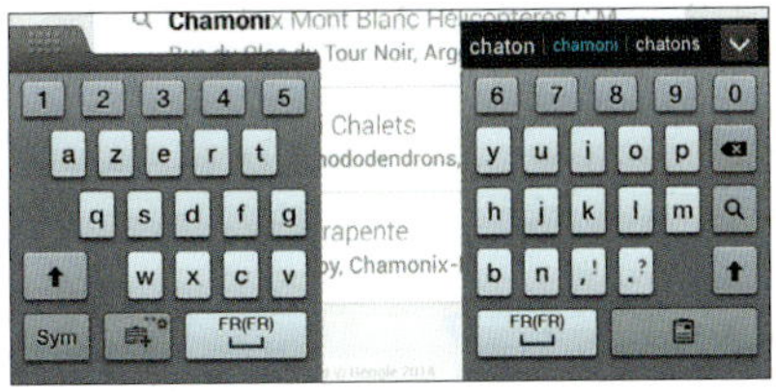

Déplacer le clavier virtuel

❶ Lorsque vous avez choisi le clavier flottant, vous pouvez déplacer ce dernier sur la totalité de l'écran. Placez votre doigt sur la poignée en haut du clavier puis faites glisser ce dernier à l'emplacement souhaité. Ainsi, lorsque la tablette est en mode Paysage, vous pouvez mettre le clavier sur un des côtés.

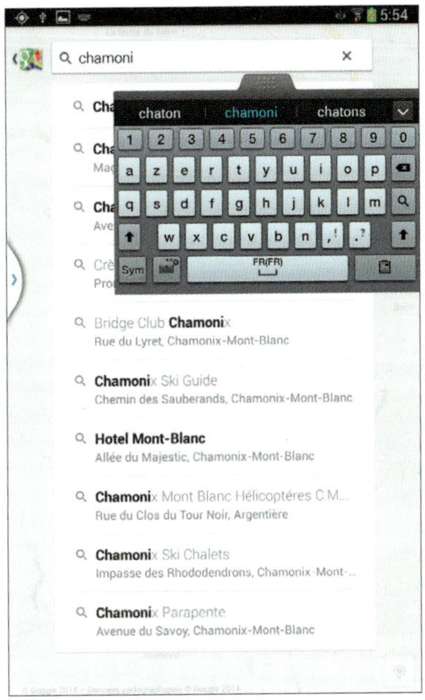

❷ Si vous avez opté pour le clavier coupé, vous pouvez uniquement déplacer le clavier vers le haut ou le bas.

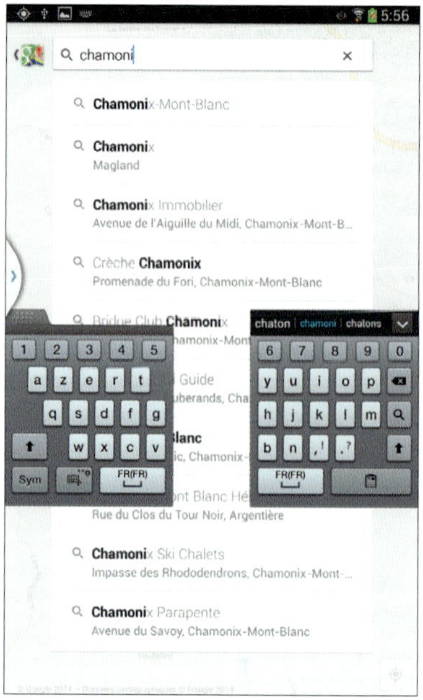

Changer de type de clavier

Par défaut, votre tablette utilise le clavier Samsung. Vous pouvez utiliser la saisie en continu qui permet de saisir du texte en faisant glisser votre doigt sur le clavier.

❶ Appuyez sur la touche à gauche de la barre d'espace et restez appuyé jusqu'à faire apparaître un menu.

❷ Appuyez sur la roue dentée.

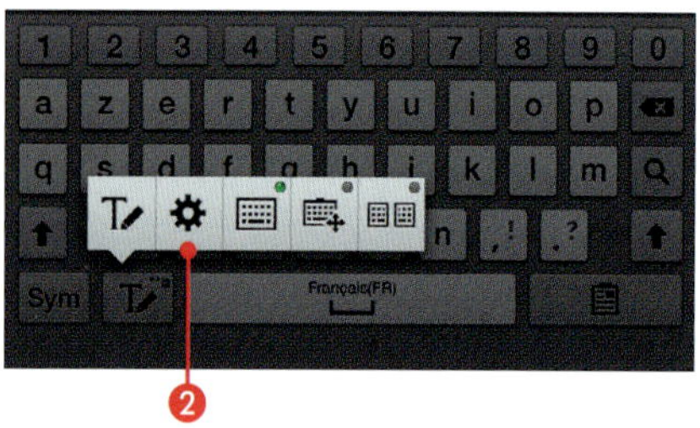

❸ Touchez la case **Saisie en continu** pour placer une coche et activer la fonction (touchez à nouveau pour retirer la coche et désactiver la saisie en continu).

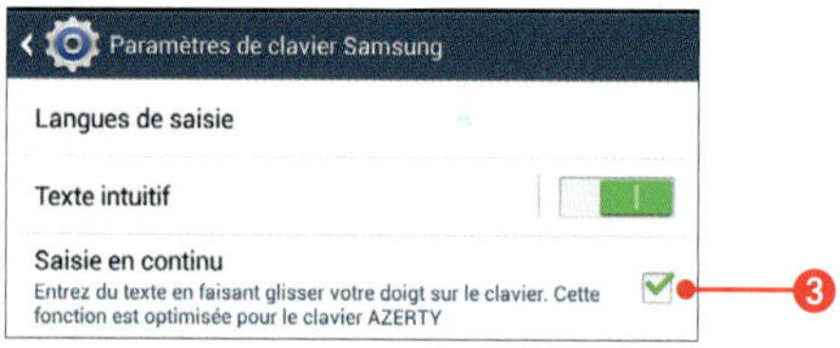

❹ Touchez le bouton sensible **Retour** (ou le bouton en haut à gauche de l'écran) pour sortir des paramètres du clavier et revenir à l'écran précédent.

❺ Faites glisser votre doigt afin de passer sur les lettres qui composent le mot que vous souhaitez écrire, par exemple pour **bonjour**, vous partez du **b** puis suivez l'ensemble des lettres jusqu'au **r**. Un trait bleu s'affiche pour indiquer votre parcours.

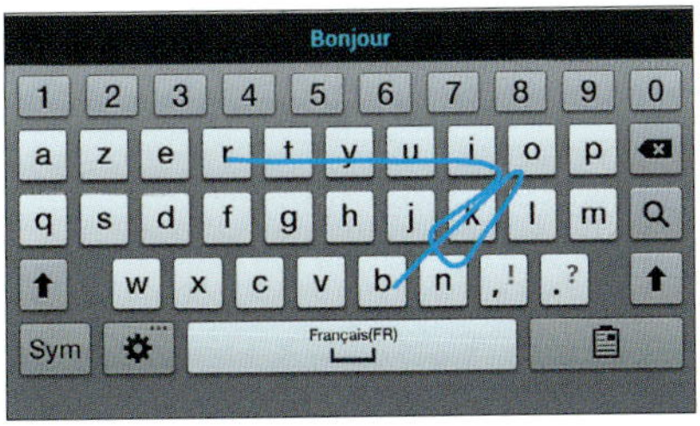

❻ Votre tablette interprète le mot et donne plusieurs propositions. Si celle choisie par la tablette ne vous convient pas, touchez le mot souhaité dans la liste. Appuyez sur la flèche vers le bas, à droite des propositions, pour obtenir une liste plus longue, si nécessaire.

Obtenir la ponctuation et les symboles

❶ Appuyez sur la touche **Sym** pour changer de type de clavier.

❷ Pour obtenir plus de symboles, touchez **1/2**.

❸ Pour revenir à la page de symboles précédente, touchez **2/2**.

❹ Pour revenir au clavier alphabétique, touchez **ABC**.

Obtenir des majuscules

❶ Appuyez sur la touche **Majuscules** (la flèche noire vers le haut, à gauche ou à droite de la ligne avec les lettres WXC).

❷ Les lettres du clavier s'affichent en majuscules et la flèche du clavier s'affiche en bleu.

❸ Touchez une lettre sur le clavier, elle s'insère en majuscule et le clavier repasse en minuscules.

❹ Pour bloquer le clavier en majuscules, touchez deux fois la touche **Majuscules**, la touche devient bleue avec une flèche noire.

❺ Pour revenir au clavier en minuscules, touchez de nouveau la touche **Majuscules**.

Utiliser le texte intuitif

Lorsque vous commencez la saisie, la tablette vous propose une suggestion de mots (par défaut, après avoir tapé deux lettres). La liste des mots s'affiche au-dessus du clavier. Si l'un des mots affichés correspond à ce que vous souhaitiez taper, touchez-le. Dans le cas contraire, continuez de taper les lettres pour affiner la liste des mots ou pour saisir le mot dans son intégralité. Vous pouvez aussi toucher la flèche vers le bas, à droite des mots suggérés, pour afficher une liste plus longue de propositions.

Utiliser la reconnaissance d'écriture

Dans toutes les situations où vous avez besoin de saisir du texte, vous avez la possibilité d'utiliser la saisie manuscrite de texte.

1 Affichez le clavier en tapant dans une zone de saisie.

2 Touchez le bouton représentant un T avec un crayon (si ce bouton n'est pas affiché, faites un appui long sur le bouton pour ouvrir un menu).

3 Une zone d'écriture s'affiche à la place du clavier.

4 À l'aide de votre doigt, écrivez le texte. Celui-ci est analysé et retranscrit immédiatement.

5 Pour vous faciliter la tâche, appuyez sur le bouton **123 Sym** pour afficher un clavier virtuel avec les chiffres et les symboles.

6 La barre d'espace vous permet d'insérer rapidement un espace dans votre texte. Vous trouvez ensuite le bouton **Suppr.** qui permet de supprimer le caractère à gauche du curseur et le bouton **Entrée** qui vous permet d'aller à la ligne.

7 Pour effacer le caractère à gauche du curseur, vous pouvez aussi tracer un trait de droite à gauche sur la zone d'écriture.

8 Pour insérer un espace après un mot, tracez un trait de gauche à droite sur la zone d'écriture.

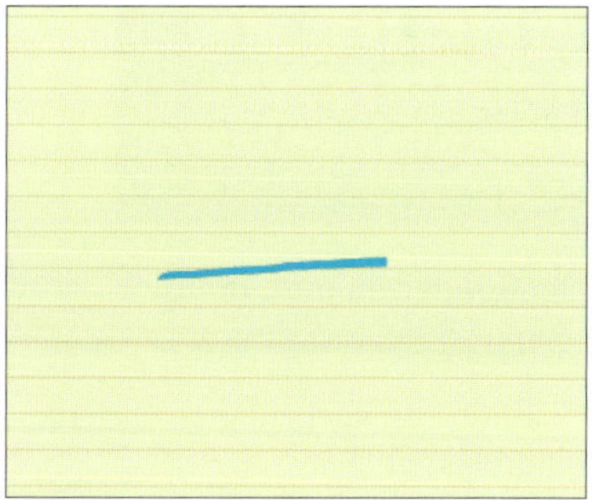

9 Pour insérer un retour chariot et aller à la ligne, dessinez la forme du signe Entrée en partant en haut à droite et en terminant en bas à gauche.

Sélectionner et modifier du texte

❶ Touchez l'écran et faites glisser votre doigt pour placer le curseur clignotant à l'emplacement à modifier.

❷ Utilisez le clavier pour supprimer et ajouter des caractères et corriger le texte. La touche à droite du « p » permet de supprimer le caractère placé à gauche du curseur.

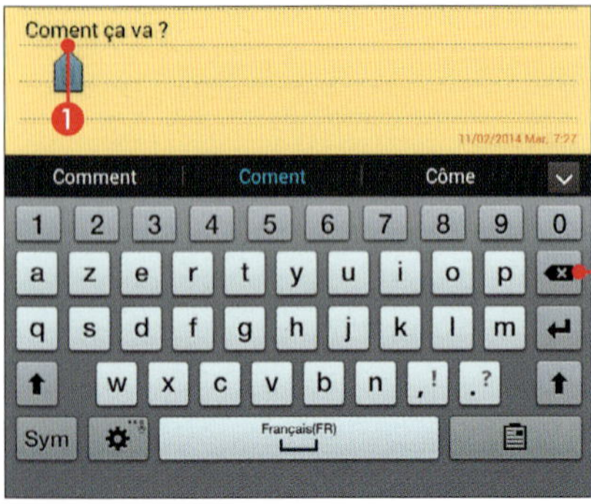

❸ Pour sélectionner un mot, double-touchez-le (tapez deux fois dessus).

❹ Le mot s'affiche en surbrillance et deux curseurs apparaissent.

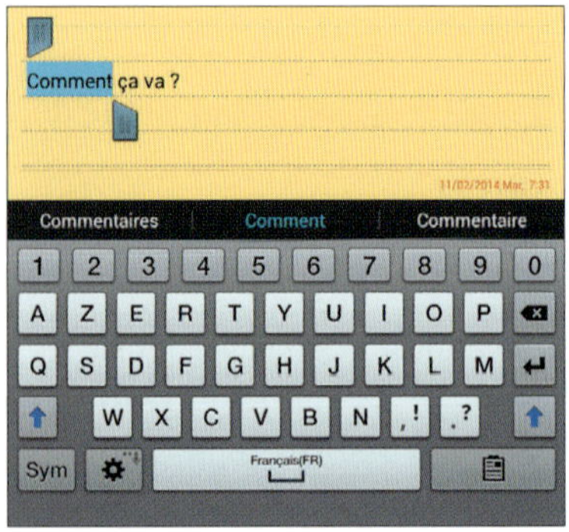

❺ Pour modifier la sélection, faites glisser les curseurs.

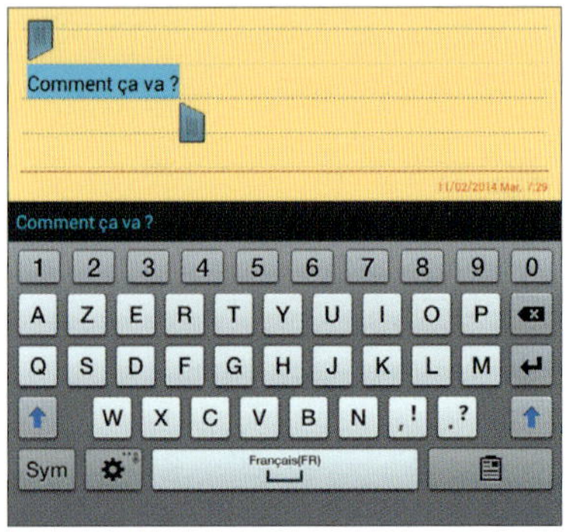

Copier, couper et coller

❶ Sélectionnez le texte à copier comme indiqué dans la section précédente.

❷ Au-dessus de la sélection, vous trouvez des boutons permettant de **Couper** ou de **Copier** votre sélection. Touchez le bouton souhaité.

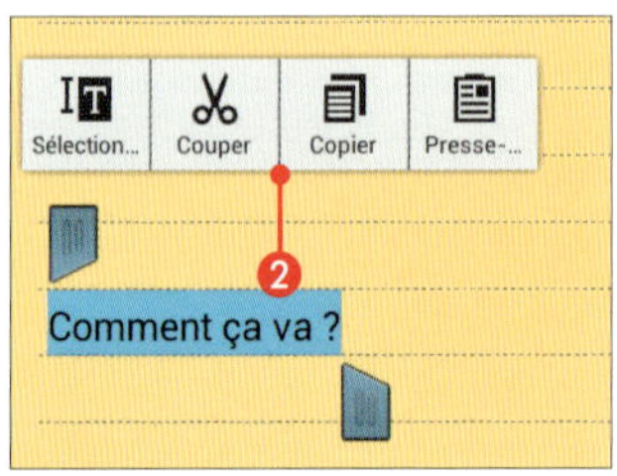

❸ Affichez l'application dans laquelle vous souhaitez coller le texte et placez le curseur à l'endroit souhaité.

❹ Si l'application possède une barre d'outils, appuyez sur le bouton **Coller**. Si l'application ne possède pas de barre d'outils, en appuyant à l'emplacement où vous souhaitez coller votre texte, un menu contextuel s'affiche. Touchez **Coller**.

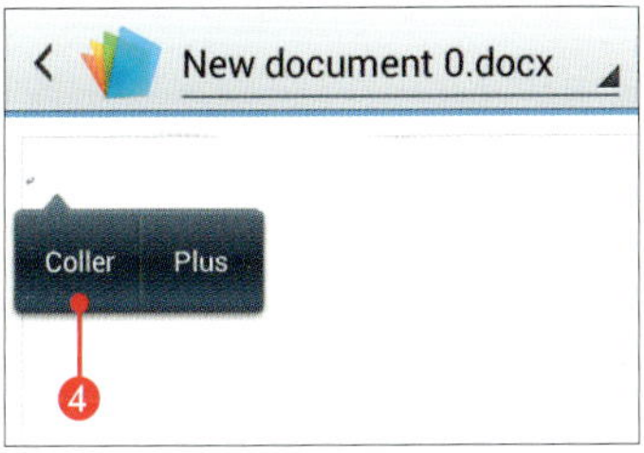

❺ Si vous avez copié ou coupé plusieurs éléments, vous pouvez les retrouver à l'aide du Presse-papiers. Pour y accéder, vous pouvez utiliser le bouton placé en bas à droite du clavier (ou dans le menu contextuel).

❻ L'ensemble des éléments que vous avez placés dans le Presse-papiers s'affiche. Touchez celui que vous souhaitez coller à l'emplacement où se trouve le curseur.

Chapitre 4

Découvrir les applications de base

Dans ce chapitre :

- Afficher toutes les applications
- Les applications de la tablette
- Accéder aux applications récentes
- Fermer une application
- Utiliser les widgets
- Les notifications des applications
- Désactiver les notifications
- Régler les plages horaires des alertes

Votre tablette est équipée d'un grand nombre d'applications. Dans ce chapitre, je vous indique la fonction de chacune des icônes que vous pouvez voir sur votre écran. Je vous indique aussi comment accéder aux mini-applications, aux widgets et comment gérer les notifications.

Afficher toutes les applications

❶ Touchez le bouton **Applis**, placé en bas à droite de l'écran d'accueil.

❷ Un nouvel écran apparaît avec l'ensemble des applications présentes sur votre tablette (celles d'origine et celles que vous avez installées). Notez qu'il y a deux onglets en haut de l'écran, Applis et Widgets. Pour afficher les applications, vérifiez que l'onglet Applis est sélectionné.

❸ Au bas de l'écran, des points indiquent le nombre de pages de listes d'applications. Le point blanc indique la page en cours.

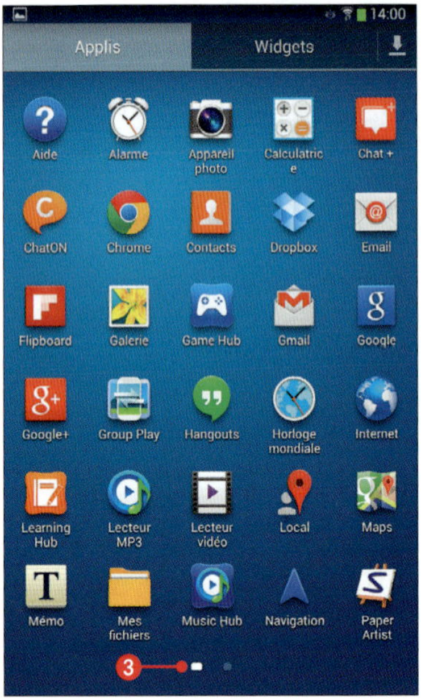

❹ Pour défiler d'une page à l'autre, faites glisser votre doigt sur l'écran vers la gauche ou la droite.

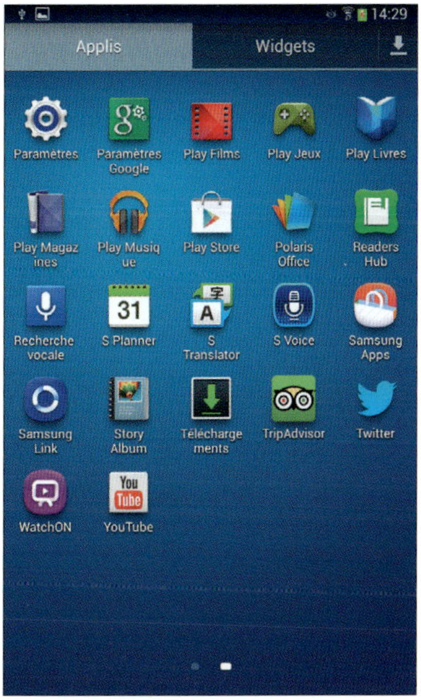

Il est probable que vous n'utilisiez pas toutes les applications installées sur votre tablette. Dans cet ouvrage, je présente les applications plus importantes.

Les applications de la tablette

Aide. Permet d'accéder à l'aide en ligne.

Alarme. Utilisez cette application pour programmer une alarme, par exemple, pour vous réveiller le matin.

Appareil photo. Utilisez cette application pour prendre des photos avec votre tablette.

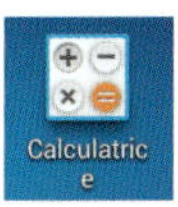

Calculatrice. Comme son nom l'indique, cette application transforme votre tablette en calculatrice.

Chat+. Cette application vous permet d'utiliser la messagerie instantanée de Google+.

ChatON. Il s'agit du service de messagerie instantanée de Samsung. Vous l'utilisez avec un compte Samsung afin de discuter avec vos proches qui sont aussi utilisateurs du service.

Chrome. Il s'agit du navigateur Internet proposé par Google.

Contacts. Utilisez cette application pour gérer tous vos contacts. Vous aurez ainsi toujours à portée de main votre carnet d'adresses et vous pourrez envoyer très rapidement des courriels.

Dropbox. Il s'agit d'un service permettant de stocker les fichiers dans le *cloud* (dans le « nuage », plus précisément sur Internet).

E-mail. Il s'agit de l'application que vous utilisez pour gérer votre courriel, sauf celui de la messagerie Gmail. Cette dernière possède sa propre application.

Flipboard. Il s'agit d'une application dans laquelle vous affichez du contenu que vous sélectionnez. Par exemple, des pages d'actualité. Par défaut, le Flipboard est affiché dans les écrans d'accueil de la tablette et vous pouvez ainsi accéder rapidement à votre contenu.

Galerie. Cette application vous donne accès à toutes les photos présentes sur votre tablette : celles que vous transférez ou celles que vous avez prises avec l'appareil photo intégré.

Game Hub. Il s'agit d'un service de Samsung permettant d'accéder à des jeux.

Gmail. Vous utilisez ce programme pour afficher et gérer votre courriel Gmail.

Google. Il s'agit de l'application Google Search qui permet de chercher rapidement de l'information sur votre tablette en ayant des résultats personnalisés en fonction de votre position géographique.

Google+. Utilisez cette application pour accéder au service Google+.

Group Play. Utilisez cette application pour partager des documents, des photos, de la musique ou des jeux avec d'autres utilisateurs de systèmes Samsung compatibles. Vous avez la possibilité de rejoindre un groupe existant ou de créer un groupe et ceci, même si vous n'êtes pas connecté à un réseau.

Hangouts. Cette application permet d'accéder au système de messagerie instantanée de Google+.

Horloge mondiale. Cette application permet d'afficher l'heure de plusieurs villes dans le monde.

Internet. Utilisez cette application pour naviguer sur Internet.

Learning Hub. Il s'agit d'un service de Samsung qui propose des contenus éducatifs interactifs pour des utilisateurs de tous âges.

Lecteur MP3. Cette application s'utilise pour écouter de la musique sur votre tablette.

Lecteur vidéo. Vous utilisez cette application pour regarder les vidéos que vous placez sur votre tablette.

Local. Cette application démarre Google Maps et vous permet de localiser des services autour de votre position géographique. Par exemple, des restaurants.

Maps. Vous affichez l'application Google Maps qui vous permet de vous repérer sur un plan, de chercher des points d'intérêt et de calculer des itinéraires.

Mémo. Vous utilisez cette application pour saisir des notes sur votre tablette.

Mes fichiers. Avec cette application, vous manipulez les fichiers sur votre tablette, mais également sur une carte Micro SD ou une clé USB que vous connectez à votre tablette.

Music Hub. Il s'agit du service de Samsung permettant d'acheter de la musique en ligne.

Navigation. Il s'agit d'une application que vous utilisez pour calculer un itinéraire et obtenir les instructions de navigation vocalement tout au long du parcours.

Paper Artist. Utilisez cette application pour transformer des photos en appliquant différents effets. Vous utilisez des photos existantes sur votre tablette ou vous utilisez l'appareil photo intégré pour réaliser une photo.

Paramètres. Faites appel à cette application dès que vous avez besoin de configurer un des paramètres de votre tablette.

Paramètres Google. Pour régler les paramètres des applications Google de votre tablette.

Play Films. Accédez à la boutique de films en ligne de Google.

Play Jeux. Accédez à la boutique de jeux en ligne de Google.

Play Livres. Accédez à la boutique de livres électroniques en ligne de Google. L'application vous permet également de lire les livres que vous possédez.

Play Magazines. Accédez à la boutique de magazines électroniques en ligne de Google. L'application vous permet également de lire les magazines que vous possédez.

Play Musique. L'application pour lire ou acheter de la musique sur la boutique en ligne de Google.

Play Store. Entrez dans la boutique en ligne de Google pour télécharger des applications, de la musique, des livres ou des films.

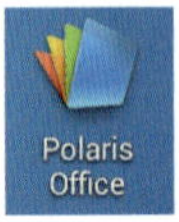

Polaris Office. Il s'agit d'une suite bureautique que vous utilisez pour créer des documents compatibles avec les applications Word, Excel et PowerPoint de Microsoft.

Readers Hub. Il s'agit de la boutique de livres en ligne de Samsung.

Recherche vocale Google. Utilisez cette application pour dicter le texte que vous souhaitez rechercher sur Google.

S Planner. Utilisez cette application pour gérer votre emploi du temps en créant vos rendez-vous.

S Translator. Utilisez ce programme pour effectuer des traductions.

S Voice. Cette application vous permet de commander votre tablette par la voix.

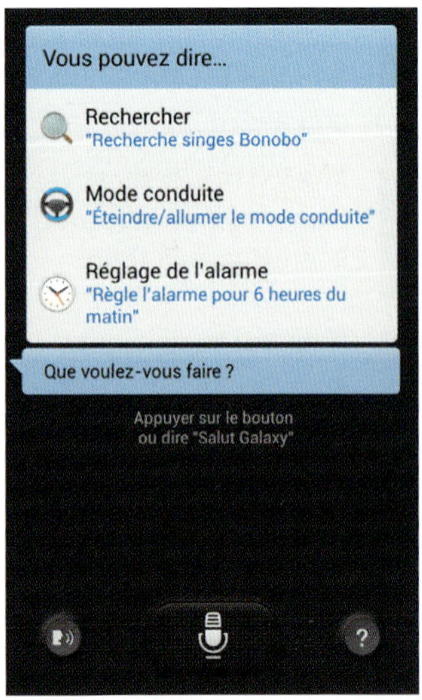

Samsung Apps. Une nouvelle boutique d'applications en ligne, cette fois signée Samsung.

Samsung Link. Grâce à cette application, vous accédez à votre contenu (photos, documents) à tout moment, en tout lieu, à partir de différents appareils compatibles.

Story Album. Cette application permet de rassembler vos photos sous forme d'albums personnalisés et de les imprimer ensuite sur papier.

Téléchargement. Vous pouvez afficher l'historique des fichiers téléchargés à partir du Web.

TripAdvisor. Cette application permet d'accéder au service TripAdvisor, réputé pour guider les personnes dans le choix d'un hôtel, d'un restaurant ou de toutes autres activités liées aux voyages.

Twitter. Grâce à cette application, vous accédez facilement à toutes les fonctionnalités de Twitter.

WatchON. Il s'agit d'une application de Samsung qui permet de télécommander votre équipement audiovisuel et d'accéder à du contenu à la demande.

YouTube. Cette application vous donne accès au service YouTube de partage de vidéos.

Accéder aux applications récentes

1. Maintenez le bouton central appuyé jusqu'à ce que les applications récentes s'affichent.

2. Touchez l'application que vous souhaitez utiliser.

> **NOTE** Vous avez aussi la possibilité de placer des icônes sur les pages d'accueil pour accéder rapidement aux applications que vous utilisez souvent. Pour plus d'informations, consultez le Chapitre 5.

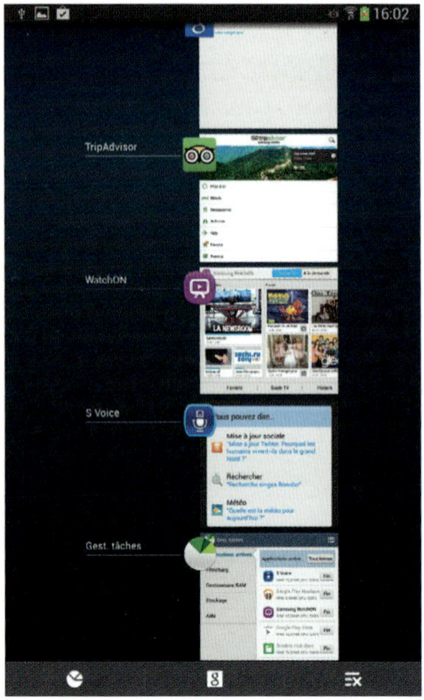

Fermer une application

Après avoir démarré une application, vous ne trouvez pas de bouton pour la fermer, comme c'est le cas sur un ordinateur, par exemple. Vous passez à une autre application en utilisant le volet Application récente ou en revenant à l'écran d'accueil et à la liste des applications.

Votre tablette est multitâche et elle peut donc exécuter plusieurs applications à la fois. Toutefois, ce mode peut provoquer des blocages, des problèmes de mémoire voire entraîner une consommation excessive d'énergie.

Vous avez la possibilité d'utiliser le gestionnaire de tâches pour arrêter les éventuelles applications inutiles.

1. Affichez les applications récentes en maintenant l'appui sur le bouton central.

2. Touchez **Gestion des tâches** (le bouton le plus à gauche au bas de l'écran).

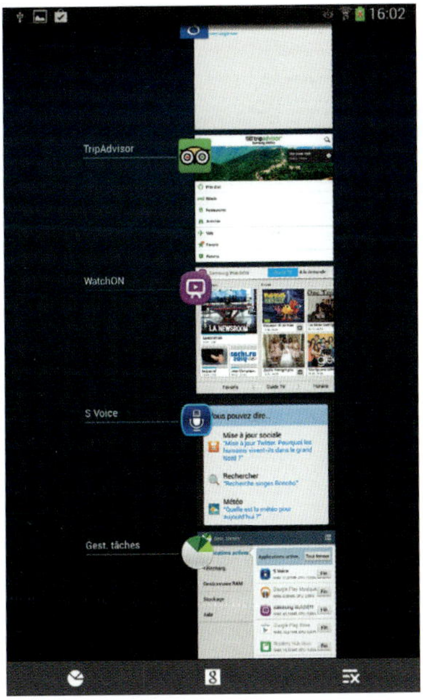

❸ Pour fermer une application, touchez **Fin** en regard de l'application.

❹ Pour fermer toutes les applications, touchez **Tout fermer** en regard de **Applications actives**.

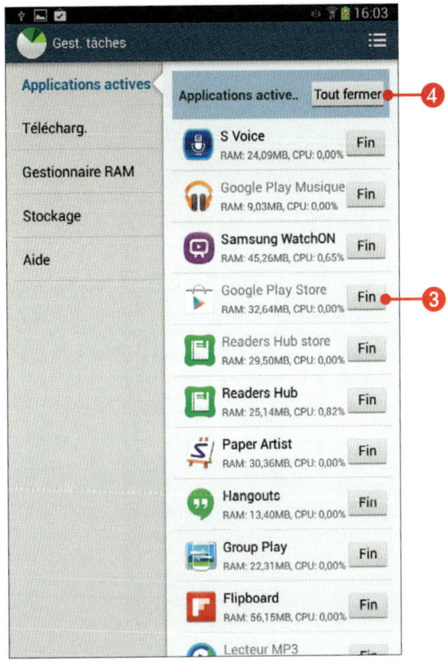

Utiliser les widgets

Les widgets sont des applications un peu particulières. Ils s'affichent sur l'écran d'accueil et leur contenu peut changer. En appuyant dessus, vous affichez l'application correspondante. Certains widgets doivent être configurés.

Par exemple, le widget qui donne la météo et l'heure, affiché en haut, par défaut, sur l'écran d'accueil.

❶ Si le widget doit être configuré, touchez-le pour l'ouvrir.

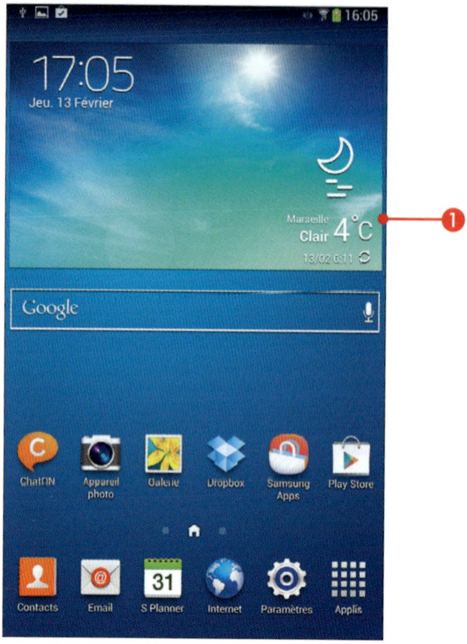

❷ Suivez les instructions pour le configurer. Dans le cas du widget Météo, indiquez une ville ou utilisez la localisation actuelle pour obtenir la météo du lieu où vous vous trouvez. (Touchez le bouton immédiatement à droite de la zone de saisie pour vous localiser.)

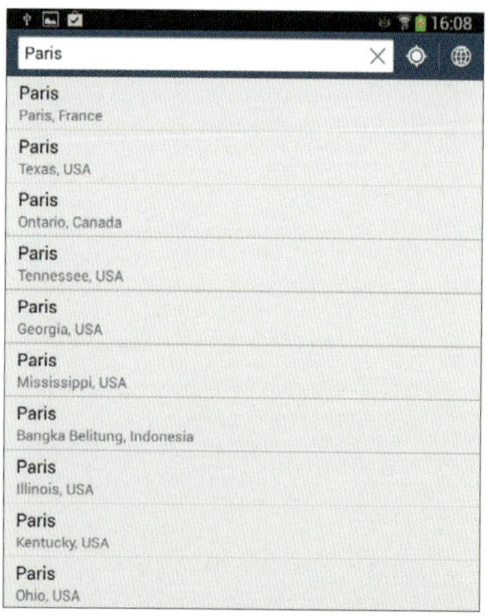

❸ Lorsque vous affichez la page d'accueil de nouveau, le widget utilise la configuration que vous avez indiquée.

❹ Si vous touchez de nouveau le widget, vous l'affichez, mais la première configuration ayant été faite, vous obtenez un autre résultat. Notez que dans le cas du widget Météo, vous avez la possibilité de configurer d'autres villes en touchant le bouton en haut à droite.

Pour plus d'informations sur la personnalisation des pages d'accueil et des widgets qui s'y trouvent, consultez le Chapitre 5.

Comprendre les notifications des applications

Les applications peuvent vous notifier un événement de plusieurs manières :

- Une pastille sur l'icône d'une application peut indiquer le nombre de messages que l'application a pour vous, c'est par exemple le cas avec l'application E-mail.

- Les notifications apparaissent également dans le volet des notifications que vous ouvrez en faisant glisser vers le bas la barre en haut de l'écran (où se trouve l'heure).

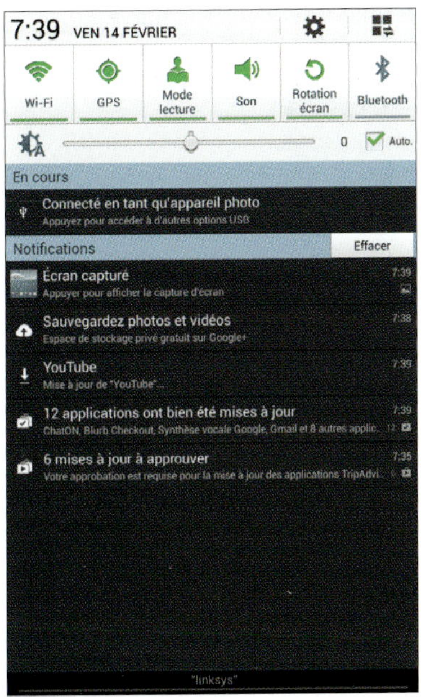

- Certaines alertes occupent tout l'écran et produisent une alarme sonore, par exemple, avec l'application Alarme.

> NOTE
>
> Dans le volet des notifications, touchez le bouton **Effacer** pour effacer toutes les notifications affichées.

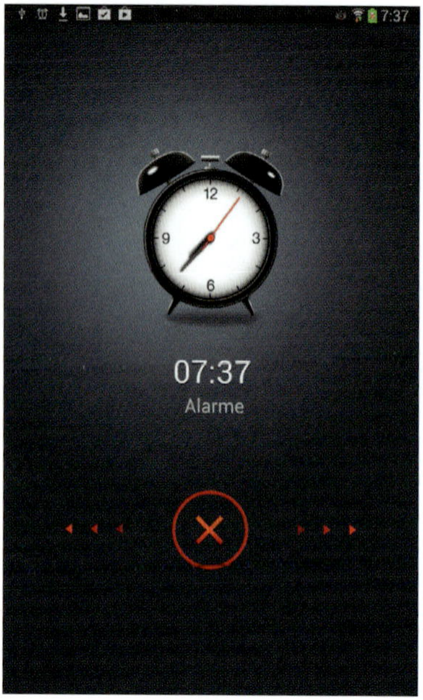

Désactiver les notifications

❶ Faites glisser vers le bas la barre placée en haut de l'écran pour afficher le volet des notifications.

❷ Faites glisser les icônes **Wi-Fi**, **GPRS**, *etc.* vers la gauche.

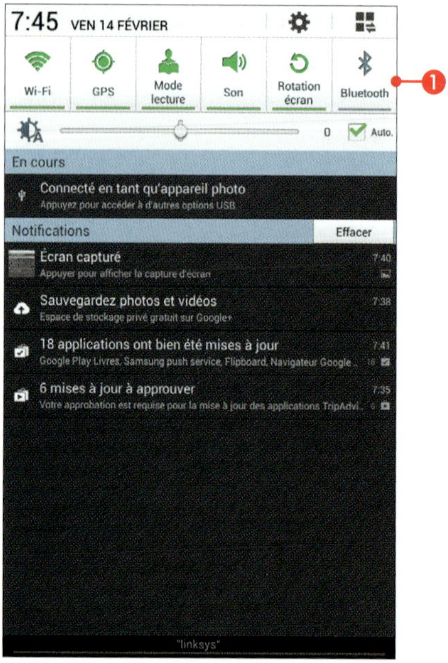

3 Touchez **Mode blocage** pour désactiver les alertes.

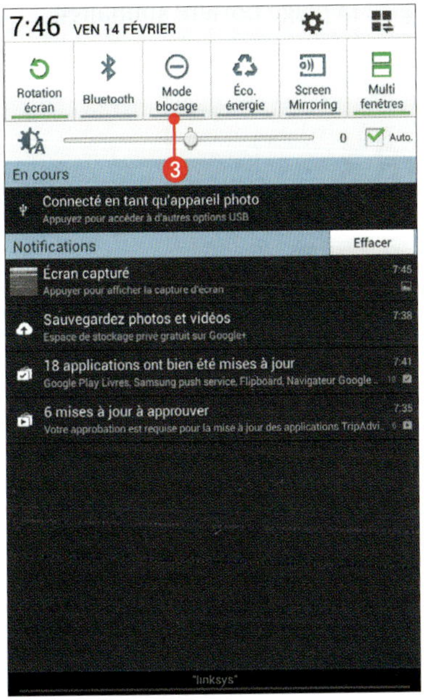

4 Un message s'affiche pour vous indiquer le fonctionnement du Mode blocage. Touchez **Ne plus afficher**, pour cocher la case, puis touchez **OK**.

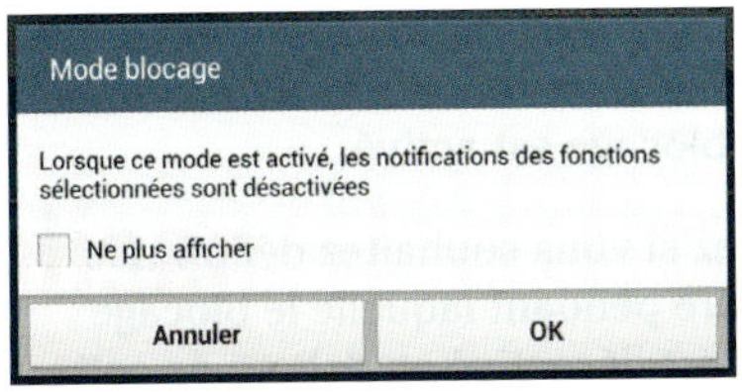

5 Pour activer de nouveau les alarmes, touchez le bouton **Mode blocage** (il s'affiche en vert lorsque le blocage est activé).

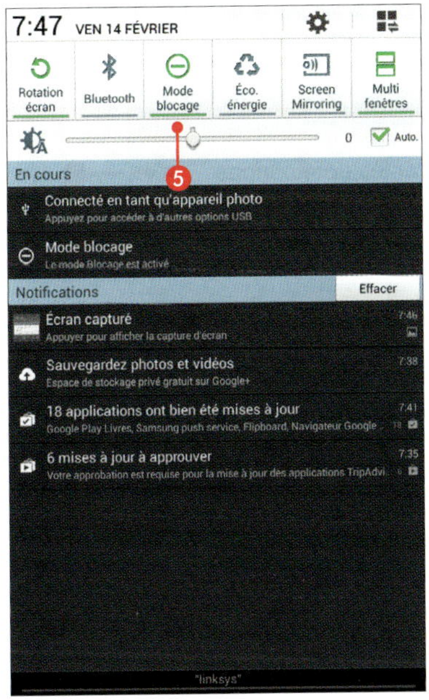

Régler les plages horaires des alertes

1 Affichez les paramètres. Pour cela, touchez **Paramètres** en bas à droite de la page d'accueil, dans la liste des applications ou dans le volet des notifications.

2 Dans la section Périphérique, si nécessaire, activez **Mode blocage** pour pouvoir modifier les paramètres.

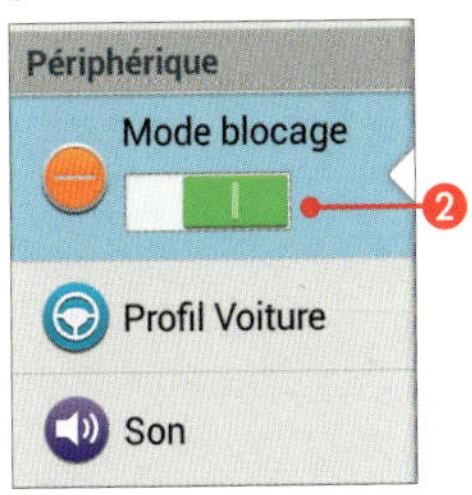

À propos de l'écran d'accueil

L'écran d'accueil se personnalise comme vous le souhaitez. En effet, vous pouvez ajouter des raccourcis (des icônes d'applications) et des widgets que vous agencez dans les différents panneaux.

Par défaut, vous trouvez sur le panneau principal des raccourcis vers les applications les plus souvent utilisées (par exemple, Appareil photo) ou que Samsung souhaitait mettre en avant (par exemple, Samsung App, la boutique en ligne de Samsung).

Tout en bas de l'écran, vous trouvez une série de six icônes qui vous permettent d'accéder rapidement aux applications les plus utilisées, par exemple, Email ou Internet. Lorsque vous naviguez dans les différents écrans d'accueil, cette barre de six icônes reste toujours affichée.

À vous de réorganiser l'ensemble des raccourcis et des widgets pour faciliter l'utilisation de tablette et l'accès aux programmes que vous utilisez réellement le plus souvent.

Ajouter des raccourcis

Vous ajoutez à l'écran d'accueil des raccourcis vers n'importe quelle application fournie ou n'importe quelle application que vous avez installée par la suite.

Sachez que vous avez la possibilité de créer plusieurs raccourcis vers une même application, par exemple, pour placer un même raccourci sur tous les écrans d'accueil.

1 Affichez la liste des applications. Si la liste des widgets s'affiche, touchez **Applis**, en haut à gauche.

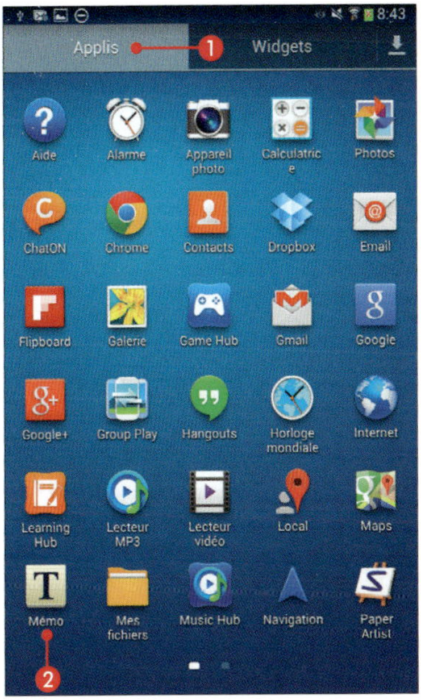

❷ Appuyez sur l'icône de l'application que vous souhaitez ajouter à l'écran d'accueil et maintenez votre doigt sur cette icône.

❸ Sélectionnez l'écran d'accueil dans lequel vous souhaitez placer l'icône. Une image réduite de l'écran d'accueil s'affiche au centre. Pour changer d'écran d'accueil, faites glisser votre doigt (tout en continuant de maintenir l'icône) sur le bord gauche ou droit de l'écran. Vous pouvez aussi déplacer votre doigt sur les icônes représentant les écrans d'accueil, au bas de l'écran. L'icône de l'application pour laquelle vous allez créer un raccourci apparaît estompée sous votre doigt.

❹ Déposez l'icône dans l'image de la page d'accueil choisie. Si vous avez créé des dossiers (voir section suivante), déposez l'icône sur le dossier souhaité pour la placer dans ce dernier.

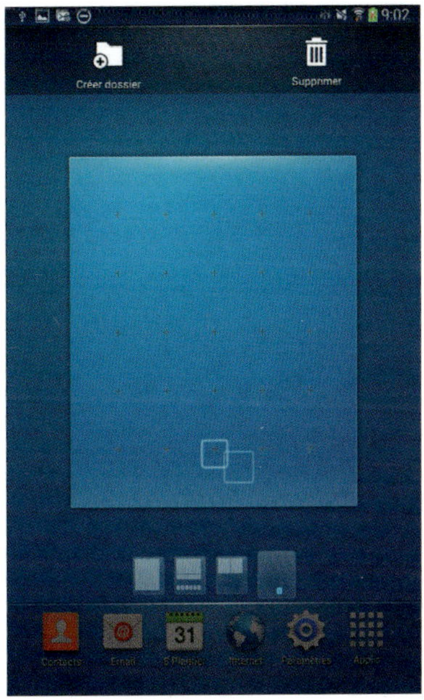

❺ La page d'accueil s'affiche avec le raccourci que vous avez créé.

NOTE

Si vous changez d'avis et ne souhaitez pas déposer le raccourci sur l'une des pages, relâchez l'icône en dehors de l'image réduite d'une page d'accueil.

Créer un dossier en créant un raccourci

Pour une meilleure organisation de vos raccourcis, vous créez des dossiers dans lesquels vous placez vos raccourcis, classés par thèmes.

1. Affichez la liste des applications.

2. Appuyez sur l'icône de l'application que vous souhaitez ajouter à l'écran d'accueil et maintenez votre doigt sur cette icône.

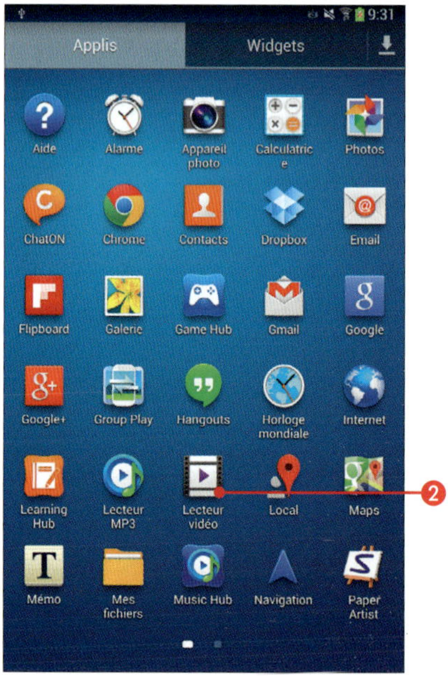

3 Sélectionnez la page dans laquelle vous souhaitez créer le dossier pour y placer le raccourci (faites glisser votre doigt vers le bord gauche ou droit de l'écran).

4 Lorsque vous êtes sur la page souhaitée, déposez l'icône sur **Créer dossier**.

5 Nommez votre dossier.

6 Touchez **OK**.

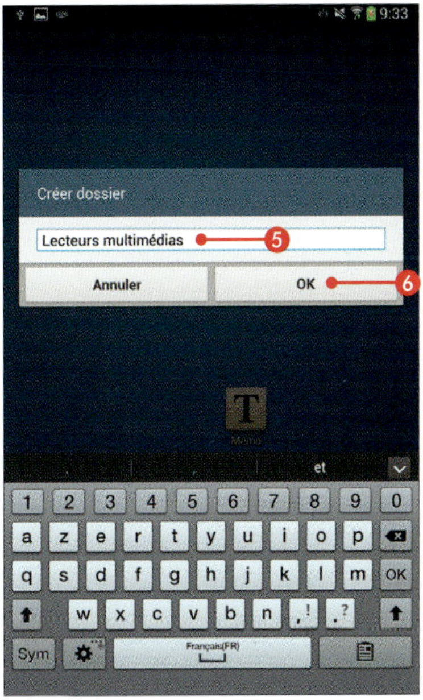

7 Le dossier est créé dans la page que vous avez sélectionnée et le raccourci est placé à l'intérieur.

8 Pour accéder aux raccourcis se trouvant dans le dossier, touchez ce dernier pour l'ouvrir.

9 Touchez à l'extérieur du dossier pour le refermer.

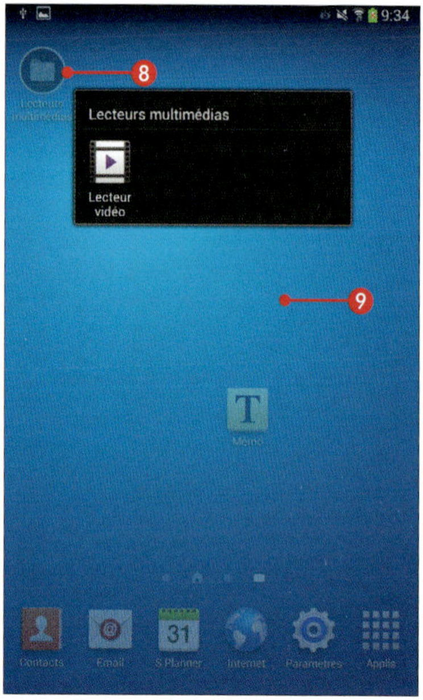

Créer une nouvelle page

Si vous trouvez que le nombre de pages sur l'écran d'accueil n'est pas suffisant, vous en créez de nouvelles pour y placer vos raccourcis et vos widgets.

1 Affichez la liste des applications.

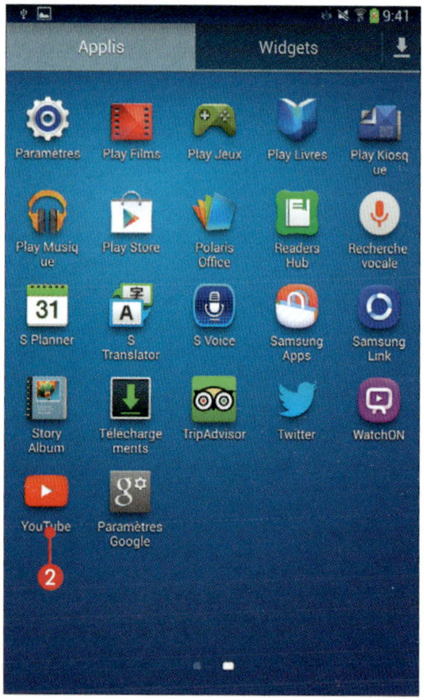

❷ Appuyez sur l'icône de l'application que vous souhaitez ajouter à l'écran d'accueil et maintenez votre doigt sur cette icône.

❸ Déposez l'icône sur l'icône +, en bas à droite.

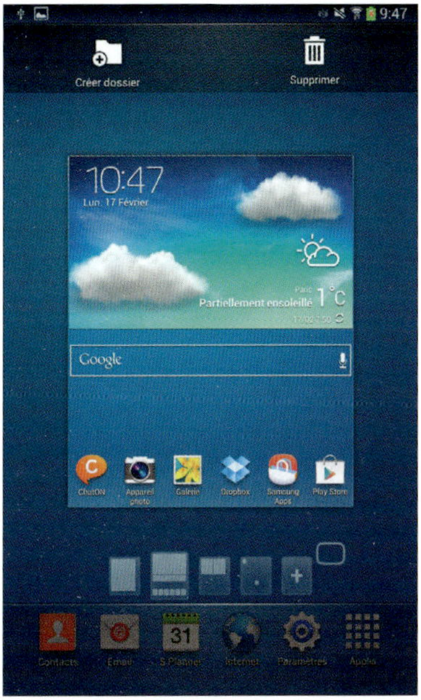

❹ Une nouvelle page est créée et vous positionnez l'icône dans cette nouvelle page.

Supprimer un raccourci

❶ Affichez la page contenant le raccourci à supprimer.

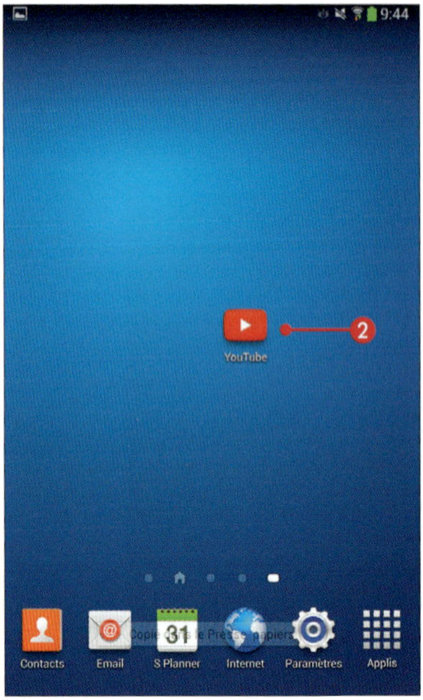

❷ Touchez le raccourci et maintenez votre doigt appuyé.

❸ Déposez le raccourci sur **Supprimer**. L'icône du raccourci est supprimée. Notez que vous pouvez supprimer un dossier. Dans ce cas, vous supprimez également tous les raccourcis qu'il contient.

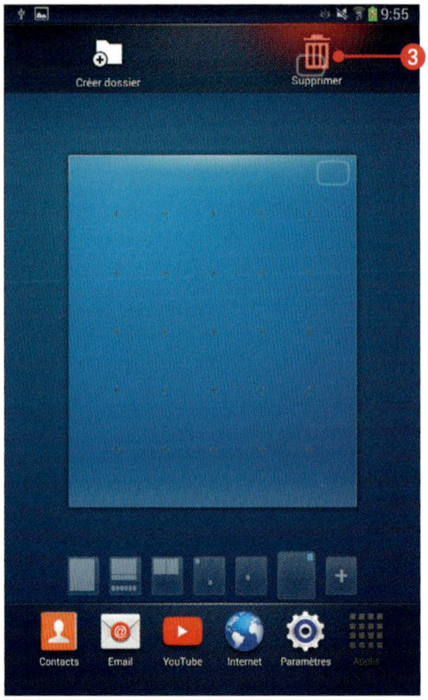

NOTE

Si vous avez créé une nouvelle page pour placer le raccourci que vous supprimez, la nouvelle page n'est pas supprimée.

Organiser les raccourcis

Vous avez la possibilité d'utiliser les techniques vues précédemment pour organiser les raccourcis déjà présents sur les différentes pages de l'écran d'accueil.

❶ Touchez l'icône du raccourci concerné.

❷ Pour déplacer l'icône vers une autre page, faites-la glisser vers la gauche ou la droite de l'écran pour changer de page puis déposez l'icône sur la page souhaitée.

❸ Pour placer l'icône dans un nouveau dossier, déposez-la sur **Créer dossier**. Puis nommez le dossier, comme indiqué précédemment.

4 Pour placer l'icône dans un dossier existant, déposez-la sur ce dossier. Si nécessaire, changez de page pour trouver votre dossier.

5 Pour créer une nouvelle page et y placer l'icône, déposez cette dernière sur +.

6 Pour supprimer une icône, faites-la glisser sur **Supprimer**.

7 Vous pouvez effectuer toutes les tâches précédentes avec les icônes se trouvant dans un dossier. Ouvrez ce dernier pour accéder aux icônes.

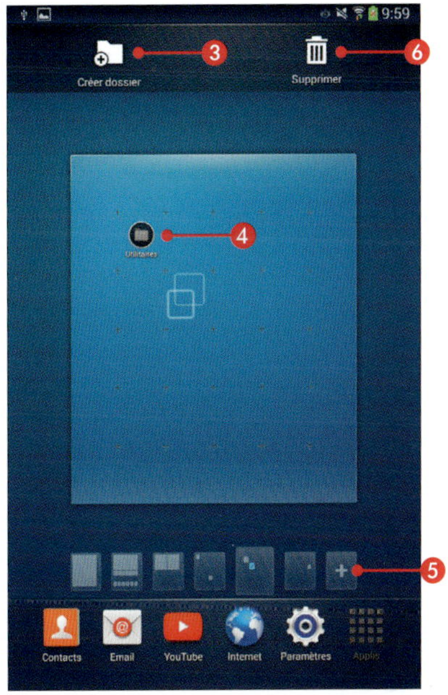

Organiser les pages

1 Pincez n'importe quelle page de l'écran d'accueil.

2 Les différentes pages s'affichent.

3 Pour supprimer une page, faites-la glisser sur **Supprimer**.

4 Confirmez la suppression de la page et de tous les éléments qu'elle contient.

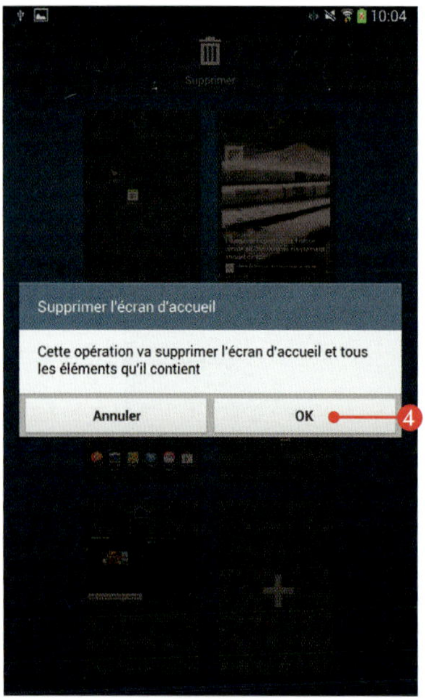

5 Pour ajouter une page vierge, touchez la page contenant le signe +.

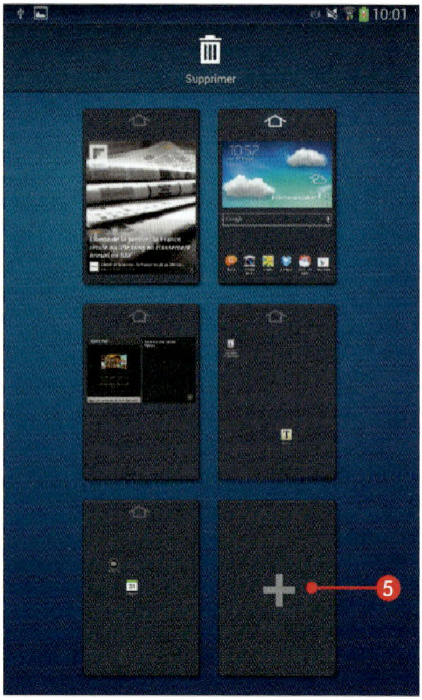

6 Pour organiser l'ordre des pages, faites glisser une page et insérez-la où vous le souhaitez.

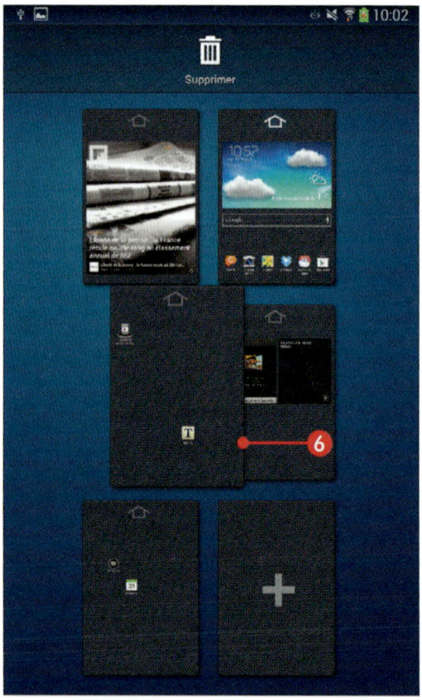

7 Pour sélectionner la page par défaut de l'écran d'accueil, appuyez sur le bouton en forme de maison. La page par défaut est celle dont le bouton est blanc.

8 Écartez les doigts sur l'écran pour sortir du mode de modification des pages.

Ajouter un widget

1 Affichez les applications, puis touchez **Widgets** en haut à gauche.

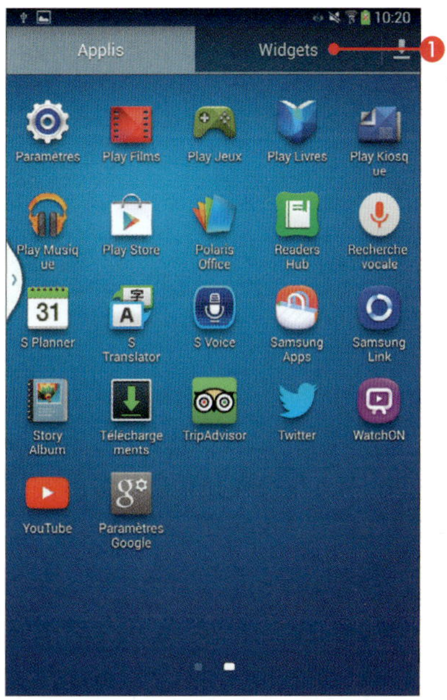

2 Faites défiler les pages pour trouver le widget que vous souhaitez ajouter.

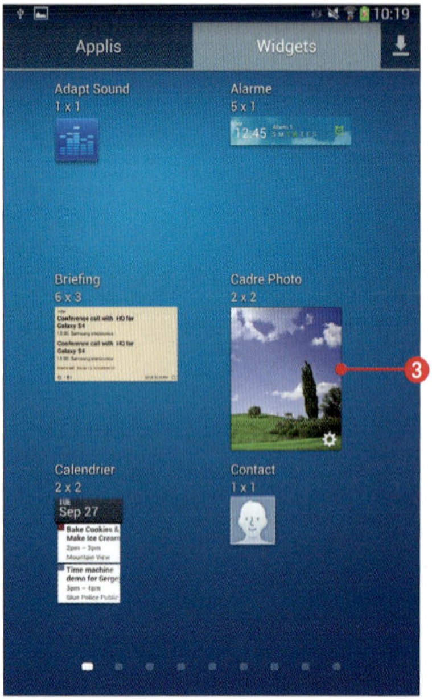

3 Touchez le widget qui vous intéresse et maintenez votre doigt dessus.

4 Les pages de l'écran d'accueil s'affichent.

5 Faites défiler les pages en faisant glisser puis déposez le widget sur la page souhaitée.

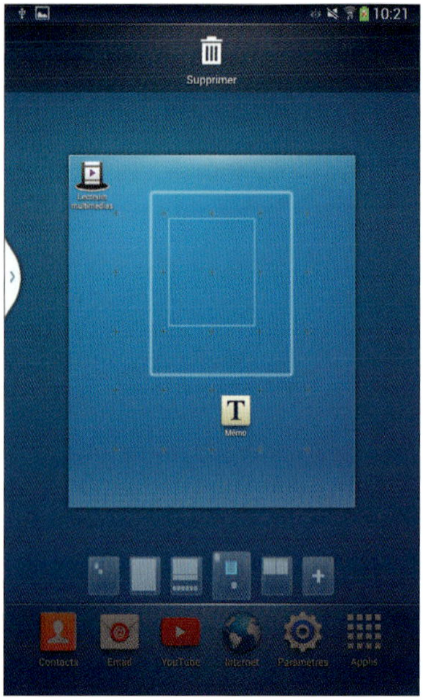

6 En fonction du widget choisi, des écrans de configuration peuvent s'afficher.

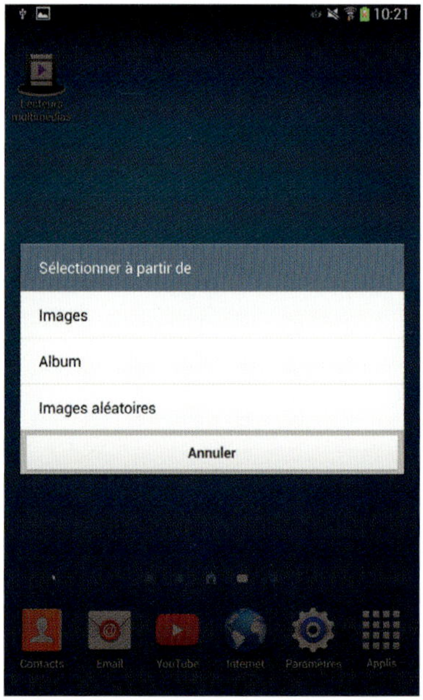

7 Il est également possible de redimensionner la plupart des widgets en faisant glisser les bordures.

8 Positionnez le widget où vous le souhaitez en le faisant glisser dans la page.

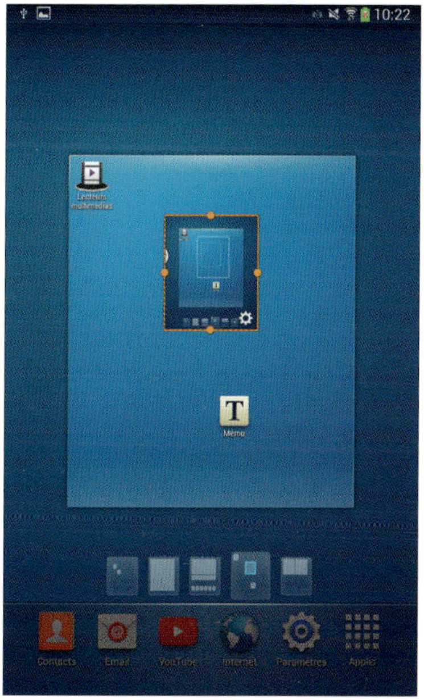

9 Lorsque vous avez terminé, touchez à l'extérieur du widget pour afficher la page d'accueil.

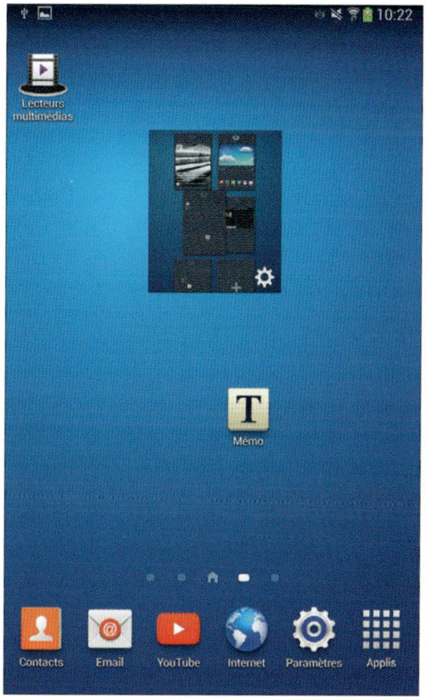

Modifier les widgets

1 Affichez la page de l'écran d'accueil contenant le widget à modifier.

2 Touchez le widget et restez appuyé quelques instants.

3 Vous avez la possibilité de déplacer le widget dans la page, de le supprimer en le déposant sur **Supprimer** ou de le placer dans une nouvelle page en le déposant sur +.

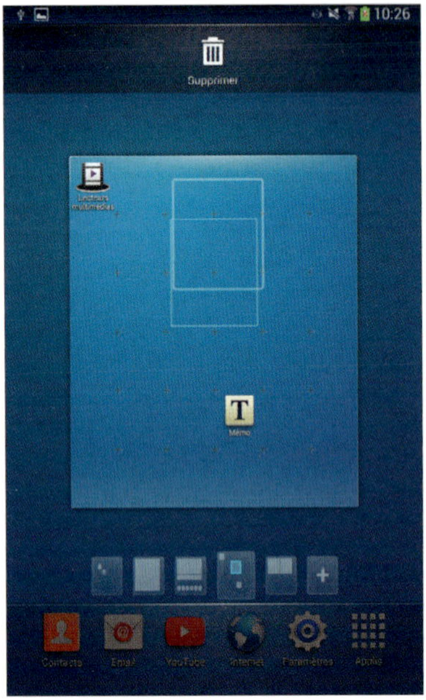

❹ Si vous relâchez le widget, un cadre s'affiche et vous avez la possibilité de redimensionner votre widget en faisant glisser les bordures.

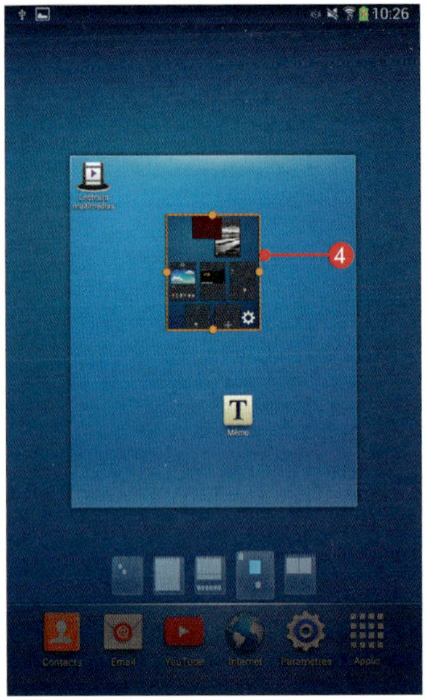

❺ Sortez du mode de modification en touchant à l'extérieur du widget.

Changer le fond d'écran

❶ Appuyez sur l'écran d'accueil (en dehors d'une icône ou d'un widget) et maintenez votre doigt appuyé.

❷ Dans la fenêtre qui apparaît, touchez **Définir fond d'écran**.

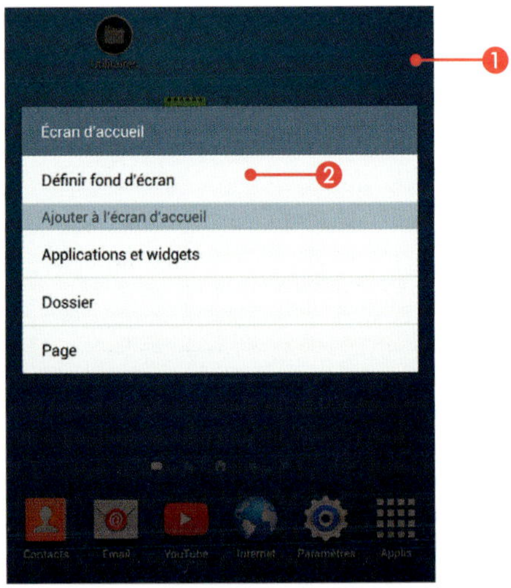

3 Dans la nouvelle fenêtre qui apparaît, indiquez si vous souhaitez changer l'écran d'accueil, l'écran de verrouillage ou les deux.

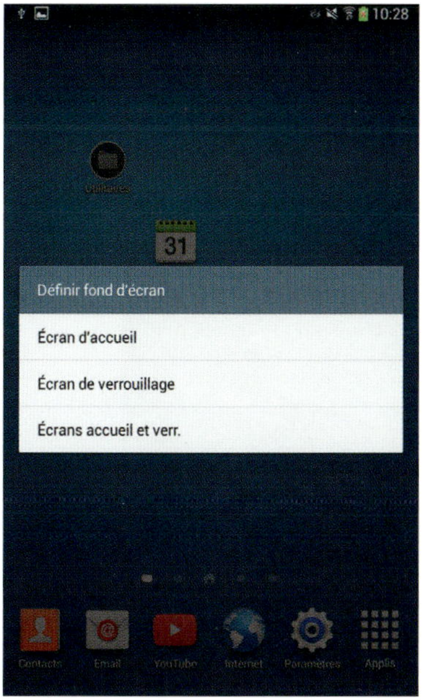

4 Dans la nouvelle fenêtre, choisissez :

- **Fonds d'écran**. Pour utiliser les fonds d'écran fournis par défaut avec la tablette.
- **Fonds d'écran animés**. Pour utiliser les images animées fournies par défaut avec la tablette. Les fonds d'écran animés ne sont pas disponibles pour l'écran de verrouillage.
- **Galerie**. Pour choisir des images que vous avez prises avec votre appareil photo ou que vous avez transférées sur votre tablette et qui se trouvent dans l'application Galerie.
- **Photos**. Pour choisir des images que vous avez prises avec votre appareil photo ou que vous avez transférées sur votre tablette et qui se trouvent dans l'application Photos.

5 Si vous avez choisi un élément de Galerie, déplacez ou redimensionnez le cadre bleu. Vous avez un aperçu de l'image en mode Portrait et en mode Paysage. Lorsque vous avez dimensionné le cadre, appuyez sur **OK**.

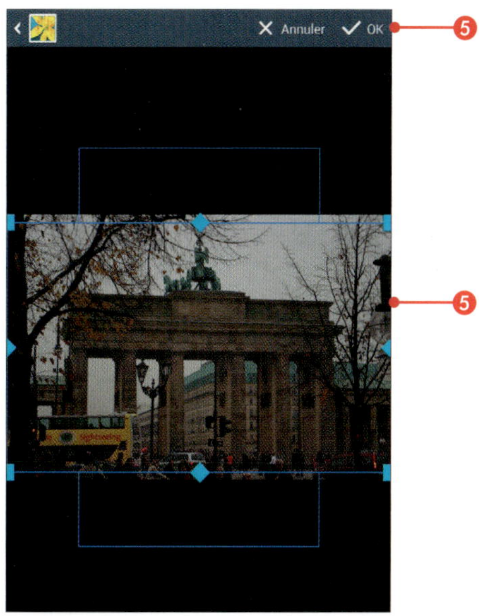

6 Si vous avez choisi Fonds d'écran, touchez l'un des éléments proposés puis touchez **Définir fond d'écran**.

Chapitre 6

Connecter sa tablette au réseau

Dans ce chapitre :

- Activer la fonction Wi-Fi
- Se connecter à un réseau Wi-Fi
- Ajouter un réseau Wi-Fi
- Se connecter à l'aide de la touche WPS
- Se connecter à l'aide d'un code PIN WPS
- Supprimer un réseau Wi-Fi
- Se connecter à l'aide de la touche WPS
- Se connecter à l'aide d'un code PIN WPS

Pour profiter pleinement de toutes les fonctionnalités de votre tablette, il est nécessaire d'être connecté à Internet. Dans ce chapitre, vous allez découvrir la manière de vous connecter à un réseau Wi-Fi.

Activer la fonction Wi-Fi

Par défaut, le Wi-Fi est activé. Toutefois, si vous n'avez pas besoin de vous connecter à Internet, vous pouvez désactiver cette fonction afin d'économiser de l'énergie et augmenter l'autonomie de votre tablette.

❶ Ouvrez le volet des notifications et touchez **Paramètres** ou affichez la liste des applications et touchez l'icône **Paramètres**.

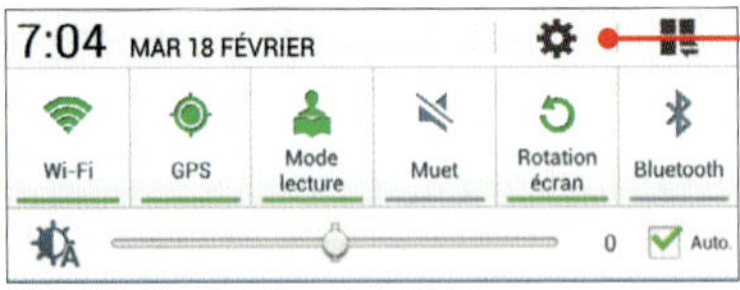

❷ Dans la partie de gauche, touchez l'interrupteur **Wi-Fi** pour le placer sur I afin de l'activer ou pour le placer sur 0 pour le désactiver.

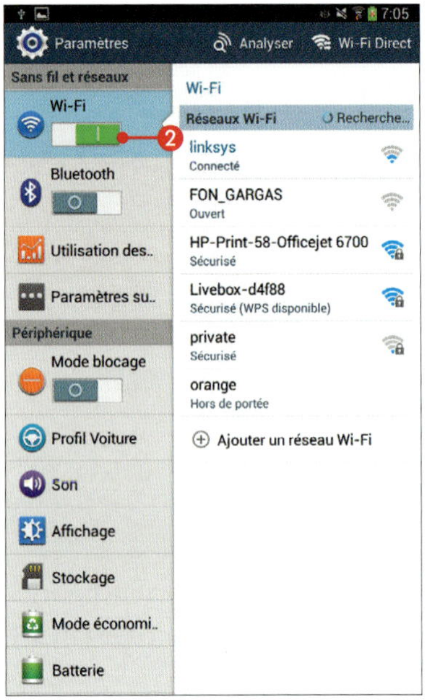

NOTE : Lorsque vous activez le Wi-Fi, la tablette recherche les réseaux disponibles. Consultez la section suivante pour vous connecter à un réseau.

Se connecter à un réseau Wi-Fi

❶ Ouvrez le volet des notifications et touchez **Paramètres** ou affichez la liste des applications et touchez l'icône **Paramètres**.

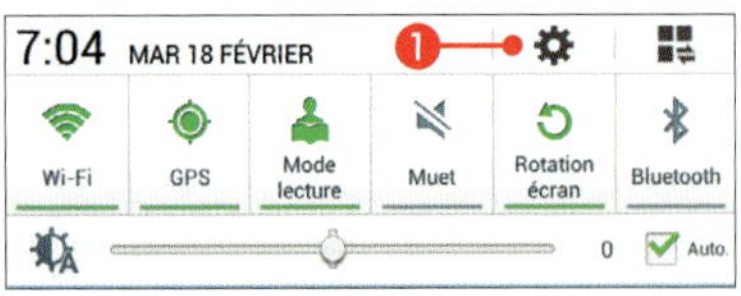

❷ Dans la partie de gauche, vérifiez que l'interrupteur **Wi-Fi** se trouve sur I.

❸ Les réseaux disponibles s'affichent dans la partie de droite.

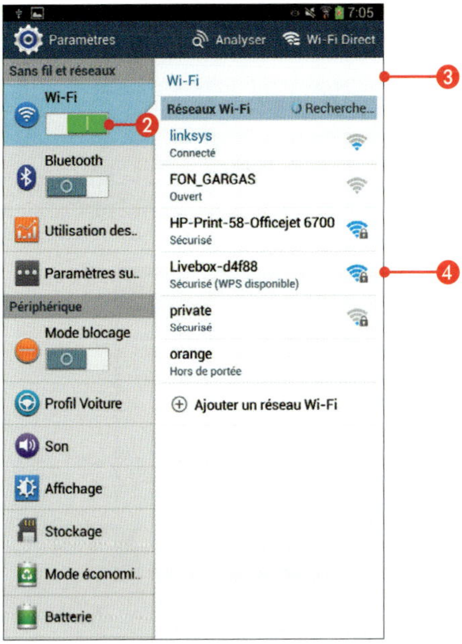

❹ Touchez le réseau auquel vous souhaitez vous connecter. Le nom de votre matériel (de votre box, par exemple) se trouve dans les documents fournis ou sur une étiquette placée sur ce matériel (ou sur l'emballage). Vous trouvez sur cette étiquette la clé nécessaire pour vous connecter.

❺ Une fenêtre s'affiche.

❻ Saisissez le mot de passe. Notez que si vous vous connectez à un réseau ouvert, vous n'aurez pas à saisir de mot de passe, mais il peut être nécessaire de vous identifier sur une page Web.

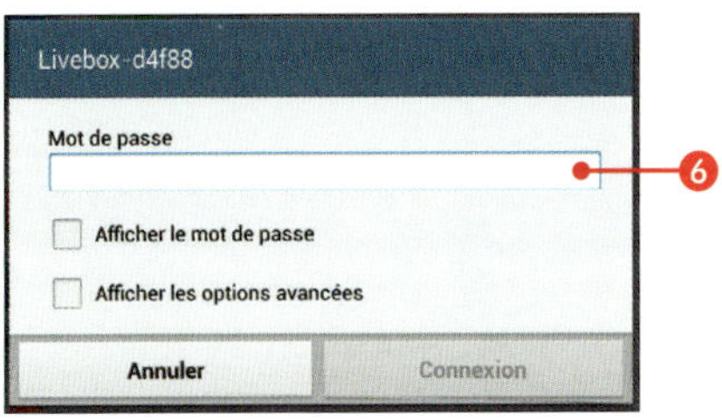

❼ Par défaut, les caractères que vous saisissez sont remplacés par des points. Pour faciliter la saisie, vous pouvez cochez la case **Afficher le mot de passe**, afin de voir les lettres saisies.

❽ Lorsque vous avez saisi le mot de passe, touchez **Connexion**.

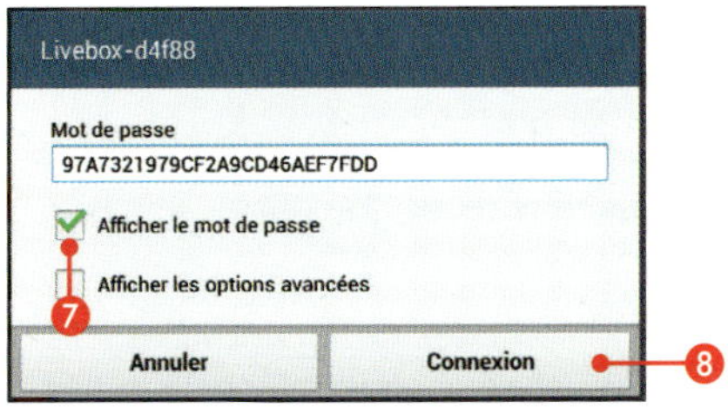

❾ Si vous avez correctement saisi le mot de passe, votre tablette se connecte au réseau et la mention **Connecté** s'affiche au-dessous du nom du réseau.

Ajouter un réseau Wi-Fi

Parfois, certains réseaux Wi-Fi n'émettent pas leur nom. Par conséquent, ils n'apparaissent pas dans la liste des réseaux disponibles. Ce type de configuration est utilisé par certaines personnes pour éviter que des intrus tentent de se connecter frauduleusement au réseau. Pour vous connecter à un tel réseau, vous devez connaître son nom, mais aussi le type de sécurité ainsi que le mot de passe, le cas échéant.

1 Ouvrez le volet des notifications et touchez **Paramètres** ou affichez la liste des applications et touchez l'icône **Paramètres**.

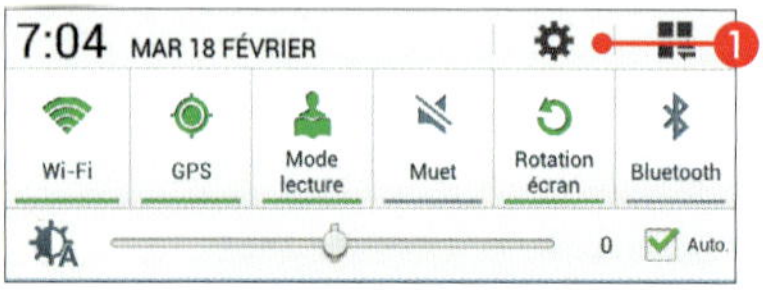

2 Dans la partie de gauche, vérifiez que l'interrupteur **Wi-Fi** se trouve sur I.

3 Touchez **Ajouter un réseau Wi-Fi**.

4 Dans la fenêtre qui s'affiche, saisissez le nom du réseau.

5 Touchez la liste en dessous de **Sécurité**, puis choisissez le type de sécurité utilisé par le réseau.

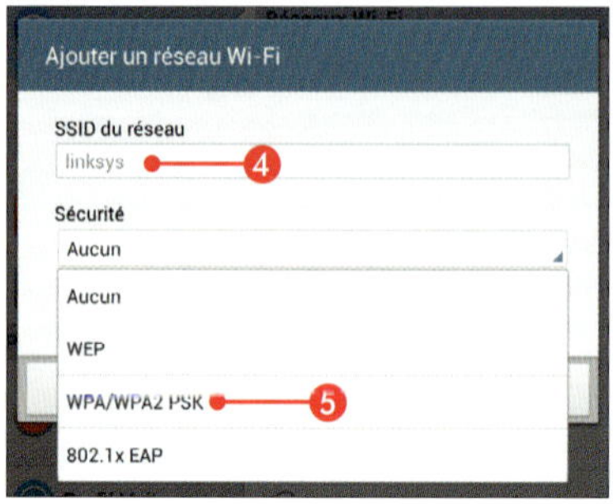

6 Si une sécurité est utilisée, saisissez le mot de passe. Cochez **Afficher le mot de passe** pour faciliter la saisie.

7 Touchez **Connexion** pour enregistrer le réseau et vous y connecter.

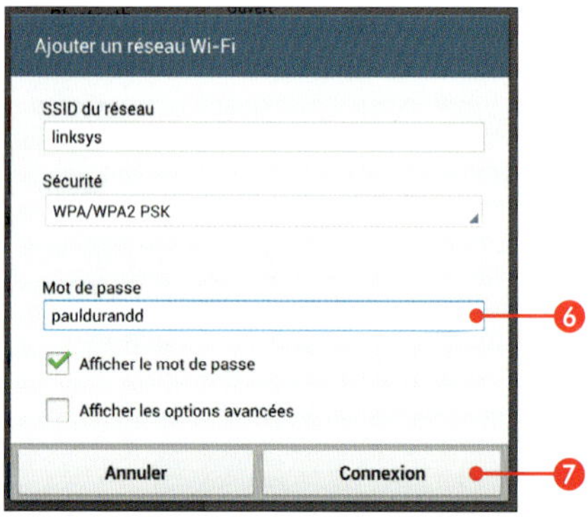

8 Si vous avez correctement renseigné le nom du réseau et le mot de passe, votre tablette se connecte au réseau et la mention **Connecté** s'affiche en dessous du nom du réseau nouvellement ajouté.

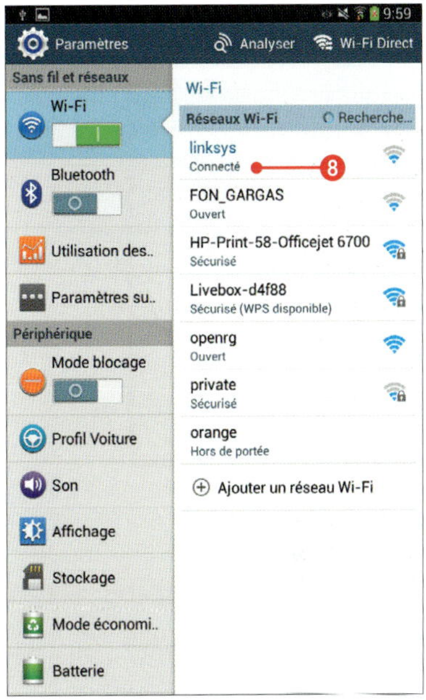

Supprimer un réseau Wi-Fi

Lorsque vous vous êtes connecté à un réseau Wi-Fi, la tablette conserve les informations concernant ce réseau. Vous pouvez supprimer un réseau pour ne plus le voir apparaître dans la liste.

1 Ouvrez le volet des notifications et touchez **Paramètres** ou affichez la liste des applications et touchez l'icône **Paramètres**.

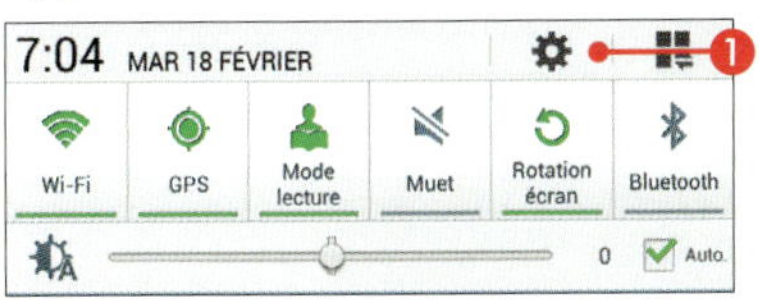

2 Dans la partie de gauche, vérifiez que l'interrupteur **Wi-Fi** se trouve sur I.

3 Touchez le réseau à supprimer.

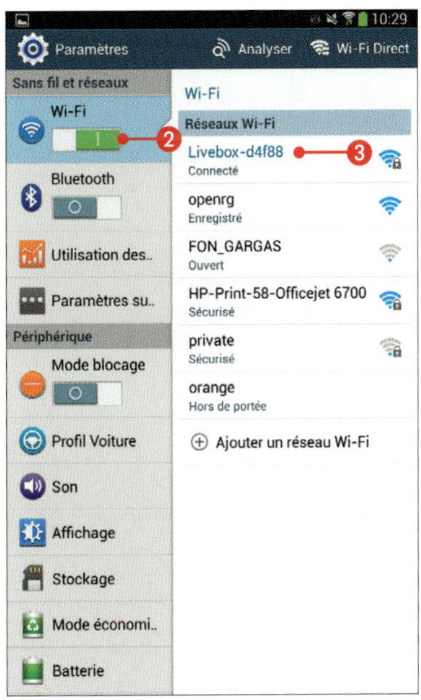

❹ Dans la fenêtre qui s'affiche, touchez **Oublier**.

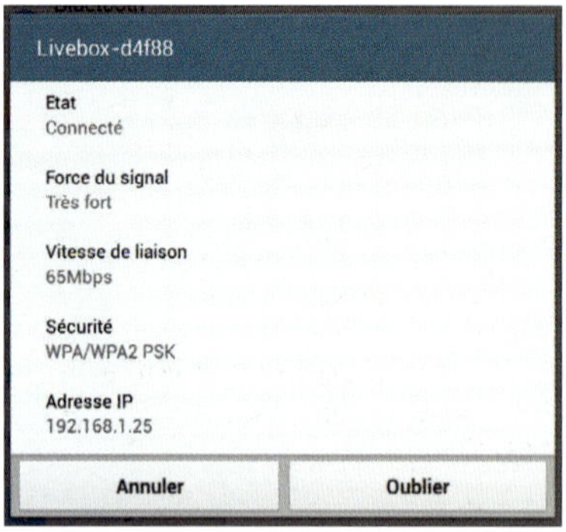

❺ Le réseau disparaît de la liste, s'il n'est plus à portée. Si le réseau est toujours à portée, il apparaît dans la liste, mais vous n'êtes plus connecté si vous étiez connecté. Pour vous connecter de nouveau à ce réseau, vous devez recommencer la connexion en utilisant l'une des procédures des sections précédentes.

Se connecter à l'aide de la touche WPS

Si votre box possède un bouton WPS ou « Wi-Fi facile » pour la connexion, vous pouvez vous connecter au réseau sans saisir de mot de passe.

❶ Ouvrez le volet des notifications et touchez **Paramètres** ou affichez la liste des applications et touchez l'icône **Paramètres**.

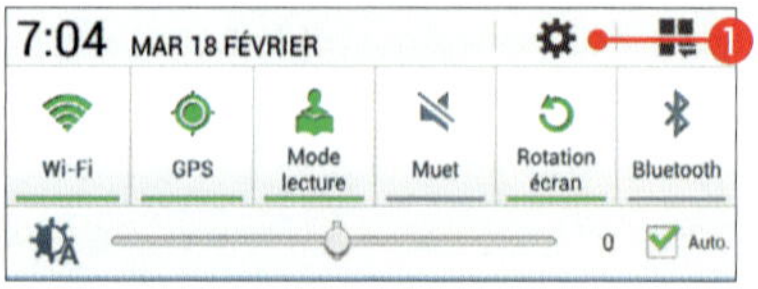

❷ Dans la partie de gauche, vérifiez que l'interrupteur **Wi-Fi** se trouve sur I.

❸ Ouvrez le menu à l'aide de la touche sensible.

❹ Touchez **Touche WPS**.

❺ Appuyez sur le bouton WPS de votre box, comme vous y invite la tablette.

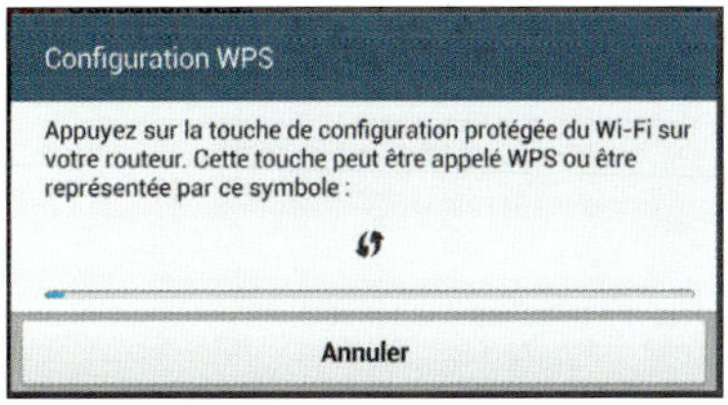

❻ La tablette communique avec votre box puis, au bout de quelques instants, la connexion s'établit.

❼ Touchez **OK**.

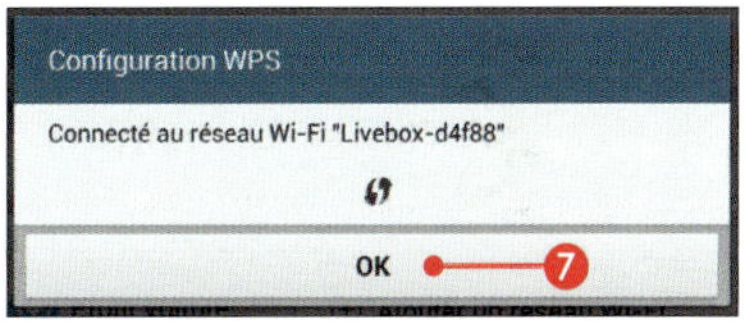

Se connecter à l'aide d'un code PIN WPS

❶ Ouvrez le volet des notifications et touchez **Paramètres** ou affichez la liste des applications et touchez l'icône **Paramètres**.

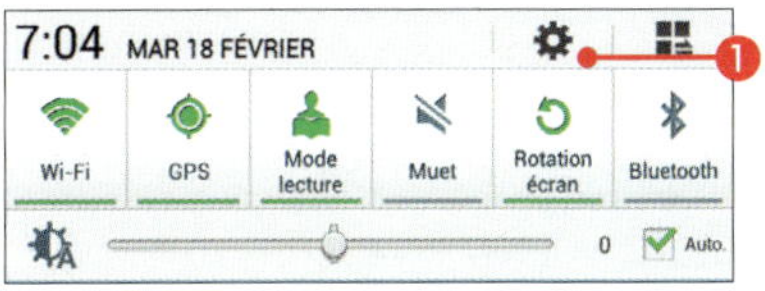

❷ Dans la partie de gauche, vérifiez que l'interrupteur **Wi-Fi** se trouve sur I.

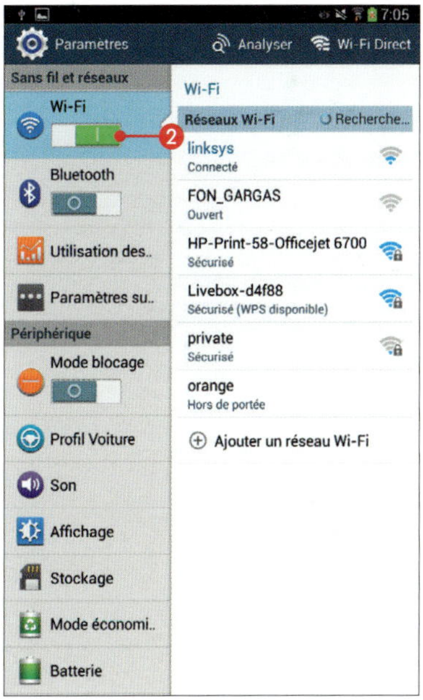

3 Ouvrez le menu à l'aide du bouton sensible.

4 Touchez **Entrée PIN WPS**.

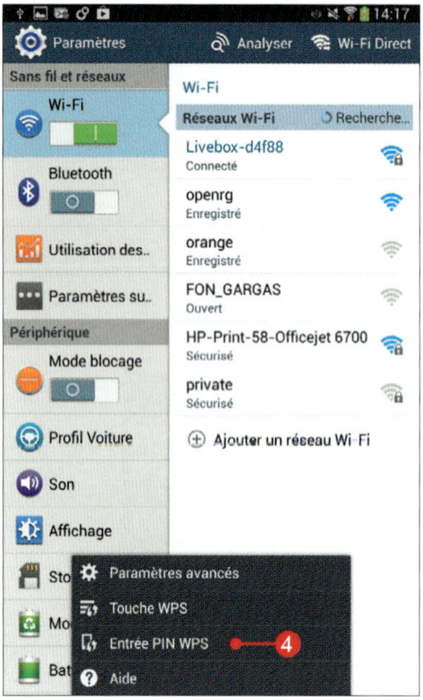

5 Un code PIN s'affiche.

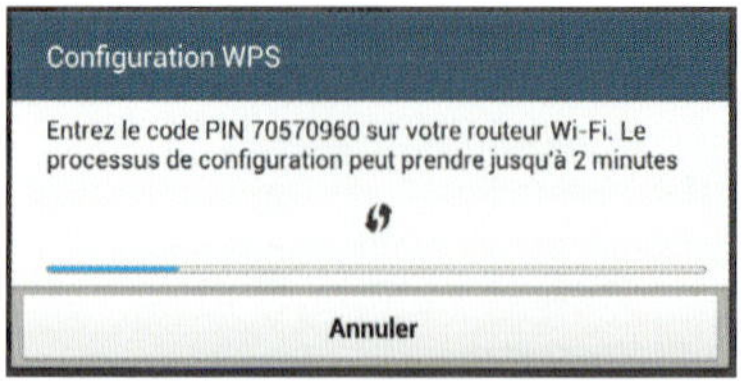

6 Consultez la documentation de votre box pour savoir comment saisir votre code (l'illustration montre une Livebox Pro V2).

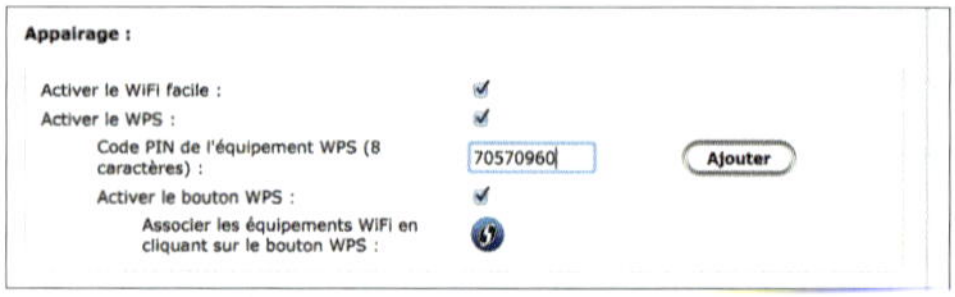

7 La tablette communique avec votre box puis, au bout de quelques instants, la connexion s'établit.

Chapitre 7

Naviguer sur le Web

Dans ce chapitre :

- Les applications pour naviguer sur le Web
- Démarrer le navigateur
- Découvrir l'interface de l'application Internet
- Afficher une page Web
- Changer le facteur de zoom de la page Web
- Ouvrir un lien dans un nouvel onglet
- Ouvrir un nouvel onglet
- Effectuer une recherche avec Google
- Effectuer une recherche vocale
- Ajouter un favori
- Afficher un favori
- Gérer les favoris
- Définir la page d'accueil par défaut
- Choisir la page d'accueil
- Afficher l'historique
- Partager une page
- Utiliser la lecture hors connexion

Dans le précédent chapitre, vous avez vu comment connecter votre tablette à un réseau Wi-Fi. Une fois connectée, vous accédez à toutes les richesses offertes par Internet, en commençant par la navigation sur le Web.

Les applications pour naviguer sur le Web

Pour parcourir les pages Web, vous vous servez d'un navigateur. Votre tablette est équipée d'une application appelée Internet. Vous devez trouver un raccourci vers cette application sur la page d'accueil par défaut.

Bien entendu, vous accédez également à l'application Internet en affichant la liste des applications.

> NOTE
>
> Pour plus d'informations sur le téléchargement d'applications, consultez le Chapitre 10.

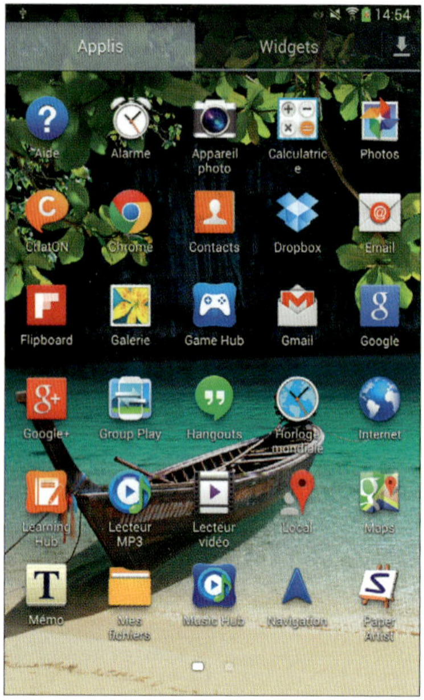

Il existe d'autres navigateurs Web très célèbres que vous pouvez télécharger (gratuitement) sur Play Store , la boutique en ligne de Google. Je présente les deux navigateurs les plus célèbres, concurrents sérieux d'Internet Explorer, de Microsoft, qui équipe les PC ou de Safari, d'Apple, qui équipe les Mac.

- **Chrome**. Il s'agit du navigateur développé par Google et n'oubliez pas que le système Android qui équipe votre tablette est également développé par Google.
- **Firefox.** Ce navigateur était sur le marché bien avant l'apparition de Chrome et il a réussi à prendre des parts de marché sur Internet Explorer.

Dans ce chapitre, je détaille toutes les manipulations avec l'application Internet fournie avec votre tablette. Si vous décidez d'utiliser un autre navigateur, vous devriez retrouver des commandes identiques pour la navigation en général.

Démarrer le navigateur

❶ Affichez la liste des applications.

❷ Touchez l'icône **Internet**.

❸ L'application Internet démarre et une page Web s'affiche. Cette première page s'appelle la page d'accueil. Vous avez la possibilité de choisir celle que vous souhaitez dans les paramètres de l'application.

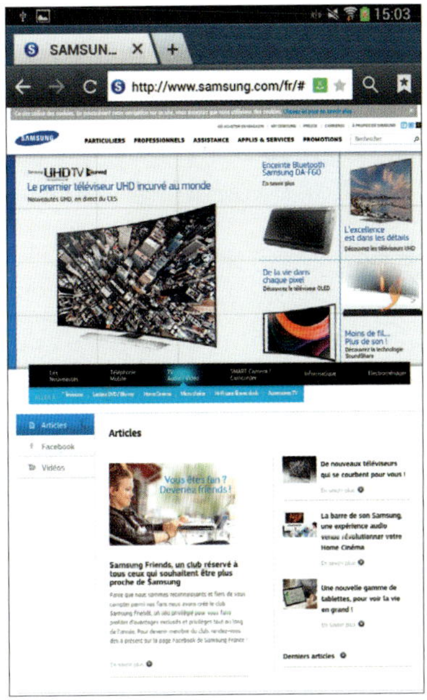

Découvrir l'interface de l'application Internet

❶ Des onglets vous permettent d'ouvrir plusieurs pages en même temps. Touchez la croix à droite d'un onglet pour le fermer.

❷ Appuyez sur + pour ouvrir un nouvel onglet.

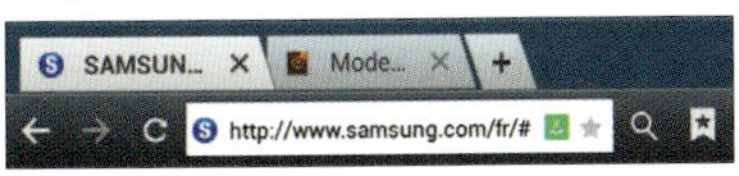

❸ Les touches **Précédente** et **Suivante** permettent de naviguer dans les pages que vous avez déjà visitées.

❹ Pour rafraîchir le contenu d'une page, touchez ce bouton. Lors du chargement d'une page, ce bouton à la forme d'un **X** que vous touchez pour arrêter le chargement.

❺ L'adresse de la page Web s'affiche ici. C'est également ici que vous saisissez l'adresse d'une page Web que vous souhaitez afficher ou des mots-clés à rechercher.

❻ Touchez l'étoile pour ajouter la page courante aux favoris.

❼ Touchez la loupe pour basculer à la recherche vocale (vous dictez les mots-clés).

❽ Touchez ce bouton pour afficher les favoris, l'historique de navigation ou les pages enregistrées.

Afficher une page Web

❶ Démarrez le navigateur, puis touchez la zone d'adresse. L'adresse qui s'y trouve est alors totalement sélectionnée et elle s'affiche en surbrillance (le texte sélectionné va être remplacé par ce que vous allez saisir).

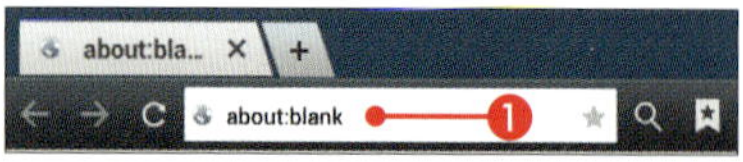

❷ Saisissez l'adresse Web de la page que vous souhaitez afficher.

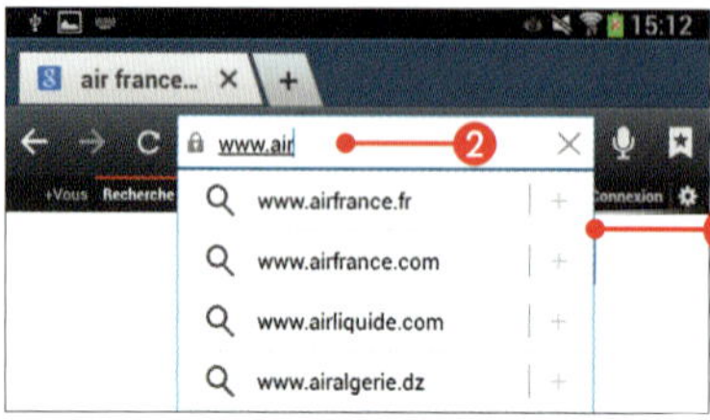

❸ À mesure que vous saisissez l'adresse, une liste de propositions apparaît. Si l'adresse souhaitée s'y trouve, touchez-la pour afficher la page correspondante. Dans le cas contraire, continuez la saisie puis appuyez sur le bouton **Aller à** (il remplace la touche Entrée du clavier).

❹ La page souhaitée s'affiche.

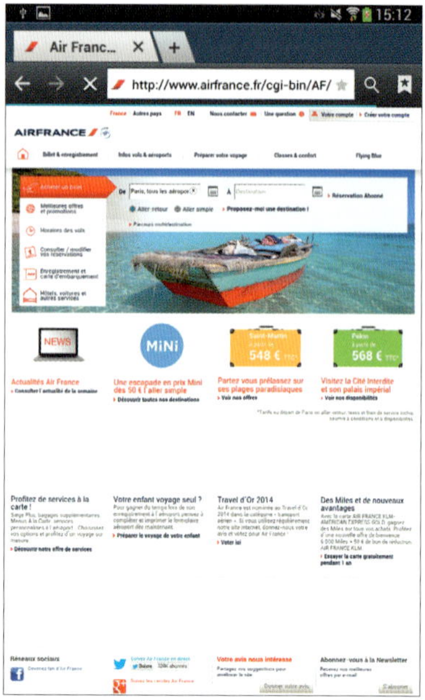

Lorsque la page Web est affichée, touchez les différents liens pour afficher d'autres pages, touchez les zones de texte pour effectuer des saisies ou touchez les listes déroulantes pour effectuer des sélections.

Changer le facteur de zoom de la page Web

1. Affichez une page Web.

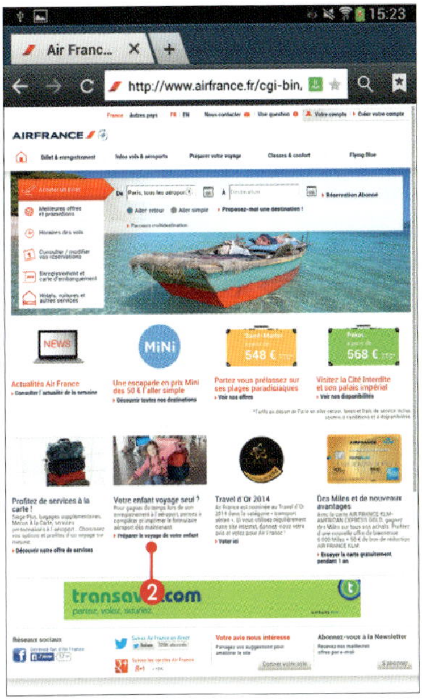

2. Pour agrandir rapidement une zone que vous souhaitez lire (ici, **Votre enfant voyage seul ?**), tapez deux fois rapidement sur le texte.

3. Pour redonner à la page sa taille d'origine, tapez de nouveau deux fois dans la page.

4. Pour effectuer un zoom sur une zone précise, vous pouvez également écarter le pouce et l'index sur la zone concernée. Vous pouvez obtenir un agrandissement plus important qu'en tapant deux fois. Pincez la page pour la réduire ou tapez deux fois (comme à l'Étape 3) pour revenir à la taille d'origine.

Ouvrir un lien dans un nouvel onglet

❶ Touchez le lien que vous souhaitez ouvrir dans un nouvel onglet et restez appuyé jusqu'à ce qu'une fenêtre s'ouvre.

❷ Touchez **Ouvrir dans une nvlle fenêtre**.

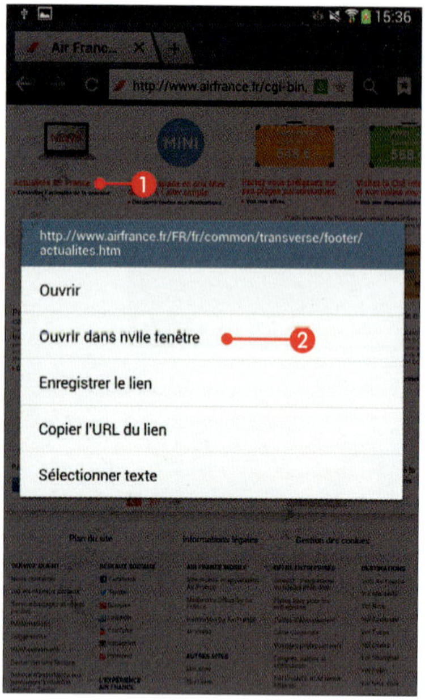

❸ Un nouvel onglet s'ouvre et la page correspondante au lien s'affiche.

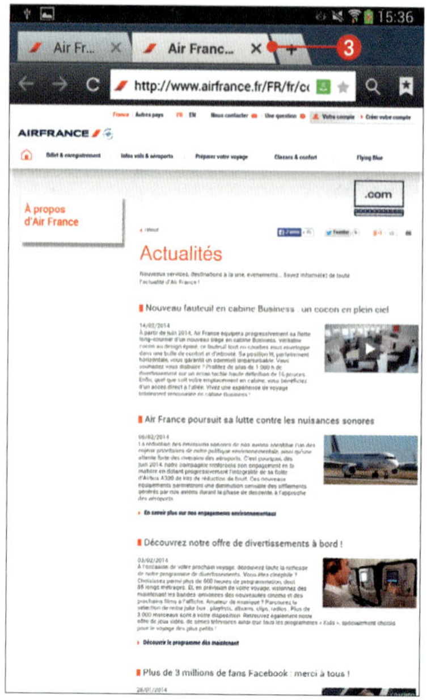

Ouvrir un nouvel onglet

❶ Touchez l'onglet contenant le signe +.

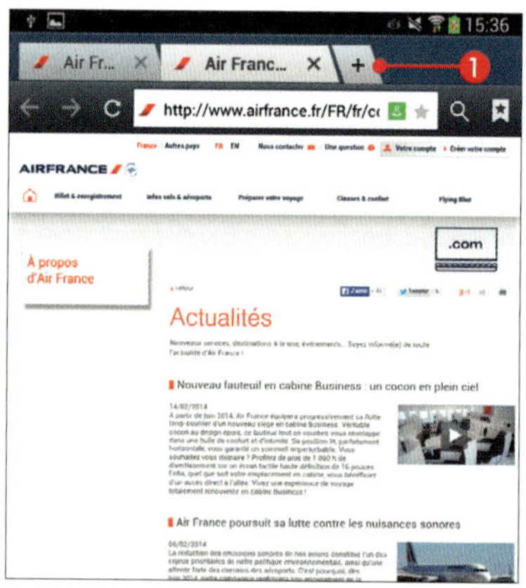

❷ Un nouvel onglet s'affiche avec les sites Web que vous avez le plus visités.

❸ Pour afficher l'un des sites proposés, touchez sa vignette.

❹ Touchez la barre d'adresses pour saisir des mots-clés et effectuer une recherche ou pour saisir l'adresse de la page Web à afficher.

Effectuer une recherche avec Google

❶ Touchez la zone de la barre d'adresses. Si une adresse se trouve déjà affichée dans la barre d'adresses, le texte est entièrement sélectionné (ce que vous allez saisir va remplacer ce texte).

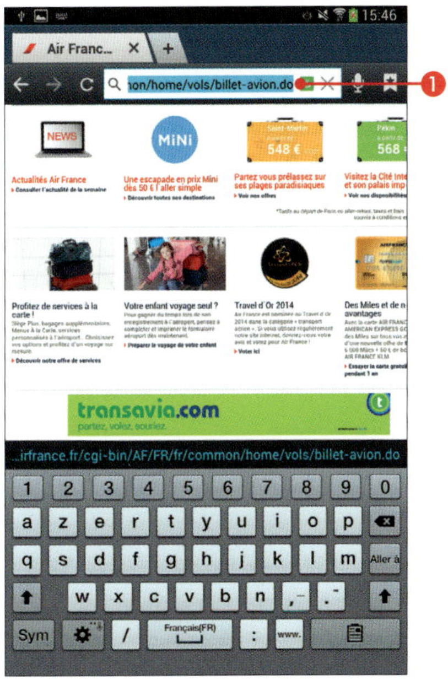

❷ Saisissez les mots-clés de votre recherche. À mesure que vous saisissez les mots-clés, une liste de propositions s'affiche. Il s'agit des recherches les plus fréquentes contenant le début des mots-clés saisis.

❸ Si vos mots-clés se trouvent dans la liste, touchez la ligne correspondante. Dans le cas contraire, continuez la saisie des mots-clés, puis appuyez sur **Aller à** (qui remplace la touche Entrée du clavier).

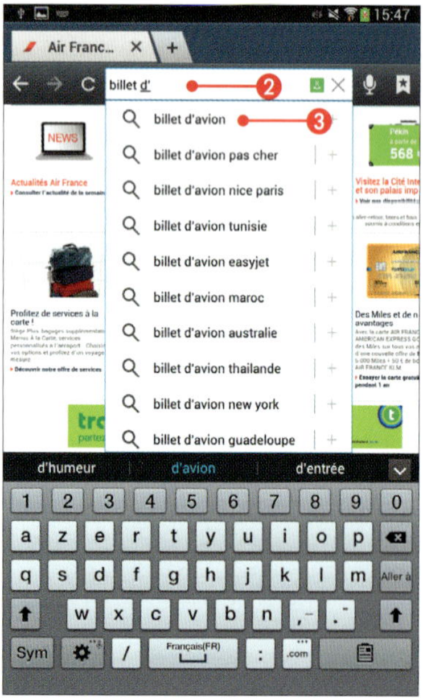

❹ La liste de résultats de Google s'affiche.

❺ Touchez le résultat que vous souhaitez afficher.

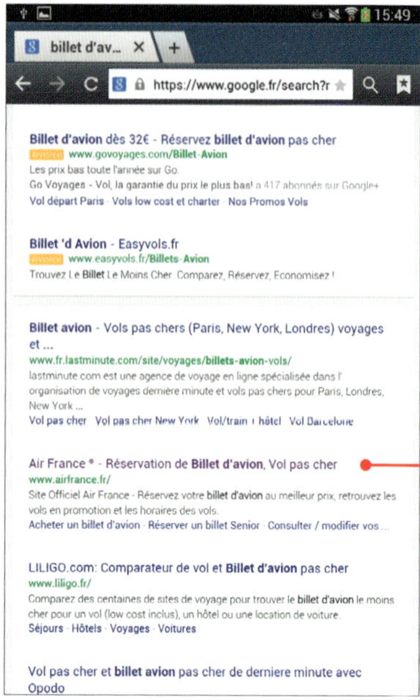

Effectuer une recherche vocale

❶ Touchez la loupe à droite de la barre d'adresses.

❷ La loupe devient un micro. Touchez ce dernier.

❸ Une fenêtre apparaît. Dictez les mots-clés.

4 Vos mots-clés apparaissent dans la barre d'adresses.

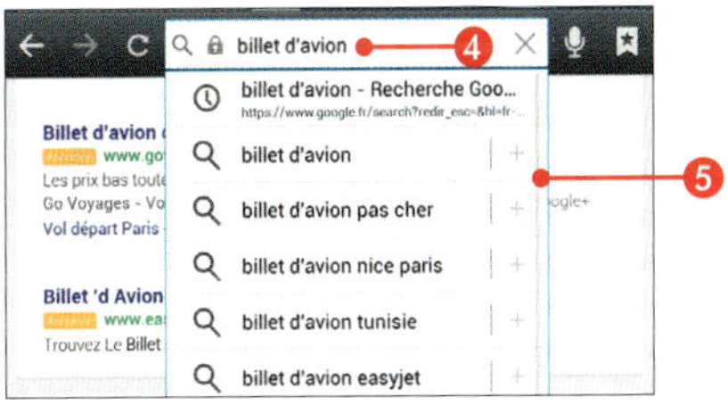

5 Touchez **Aller à** au clavier ou touchez l'une des propositions pour obtenir la page de résultats de Google.

Ajouter un favori

Placez une page dans vos favoris pour pouvoir y revenir très rapidement.

1 Affichez la page que vous souhaitez ajouter aux favoris.

2 Touchez l'étoile à droite de la barre d'adresses.

3 Dans la fenêtre qui s'affiche, modifiez éventuellement le nom du lien (le nom de la page affichée est utilisé par défaut).

4 Dans l'élément **Compte**, indiquez si vous conservez le favori sur vote tablette (**Mon appareil**) ou sur un compte Google.

5 Pour placer votre favori dans un autre dossier que celui proposé, touchez l'élément **Dossier**, puis choisissez un dossier ou un sous-dossier. Dans la nouvelle fenêtre qui s'affiche, vous avez la possibilité de créer un nouveau dossier.

6 Touchez **OK**.

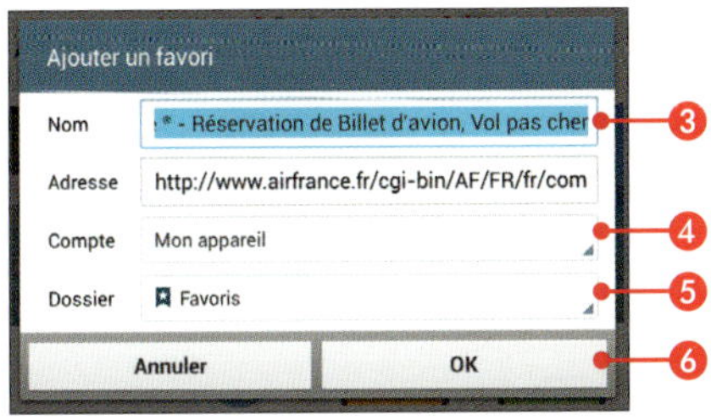

7 L'étoile, dans la barre d'adresses, change de couleur pour indiquer que la page courante fait partie des favoris.

Afficher un favori

❶ Touchez [icône].

❷ Si nécessaire, touchez **Favoris** en haut à gauche.

❸ La liste des sites que vous avez placés dans les favoris s'affiche.

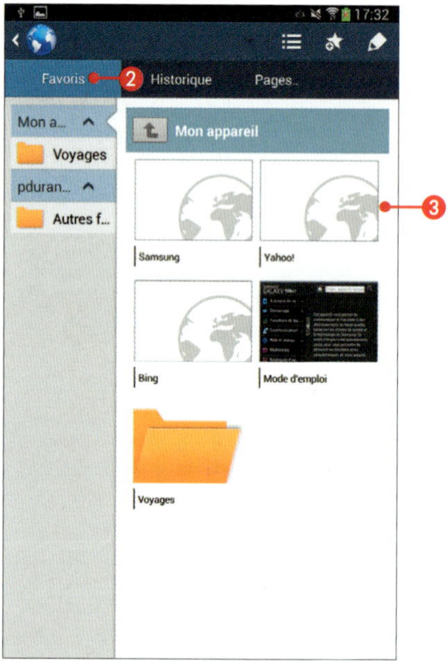

❹ Si vous avez créé des dossiers, touchez le dossier pour en afficher le contenu. Vous pouvez également toucher les autres comptes dans lesquels se trouvent des favoris.

❺ Pour revenir au dossier supérieur, touchez le premier élément de la liste de droite (par exemple, **Voyages**) ou l'élément souhaité dans la liste de gauche (par exemple, **Mon appareil**).

❻ Touchez le favori dont vous souhaitez afficher la page.

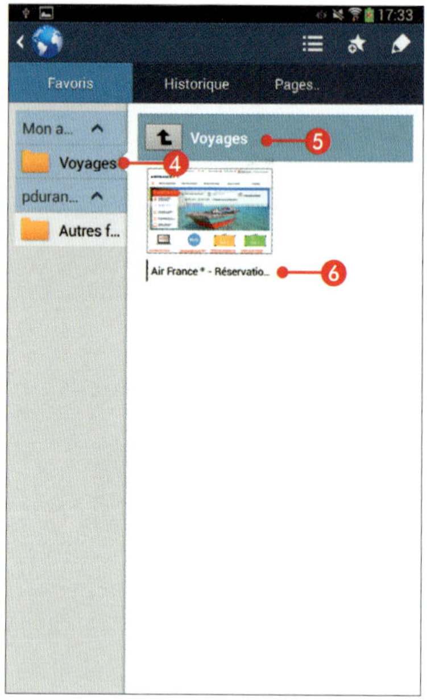

❼ La page souhaitée s'affiche.

Gérer les favoris

❶ Touchez [icône].

❷ Si nécessaire, touchez **Favoris** en haut à gauche.

❸ La liste des sites que vous avez placés dans les favoris s'affiche.

❹ Si nécessaire, affichez le contenu du dossier dans lequel se trouvent les raccourcis que vous souhaitez gérer.

❺ Touchez [icône].

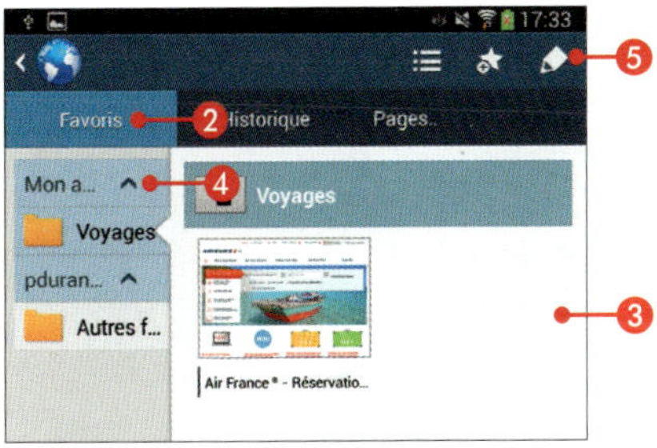

6 Pour supprimer des raccourcis, cochez les cases en regard des raccourcis souhaités puis touchez **Suppr**.

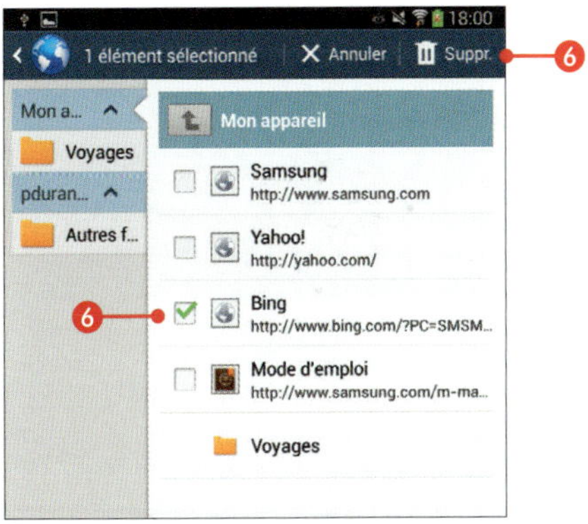

7 Pour changer l'ordre des raccourcis, touchez le bouton déplacement.

8 Touchez la poignée de déplacement ⠿ à droite du raccourci que vous souhaitez déplacer puis faites-le glisser vers son nouvel emplacement.

9 Touchez **OK** pour confirmer le déplacement ou **Annuler** pour revenir à l'ancienne organisation.

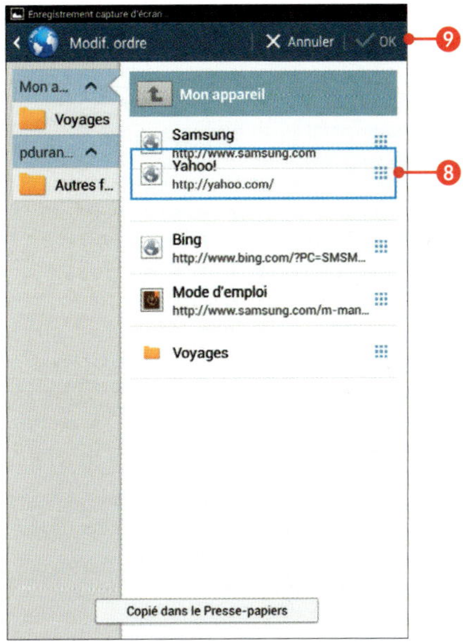

10 Pour créer un nouveau dossier, touchez .

11 Nommez le dossier.

12 Touchez **OK**.

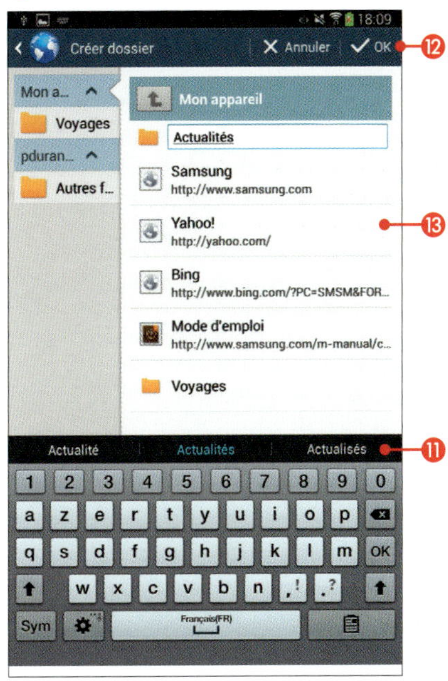

⓭ Pour modifier un raccourci ou le déplacer, touchez-le (vous pouvez aussi toucher un dossier).

⓮ Dans la fenêtre qui s'affiche, modifiez les éléments souhaités.

⓯ Touchez **OK**.

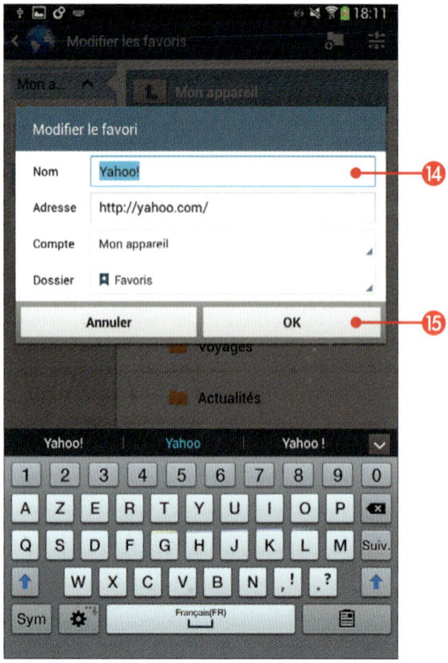

Définir la page d'accueil par défaut

❶ Affichez la page que vous souhaitez utiliser comme page d'accueil.

❷ Touchez l'étoile à droite de la barre d'adresses.

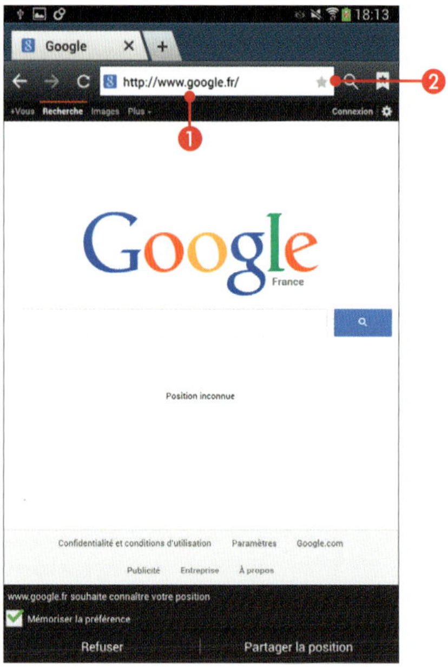

3 Dans la fenêtre qui s'affiche, modifiez éventuellement le nom du lien.

4 Dans l'élément **Dossier**, choisissez **Écran d'accueil**.

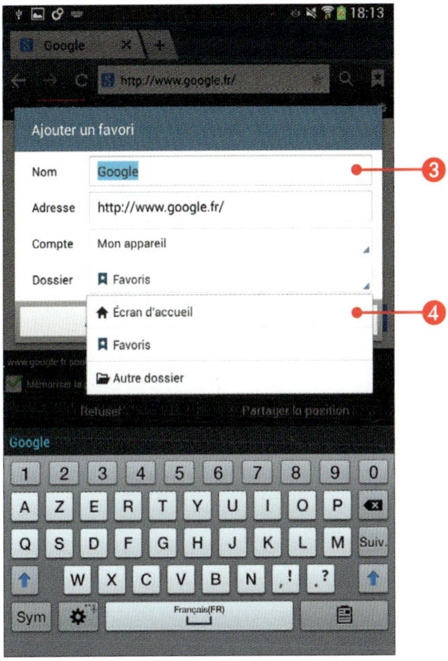

5 Touchez **OK**.

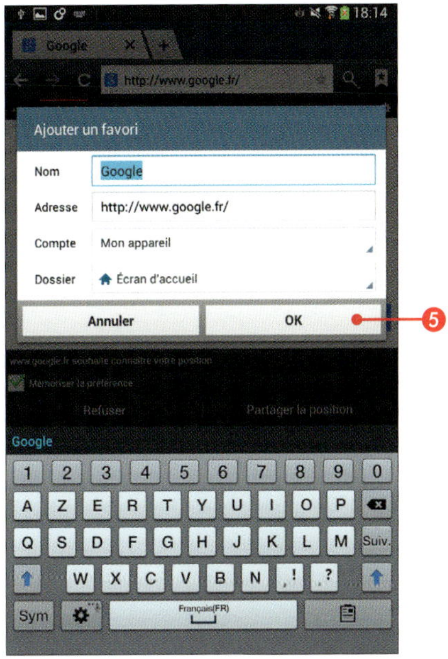

Pour que l'application Internet prenne en compte votre page d'accueil, consultez la section suivante.

Choisir la page d'accueil

Dans la section précédente, vous avez vu comment définir la page d'accueil par défaut. Toutefois, pour que l'application Internet utilise votre page d'accueil, vous devez modifier les paramètres.

1 Ouvrez le menu et touchez **Paramètres**.

❷ Touchez **Général**.

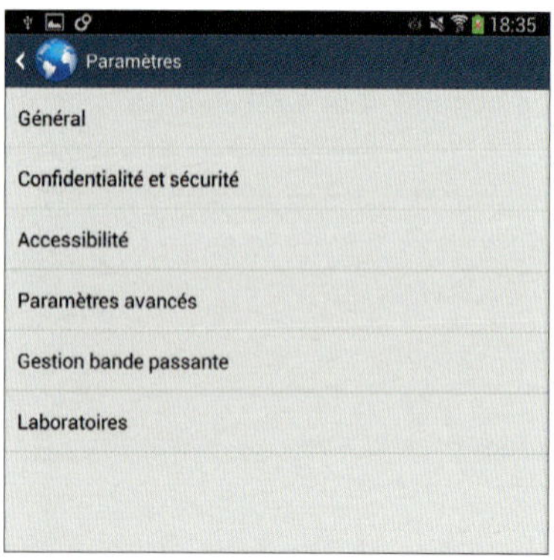

❸ Touchez **Définir la page d'accueil**.

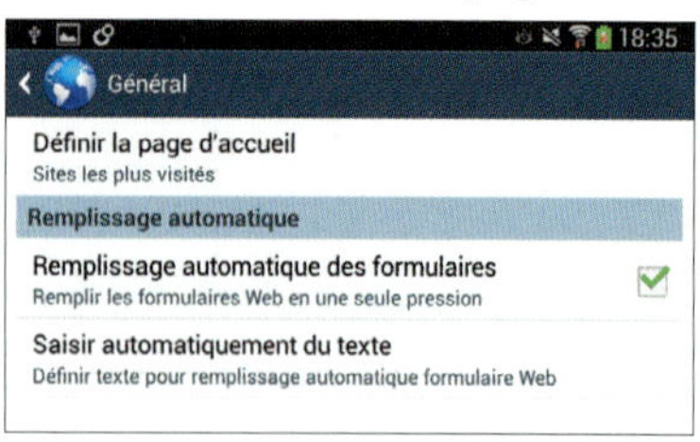

❹ Dans la fenêtre qui s'affiche, touchez le type de page à utiliser pour la page d'accueil.

❺ **Page en cours**. Vous utilisez la page affichée comme page d'accueil.

❻ **Page vierge**. Vous affichez les nouvelles fenêtres dans une page blanche.

❼ **Page par défaut**. Vous utilisez la page définie par défaut (voir section précédente).

❽ **Sites les plus visités**. Une mosaïque des sites que vous avez le plus visités s'affiche.

❾ **Autre**. Une nouvelle fenêtre s'affiche et vous permet de saisir l'adresse de la page Web que vous souhaitez utiliser comme page d'accueil.

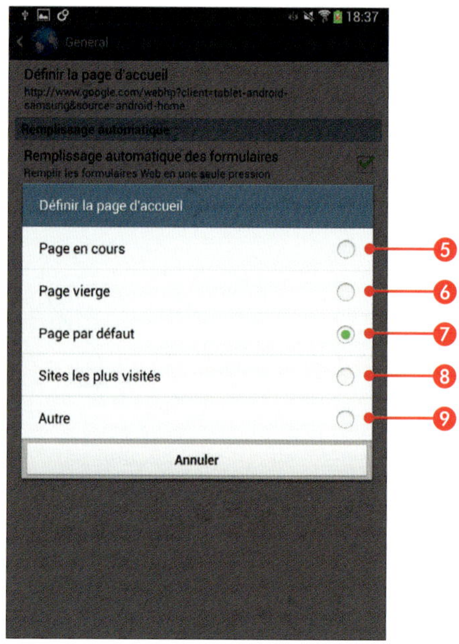

Afficher l'historique

❶ Touchez [icône].

❷ Si nécessaire, touchez **Historique**.

❸ Dans la partie de gauche, sélectionnez la période souhaitée ou **Les plus visités**.

❹ Dans la partie de droite, touchez la page que vous souhaitez afficher.

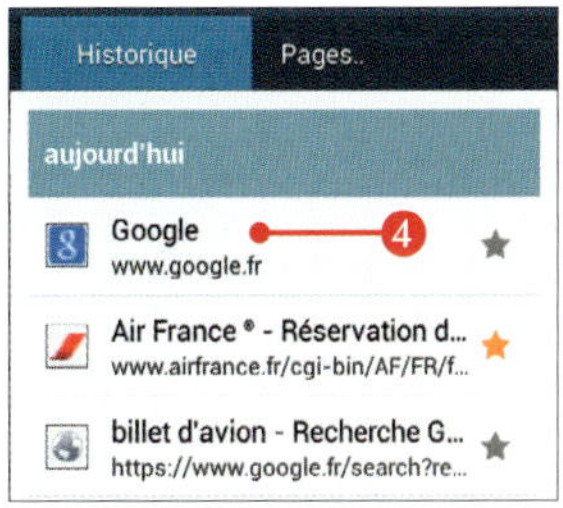

NOTE

Pour effacer l'historique, répétez les Étapes 1 et 2, ouvrez le menu puis choisissez **Effacer l'historique**. Vous pouvez aussi utiliser l'option Confidentialité et sécurité des paramètres pour effacer l'historique.

Partager une page

❶ Affichez la page Web que vous souhaitez partager.

❷ Ouvrez le menu, puis choisissez **Partager page**.

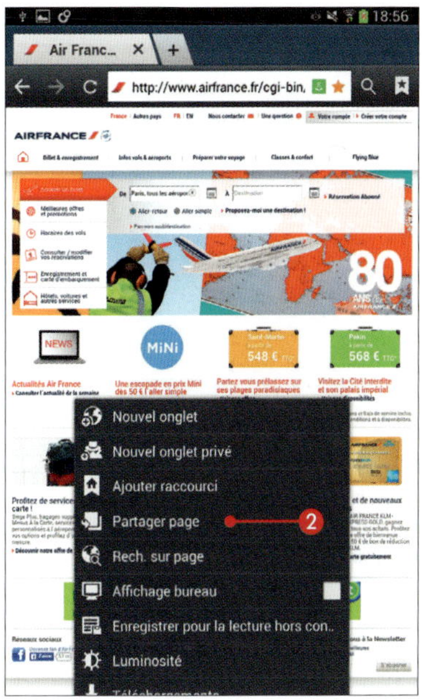

3 Dans la fenêtre qui s'affiche, indiquez avec quelle application vous souhaitez partager la page.

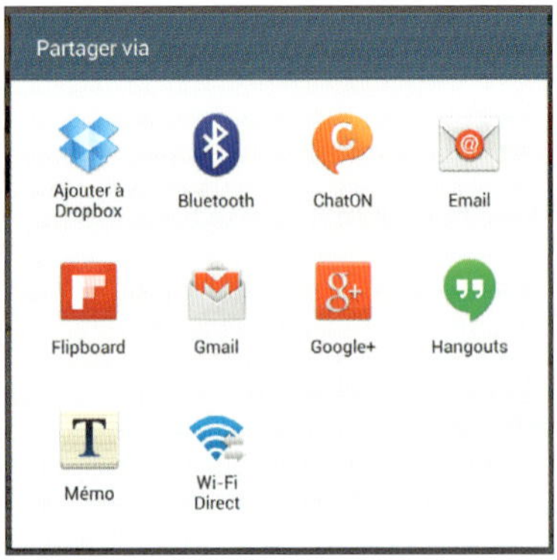

Utiliser la lecture hors connexion

Vous utilisez la lecture hors connexion pour stocker une page sur votre tablette afin de la lire par la suite, lorsque vous n'aurez plus de connexion à Internet.

1 Affichez la page que vous souhaitez lire hors connexion.

2 Ouvrez le menu, puis touchez **Enregistrer pour lecture hors connexion**.

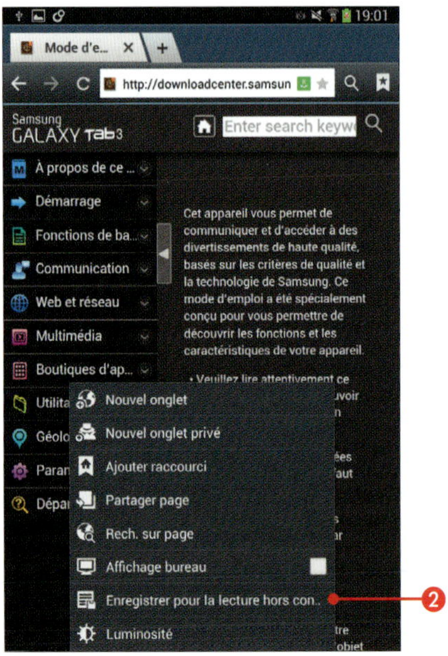

3 Pour consulter une page enregistrée, touchez .

4 Touchez **Pages enregistrées**.

5 Touchez la page que vous souhaitez consulter.

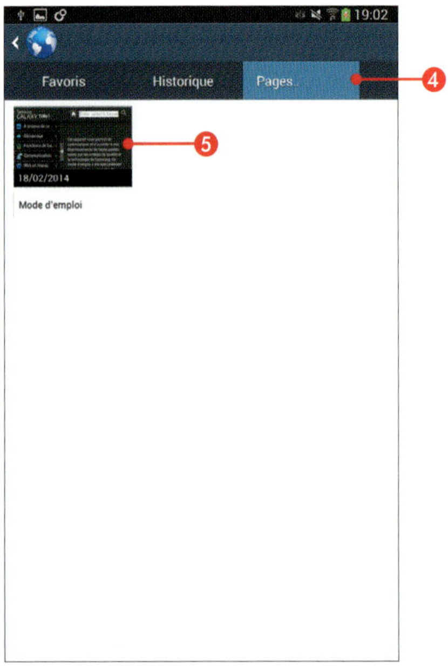

Chapitre 8

Utiliser le courrier électronique

Dans ce chapitre :

- Les applications pour le courriel
- Configurer un compte de messagerie Gmail
- Configurer un compte avec Email
- Ajouter un compte
- Découvrir les applications Gmail et Email
- Lire un courriel
- Afficher une pièce jointe
- Répondre à un message
- Transférer un message
- Envoyer un courriel
- Insérer une pièce jointe dans un message
- Enregistrer un courriel dans les brouillons
- Supprimer un courriel

Ce chapitre présente les applications fournies par défaut pour gérer votre courrier électronique. Pour envoyer et recevoir vos courriels, vous devez, bien entendu, être connecté à Internet.

Les applications pour le courriel

Par défaut, deux applications sont installées sur votre tablette :

- **Gmail**, que vous utilisez si vous possédez un compte Google (ce qui est conseillé, puisque cela servira par la suite pour accéder à de nombreuses fonctionnalités, comme les achats sur Play Store).

- **Email**, application que vous utiliserez pour tout le courrier qui n'est pas Google.

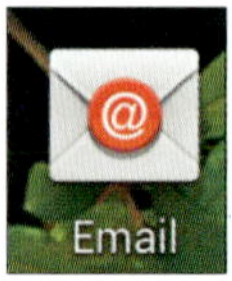

Dans ce chapitre, je présente essentiellement l'application Gmail. Le principe de fonctionnement est indiqué pour toute autre application de gestion de la messagerie. En effet, en plus des deux applications fournies avec votre tablette, vous en trouverez d'autres à télécharger sur Play Store.

Configurer un compte de messagerie Gmail

Avant de pouvoir utiliser la messagerie sur votre tablette, vous devez fournir des informations sur votre compte de messagerie afin que l'application puisse récupérer votre courrier. Lorsque vous démarrez Gmail pour la première fois, l'application vous demande de saisir les informations nécessaires.

❶ Ouvrez la liste des applications, puis touchez l'icône **Gmail**.

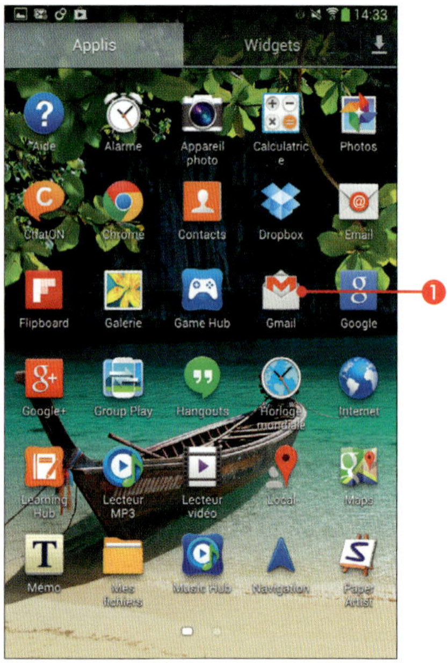

❷ Un écran vous propose d'ajouter un compte Google en utilisant un compte existant ou en créant un nouveau compte.

3 Pour créer un nouveau compte, touchez **Nouveau**. Si vous utilisez un compte existant, indiquez votre adresse Gmail et votre mot de passe. Passez ensuite à l'Étape **15**.

4 Dans la nouvelle fenêtre, saisissez votre prénom et votre nom.

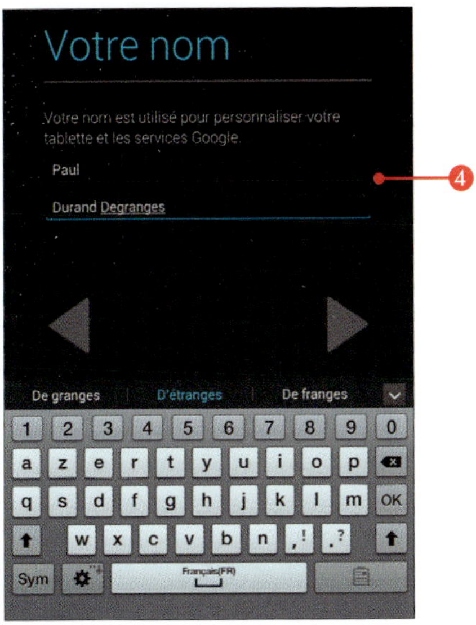

5 Touchez la flèche vers la droite pour passer à la page suivante. À tout instant, vous pouvez revenir à la page précédente en touchant la flèche vers la gauche.

6 Saisissez l'adresse de courriel que vous souhaitez créer. Cette adresse se termine obligatoirement par **@gmail.com**.

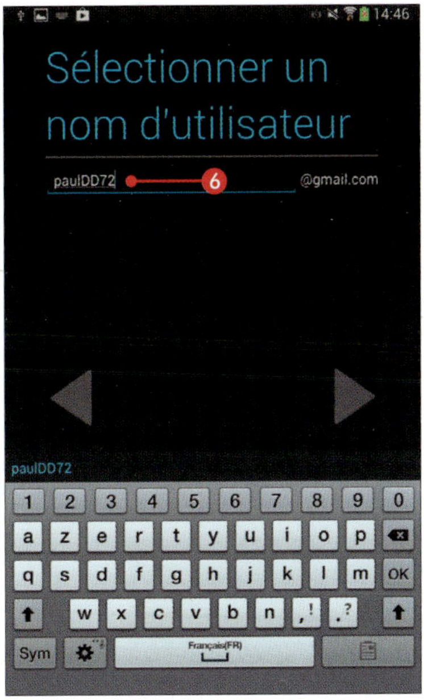

7 Lorsque vous appuyez sur la flèche à droite, le système vérifie si l'adresse souhaitée est disponible. Si ce n'est pas le cas, vous devez saisir une nouvelle adresse ou utiliser la liste **Afficher des suggestions**.

8 Dans l'écran suivant, saisissez un mot de passe de huit caractères minimum et saisissez une nouvelle fois ce mot de passe pour le confirmer.

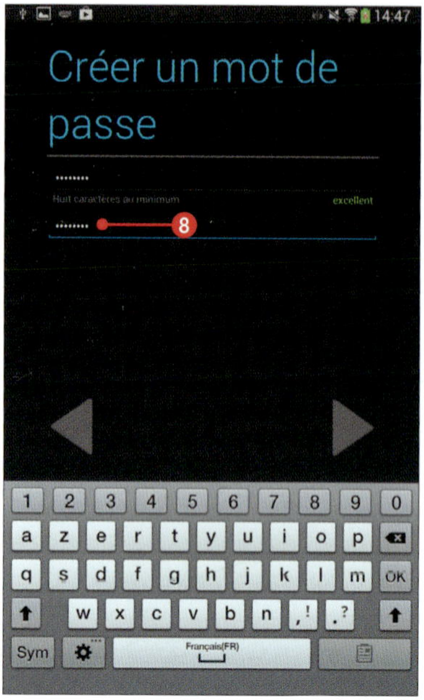

9 Dans l'écran suivant, choisissez une question.

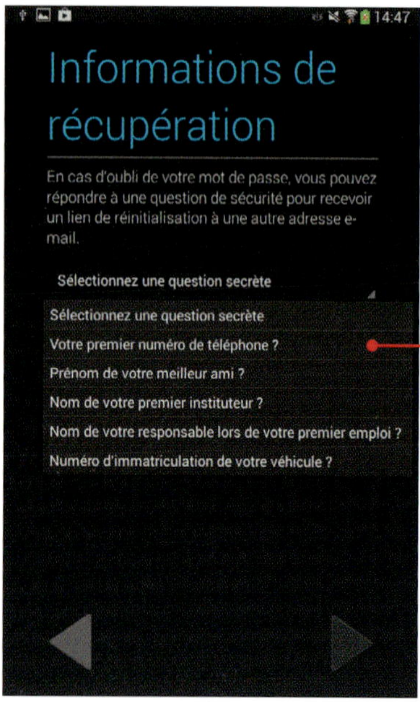

10 Saisissez la réponse à la question.

11 Si vous possédez une autre adresse de courrier électronique, vous pouvez l'indiquer dans la zone **Adresse e-mail de récupération**.

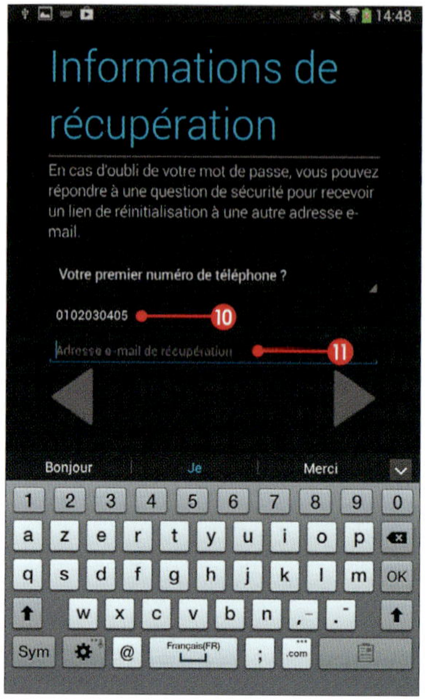

12 Indiquez si vous souhaitez rejoindre Google+ (l'équivalent Google de Facebook). Si vous ne le faites pas, vous aurez toujours la possibilité de le faire par la suite. Si vous choisissez de rejoindre, l'écran suivant vous présente rapidement Google+.

13 Dans le dernier écran, Terminer la création du compte, cochez ou décochez les cases en fonction de vos souhaits. Puis touchez la flèche vers la droite pour accepter les conditions générales.

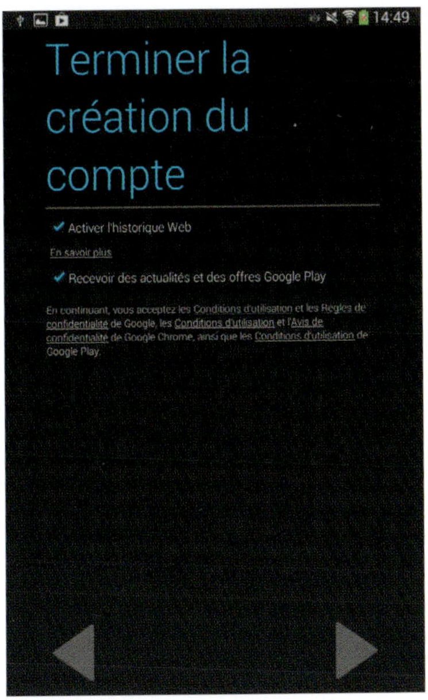

14 Saisissez les caractères affichés dans le rectangle blanc.

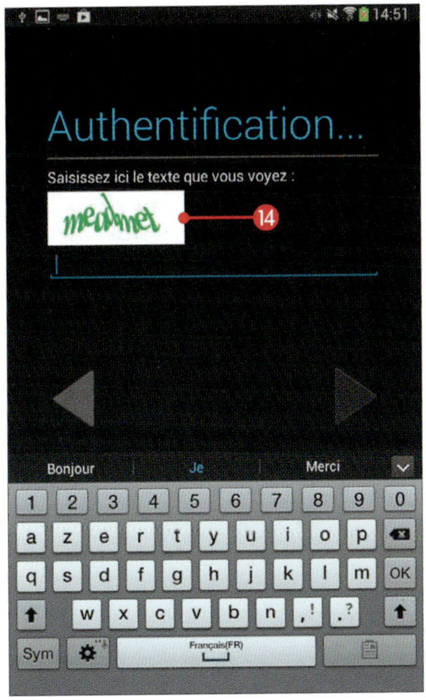

15 Dans le dernier écran, cochez ou décochez l'option **Conserver une sauvegarde de cette tablette sur mon compte Google**. Par défaut, l'option est cochée.

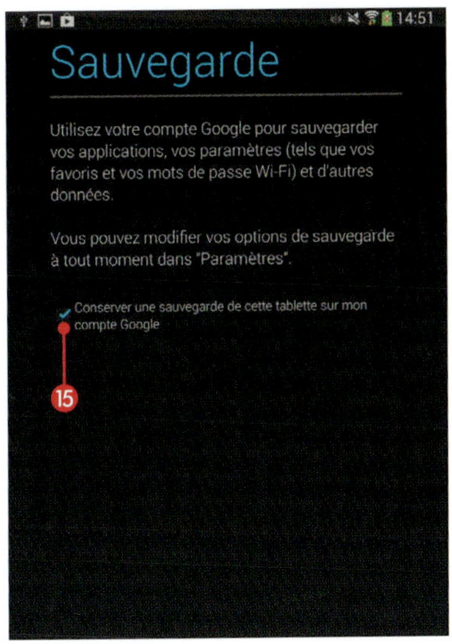

16 L'application Gmail affiche le courrier que vous avez reçu. Même si vous n'avez pas communiqué votre adresse, l'équipe de Gmail vous a envoyé des courriers de bienvenue pour vous expliquer les services (les courriers sont envoyés automatiquement lors de la création des comptes).

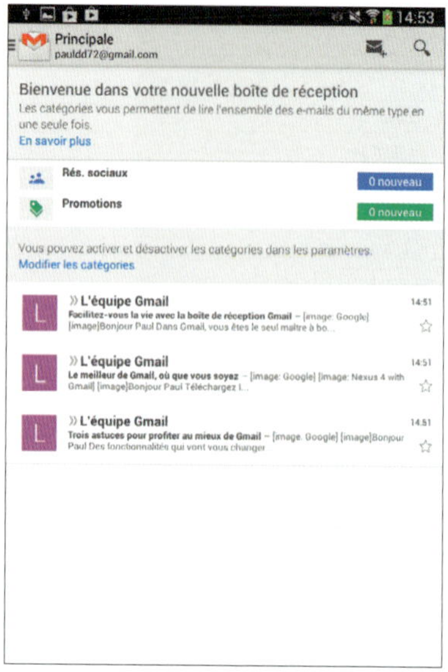

Configurer un compte avec Email

1 Ouvrez la liste des applications, puis touchez l'icône **Email**.

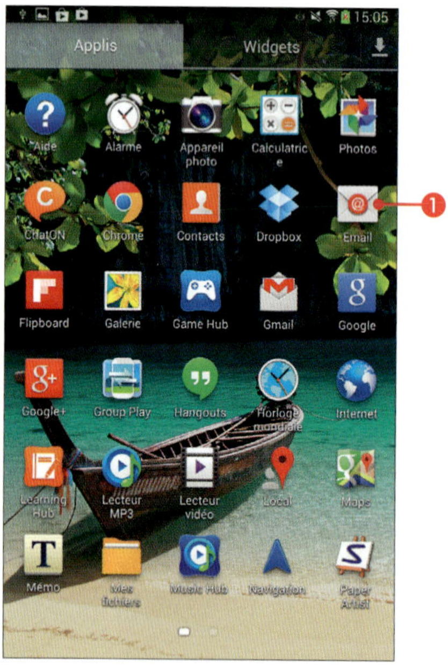

2 Un écran vous propose de configurer un compte.

3 Saisissez l'adresse de votre compte ainsi que le mot de passe.

4 Cliquez sur **Suivant** pour procéder à la configuration automatique du compte. Elle fonctionne avec les fournisseurs les plus courants (Orange, SFR, Bouygues, Yahoo!, *etc.*) et dans ce cas, vous passez directement à l'Étape **11**.

5 Pour effectuer une configuration manuelle, touchez **Config. manuelle**.

6 Indiquez le type de compte que vous utilisez. Cette information vous est fournie avec l'ensemble des informations nécessaires pour la configuration de votre compte (pour la suite, j'utilise un compte **POP3**).

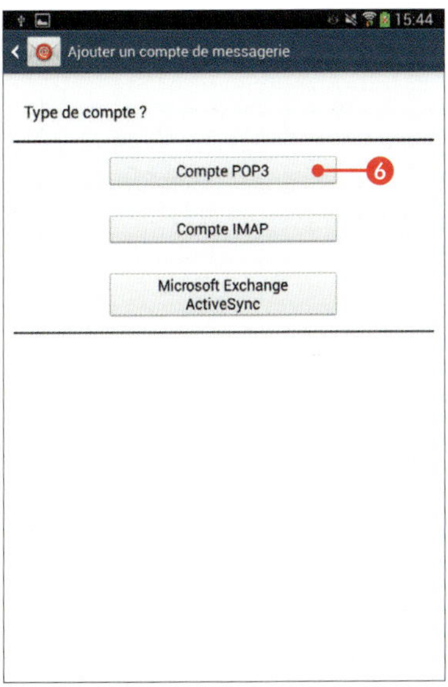

7 Indiquez l'adresse du **Serveur POP3**.

8 Indiquez comment supprimer les courriels sur le serveur : jamais ou lorsque vous les effacez sur votre tablette.

9 Touchez **Suivant**.

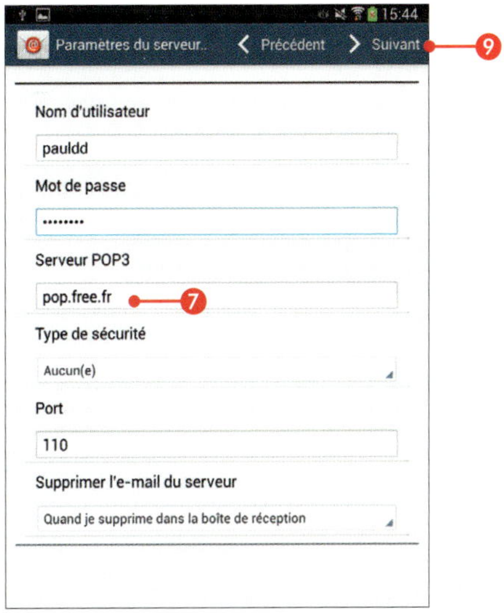

10 Si nécessaire, modifiez les informations de l'écran Paramètres du serveur sortant, puis touchez **Suivant**.

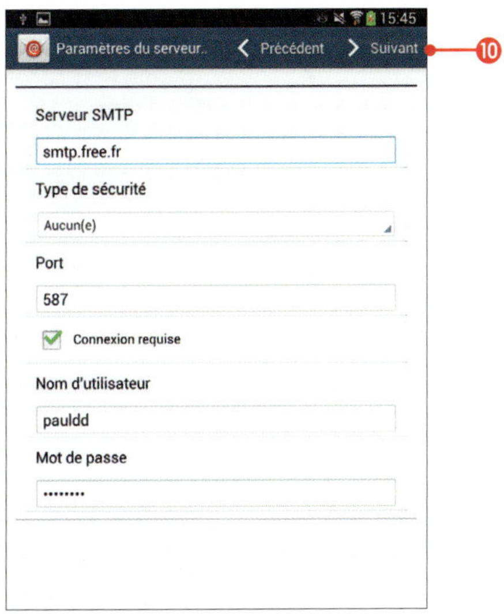

11 Votre tablette vérifie à intervalles réguliers si vous avez reçu de nouveaux courriels. Indiquez la fréquence pour les périodes de pointes et pour les heures creuses.

12 Indiquez si vous souhaitez synchroniser l'application Email.

13 Indiquez si vous souhaitez recevoir une alerte lors de l'arrivée de nouveaux courriels.

14 Touchez **Suivant**.

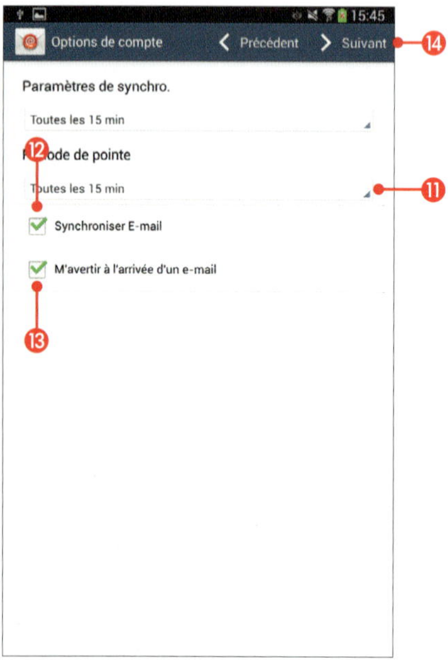

15 Dans l'écran Configurer compte, vérifiez les informations. Il est probable que vous ayez à changer le nom affiché dans les messages (le système utilise une partie de votre adresse de courriel).

16 Touchez **OK**.

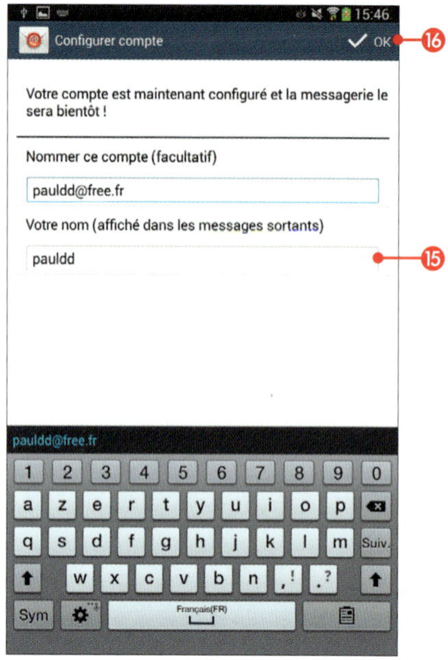

17 La boîte de réception s'affiche.

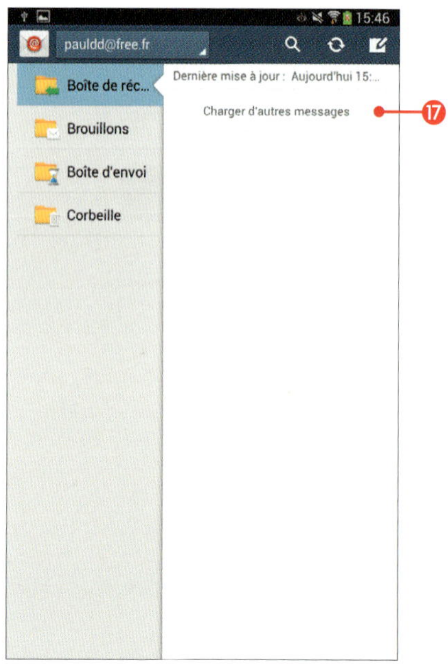

Ajouter un compte

❶ Affichez la liste des applications puis touchez **Paramètres**, ou ouvrez le volet des notifications puis touchez **Paramètres**.

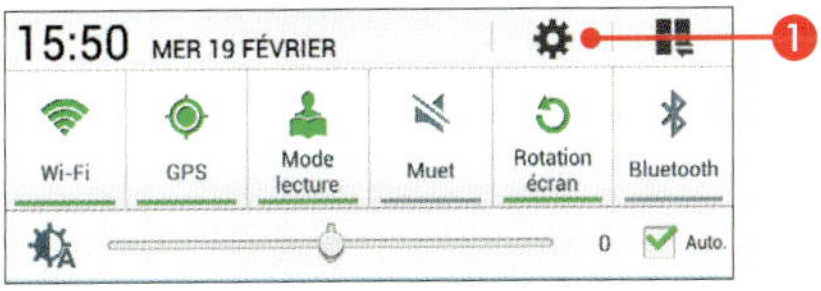

❷ Dans la section Comptes du volet de gauche, touchez **Ajouter un compte**.

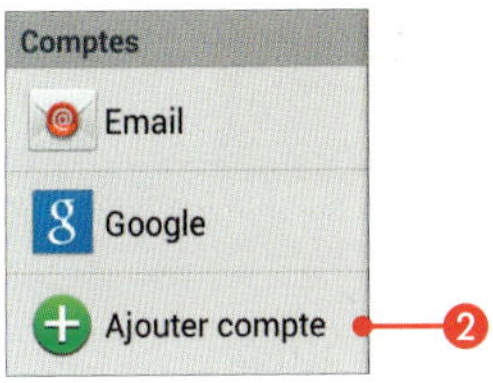

❸ Dans la fenêtre qui s'affiche, touchez le type de compte que vous souhaitez ajouter. Pour le courrier électronique, choisissez Email ou Google et suivez les étapes des sections précédentes.

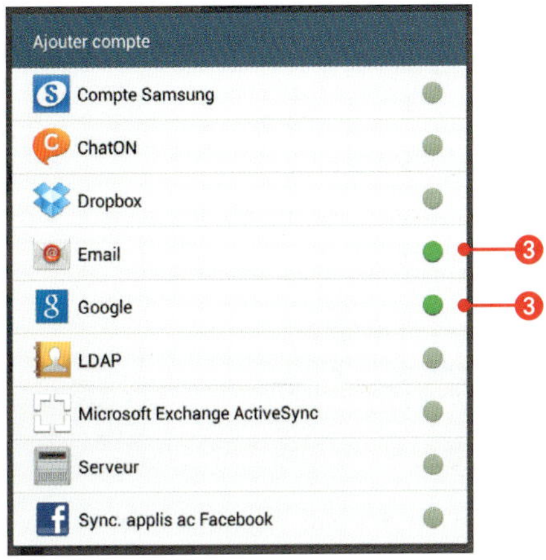

Découvrir les applications Gmail et Email

Une fois que vous avez configuré vos comptes de messagerie, chaque fois que vous ouvrez Gmail ou Email, vous obtenez la boîte de réception.

Voici l'organisation de la fenêtre de Gmail.

❶ Compte Gmail utilisé. Si vous avez configuré plusieurs comptes, touchez ce bouton pour afficher un volet et changer de compte.

❷ Nouveau message.

❸ Rechercher dans les messages.

❹ Par défaut, Gmail propose trois catégories : Réseaux sociaux (messages provenant de Facebook, par exemple), Promotions (les messages publicitaires, par exemple) et Principale (dans laquelle se placent tous les messages n'appartenant pas aux autres catégories).

❺ Vous relevez manuellement les nouveaux courriels (sans attendre le délai fixé lors de la configuration) en touchant **Actualiser** dans le menu.

❻ Les autres options du menu vous permettent de gérer les libellés, d'accéder aux paramètres, à l'aide de Gmail ou d'envoyer des commentaires à l'équipe Gmail.

❼ Pour ouvrir le volet, touchez le bouton en haut à gauche.

❽ Dossier Boîte de réception avec le nombre de messages non lus dans chacune des catégories.

❾ Liste des libellés dans laquelle vous trouvez des messages classés, mais aussi les messages que vous avez envoyés ou mis à la corbeille.

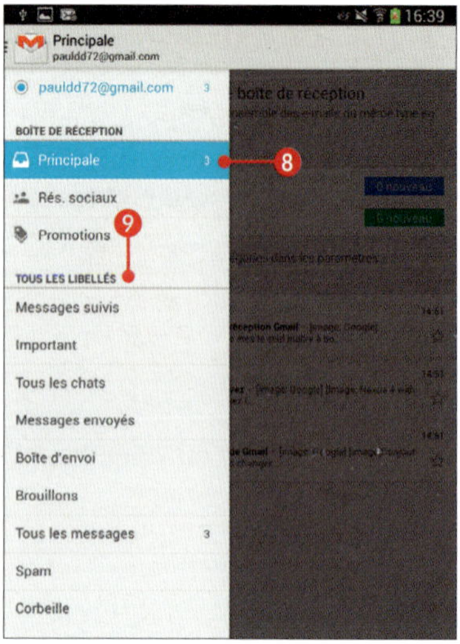

Voici l'organisation de la fenêtre Email.

❶ Si vous avez configuré plusieurs comptes, vous sélectionnez celui que vous souhaitez utiliser ici.

❷ Rechercher dans les messages.

❸ Relever manuellement les nouveaux courriels.

❹ Nouveau message.

❺ Liste des dossiers où sont classés les messages.

❻ Liste des messages contenus dans la boîte de réception.

Lire un courriel avec Gmail

❶ Affichez l'application Gmail.

❷ Si nécessaire, affichez le volet à gauche et touchez un élément de la **Boîte de réception**.

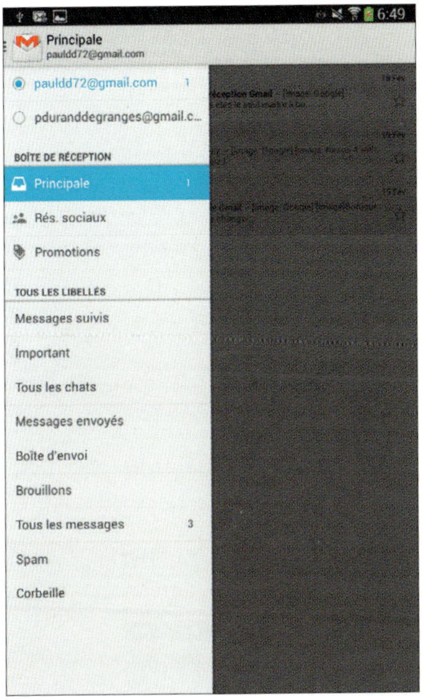

❸ La liste des courriels que vous avez reçus s'affiche.

❹ Les courriels que vous n'avez pas lus apparaissent en caractères gras.

❺ Le nom (ou l'adresse) de l'expéditeur s'affiche dans l'aperçu du message.

❻ L'objet du message s'affiche en premier en dessous de l'expéditeur.

❼ Le début du corps du message s'affiche à la suite de l'objet.

❽ Pour afficher le contenu d'un message, touchez-le.

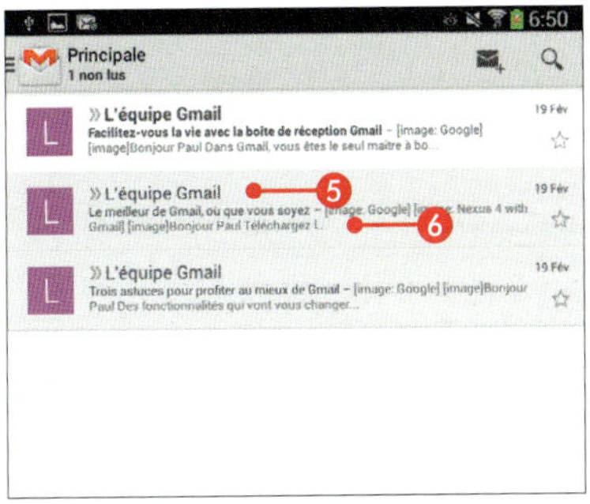

❾ Le message s'affiche dans une nouvelle fenêtre.

❿ Pour revenir à la liste des messages, touchez le bouton en haut à gauche (ou le bouton **Retour** dans la barre d'état).

⓫ Pour lire le message suivant, faites glisser votre doigt de droite à gauche sur l'écran (comme pour tourner une page) et pour revenir au message précédent, faites glisser votre doigt de gauche à droite.

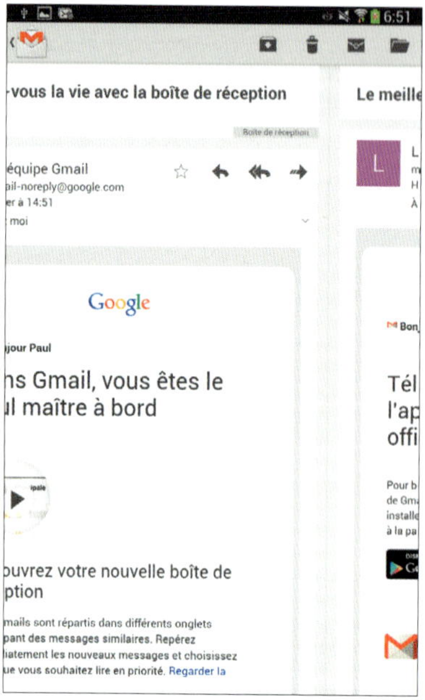

⓬ Lorsque vous tenez votre tablette en mode Paysage, le contenu du dossier s'affiche dans un volet à gauche et le message apparaît dans un volet à droite de l'écran.

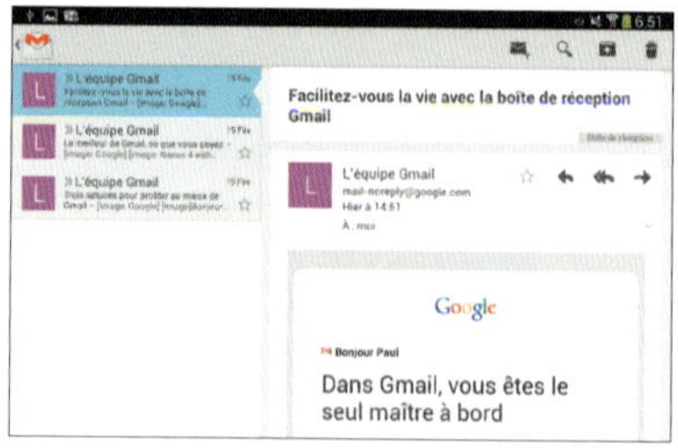

Afficher une pièce jointe

❶ Lorsque vous affichez un message contenant une ou plusieurs pièces jointes, un bandeau au bas du message fournit des informations sur la pièce jointe.

❷ Touchez la pièce jointe pour l'afficher.

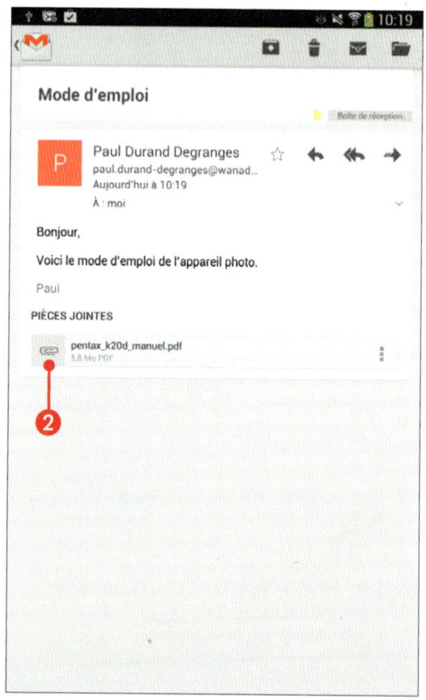

❸ Dans certains cas, une fenêtre peut s'afficher pour vous demander de choisir l'application à utiliser pour ouvrir la pièce jointe. Une fois que vous avez effectué votre choix, indiquez si vous souhaitez qu'il soit valide pour toujours ou uniquement pour cette fois.

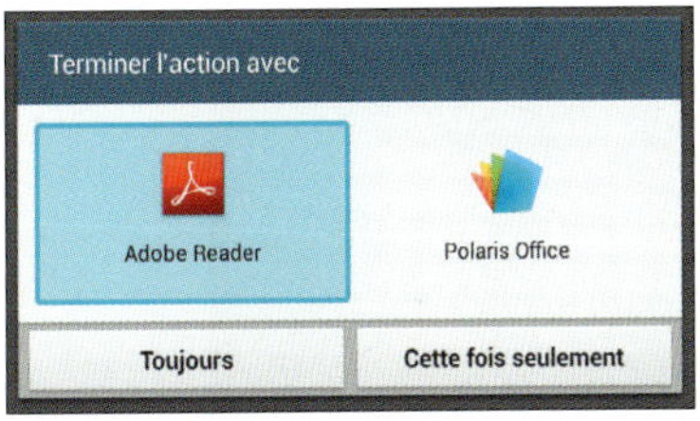

❹ Le document s'affiche dans l'application choisie.

❺ Pour enregistrer une pièce jointe sur votre tablette, restez appuyé sur le bouton à droite de la pièce jointe, puis choisissez **Enregistrer** dans le menu qui s'affiche. Vous retrouvez votre pièce jointe dans le dossier Download (pour plus d'informations, consultez le Chapitre 17).

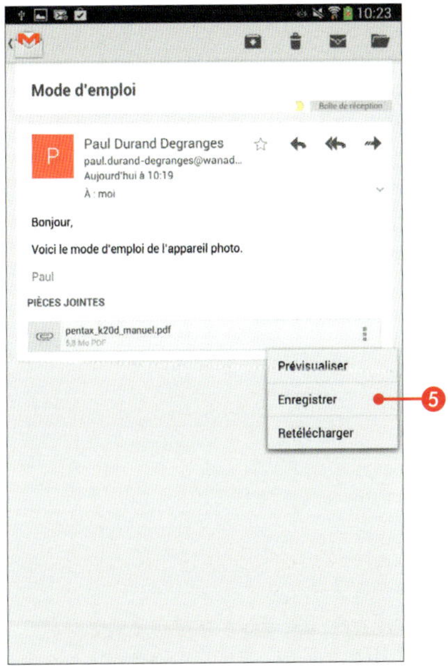

Si la pièce jointe est une image (et quelques autres types de fichiers), cette dernière s'affiche directement dans le courriel.

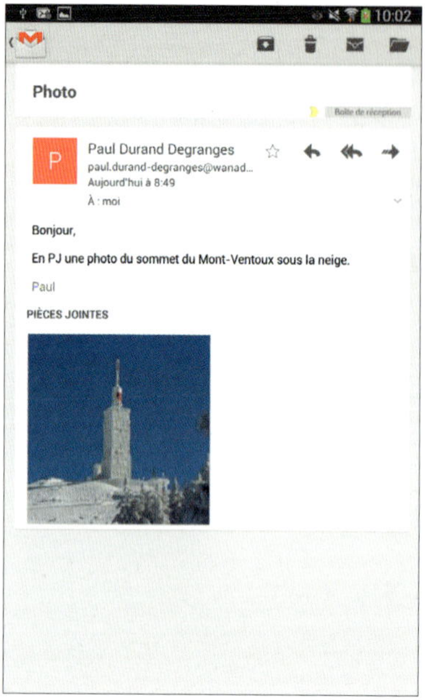

Vous touchez l'image pour l'afficher en plein écran dans une nouvelle fenêtre.

Répondre à un message

❶ Affichez le courriel auquel vous souhaitez répondre.

❷ Touchez **Répondre** (↶).

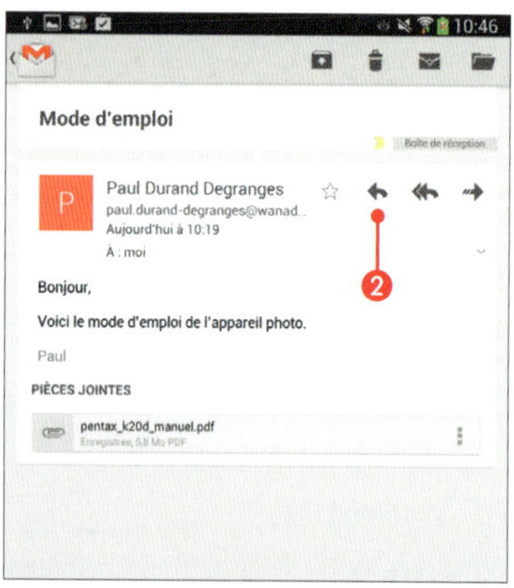

❸ Une nouvelle fenêtre s'affiche. L'adresse du destinataire est déjà renseignée (vous pouvez ajouter des personnes si vous le souhaitez).

❹ Le sujet du message auquel vous répondez est repris. Il est précédé de la mention Re: pour indiquer qu'il s'agit d'une réponse.

❺ Dans la section Composez un message, saisissez votre réponse au message.

❻ Si vous ne voulez pas que le texte du message d'origine apparaisse, décochez la case **Texte message précédent**.

❼ Si vous souhaitez placer votre réponse dans le texte d'origine, touchez **Répondre dans l'e-mail**.

8. Lorsque vous avez terminé la saisie de votre réponse, touchez **Envoyer**.

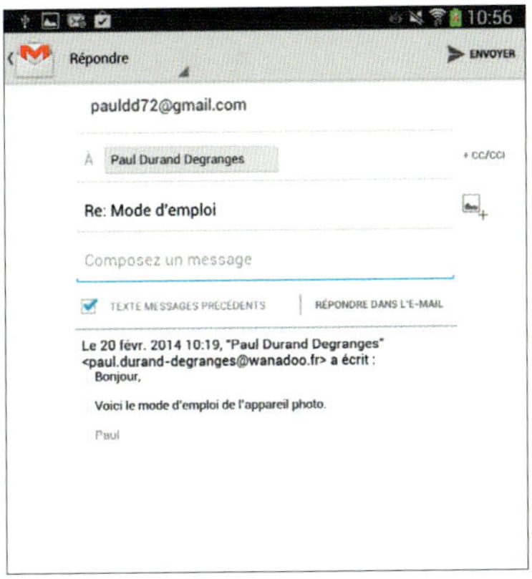

NOTE

Lorsque vous touchez le bouton **Répondre**, le message est envoyé uniquement à l'expéditeur du message. Si le message comportait plusieurs destinataires, vous pouvez envoyer la réponse à l'expéditeur et aux autres destinataires que vous en touchant le bouton **Répondre à tous** (↞).

Transférer un message

Vous transférez un message pour l'envoyer à une personne qui peut être intéressée par le contenu. Lorsque vous transférez un message, vous transférez également les éventuelles pièces jointes qu'il contient.

1. Affichez le courriel que vous souhaitez transférer.

2. Touchez **Transférer** (→).

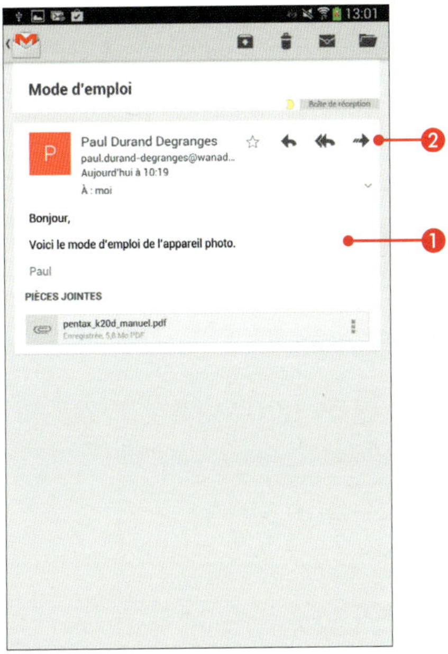

3 Une nouvelle fenêtre s'affiche. L'adresse du destinataire n'est pas renseignée. Saisissez l'adresse du ou des destinataires.

4 Le sujet du message que vous transférez est repris. Il est précédé de la mention Fwd: pour indiquer qu'il s'agit d'un transfert.

5 Dans la section Composez un message, saisissez un message pour indiquer au destinataire pourquoi vous transférez le message.

6 Si vous souhaitez placer votre message dans le texte d'origine, touchez **Répondre dans l'e-mail**.

7 Lorsque vous avez terminé la saisie de votre réponse, touchez **Envoyer**.

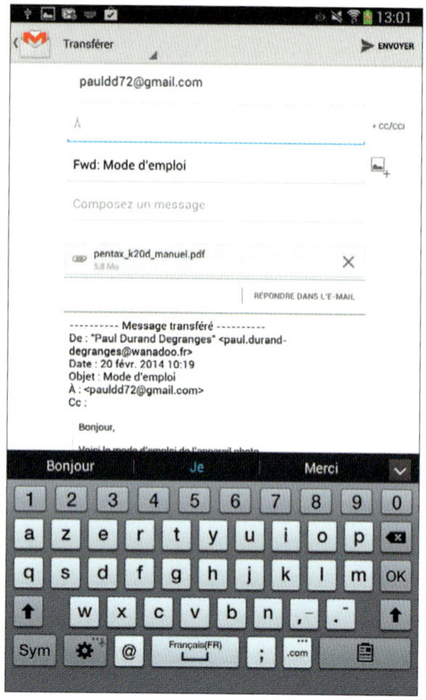

Envoyer un courriel

1 Appuyez sur **Nouveau message** ( ).

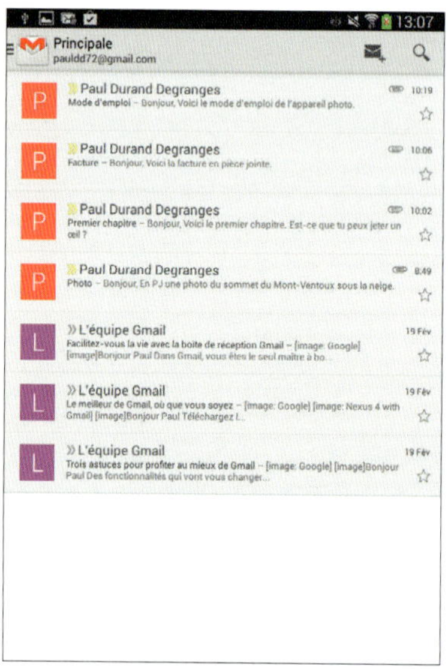

2 Une fenêtre de nouveau message s'affiche. Saisissez l'adresse du destinataire. Si vous avez déjà saisi des contacts sur votre tablette, une liste de contacts peut s'afficher. Dans ce cas, il vous suffit de toucher le contact concerné. Vous pouvez saisir plusieurs adresses dans le champ **À**.

3 Pour ajouter des contacts en Cc et Cci, touchez **Cc/Cci**.

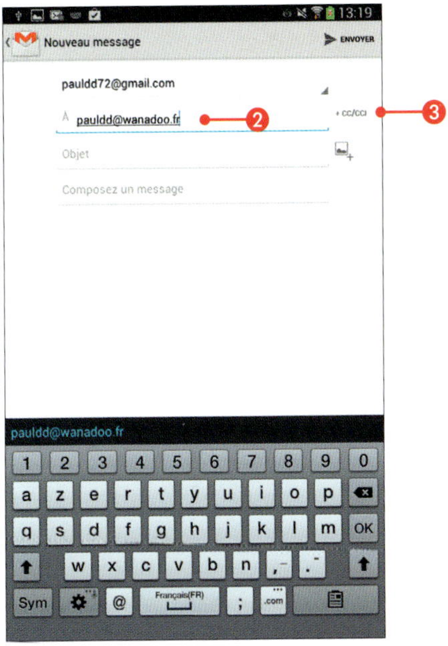

4 Dans la zone **Cc**, indiquez l'adresse des contacts que vous souhaitez placer en copie. Généralement, il s'agit de personnes qui peuvent être intéressées par le contenu du message, mais qui ne sont pas directement concernées. Tous les destinataires verront les adresses saisies dans ce champ.

5 Dans la zone **Cci**, indiquez éventuellement les adresses des contacts auxquels vous souhaitez envoyer une copie du courrier. La différence avec la zone Cc, c'est que les destinataires ne verront pas les adresses que vous avez saisies ici.

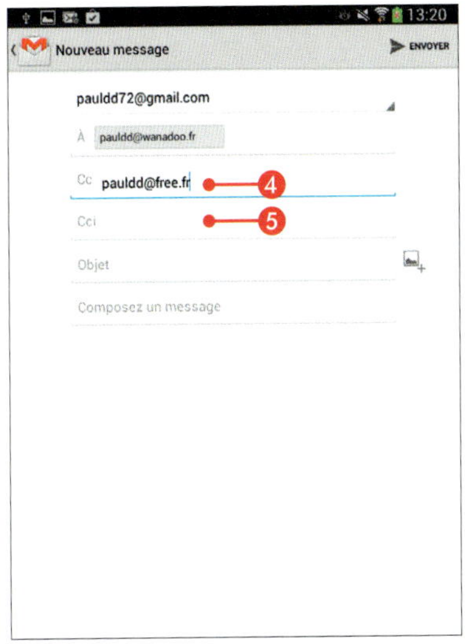

6 Dans la zone **Objet**, saisissez l'objet de votre message.

7 Touchez la zone **Composez un message**, puis saisissez votre message.

8 Lorsque vous avez terminé, touchez le bouton **Envoyer**.

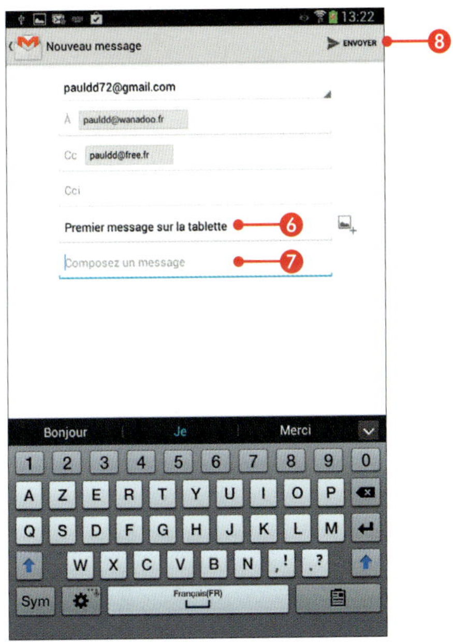

Insérer une pièce jointe dans un message

❶ Créez un message comme indiqué dans la tâche précédente.

❷ Dans le message, ouvrez le menu puis choisissez **Joindre une photo** ou **Joindre un fichier**. Vous pouvez aussi toucher l'icône placée à droite du champ Objet.

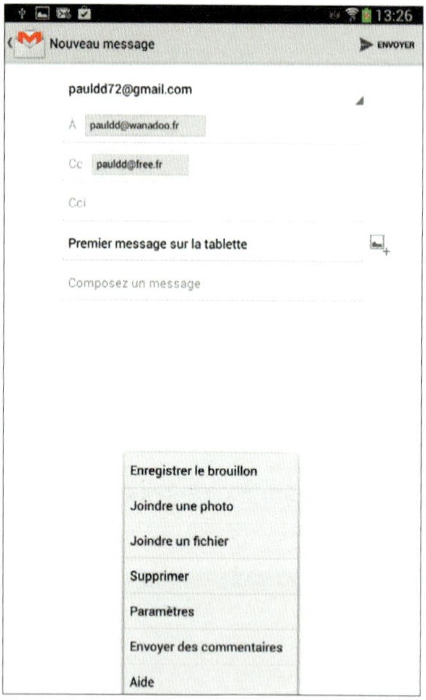

❸ Choisissez le type de pièce jointe que vous souhaitez insérer.

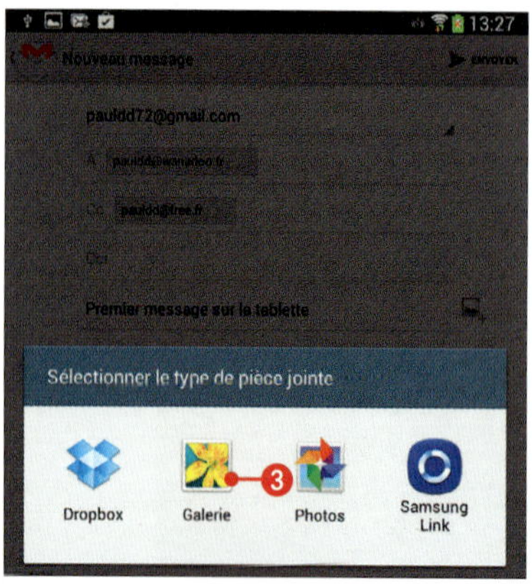

❹ Choisissez la pièce jointe dans l'application choisie.

❺ La pièce jointe apparaît dans le message.

❻ Pour ajouter une autre pièce jointe, répétez les Étapes **2** à **4**.

❼ Pour supprimer une pièce jointe, touchez le **X** à droite du nom de la pièce jointe.

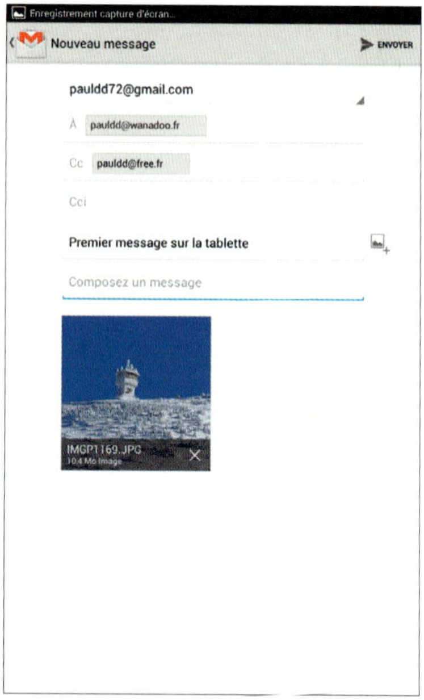

Enregistrer un courriel dans les brouillons

1. Créez un message comme indiqué dans la tâche précédente.

2. Si vous ne souhaitez pas l'envoyer pour le terminer par la suite, touchez le bouton sensible pour ouvrir le menu, puis touchez **Enregistrer le brouillon**.

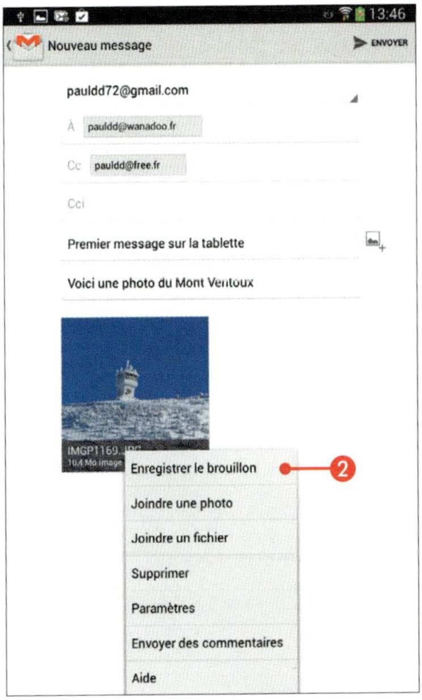

3. Le message se place dans le dossier **Brouillons**. Pour le reprendre et l'expédier, touchez le dossier **Brouillons**.

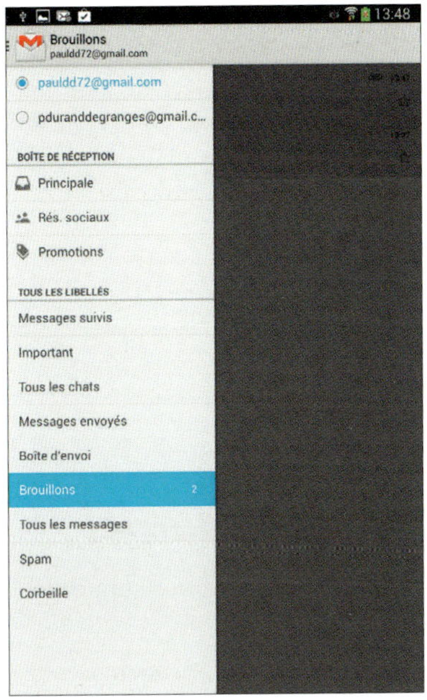

4. Votre message s'affiche dans la liste.

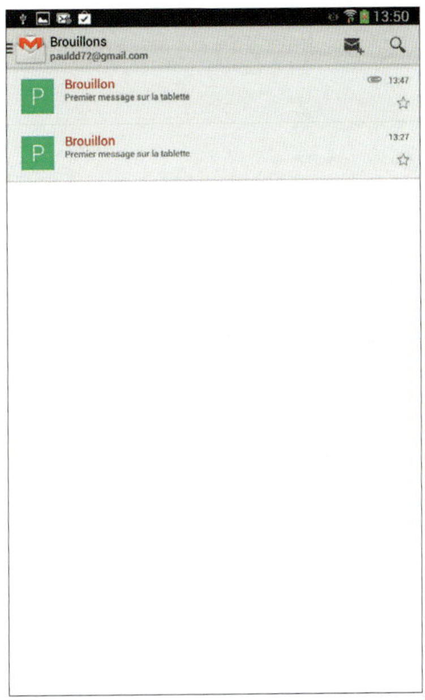

5 Touchez le message pour l'afficher. Touchez le crayon pour le modifier et l'envoyer.

Supprimer un courriel

Vous avez deux possibilités pour supprimer un message :

1 Affichez le message à supprimer.

2 Appuyez sur la corbeille, dans la barre d'outils.

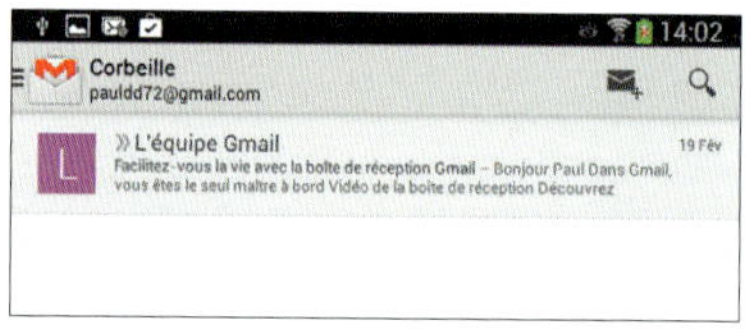

3 Le message (ou la conversation) est placé dans la corbeille.

Vider la Corbeille

Vous ne pouvez pas supprimer le contenu de la Corbeille à partir de l'application Gmail. La Corbeille se vide automatiquement au bout d'un mois. Si vous souhaitez la vider manuellement, connectez-vous à Gmail à partir d'un navigateur Web (sur un ordinateur ou sur votre tablette). Affichez le contenu de la Corbeille, cochez les messages à supprimer (cochez la case dans la ligne des libellés pour tout sélectionner), puis cliquez sur **Supprimer définitivement**.

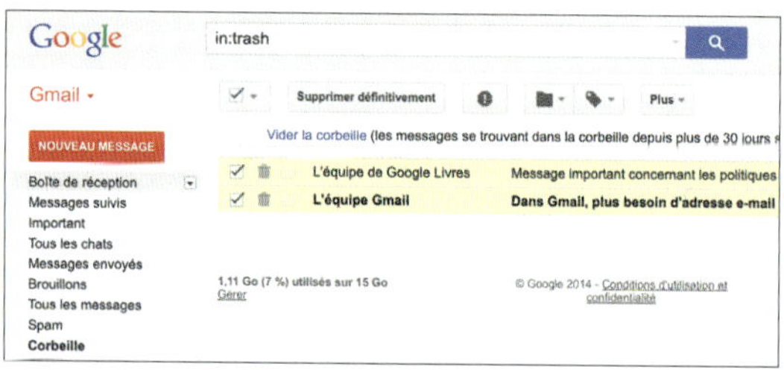

Chapitre 9

Utiliser la messagerie instantanée

Dans ce chapitre :

- Les différentes messageries instantanées
- Inviter des amis sur Hangouts
- Chatter avec Hangouts
- Effectuer un chat audio
- Passer un appel vidéo
- Changer de statut
- Découvrir Skype
- Démarrer Skype
- Ajouter un contact Skype
- Chatter sur Skype
- Chat audio avec Skype
- Chat vidéo avec Skype

Dans ce chapitre, vous allez découvrir la messagerie instantanée. Au départ, le principe consistait uniquement à s'envoyer des messages en temps réel, mais depuis quelques années, on y a ajouté la voix et la vidéo.

Les différentes messageries instantanées

Il existe différents systèmes de messagerie instantanée qui ne sont pas forcément compatibles entre eux. Par exemple, si vous utilisez le système de Google appelé Hangouts, vous ne pourrez pas contacter des personnes utilisant la messagerie instantanée Skype. Cette dernière en revanche permet de converser avec les utilisateurs de la messagerie Live Messenger de Microsoft, puisque les deux systèmes ont fusionné.

Une messagerie comme Skype permet également d'acheter des unités pour téléphoner vers une ligne fixe ou mobile ou encore d'obtenir un numéro de téléphone pour pouvoir être joint par n'importe quelle personne possédant une ligne fixe ou mobile.

Inviter des amis sur Hangouts

Avant de pouvoir vous lancer dans une conversation avec l'application Hangouts, vous devez inviter des amis. Lorsque ceux-ci auront accepté votre invitation et qu'ils seront en ligne, vous pourrez démarrer une conversation. Notez que pour pouvoir utiliser Hangouts, vous devez avoir configuré un compte Google (pour plus d'information, consultez le chapitre précédent).

1. Affichez la liste des applications.

2. Touchez l'icône **Hangouts**.

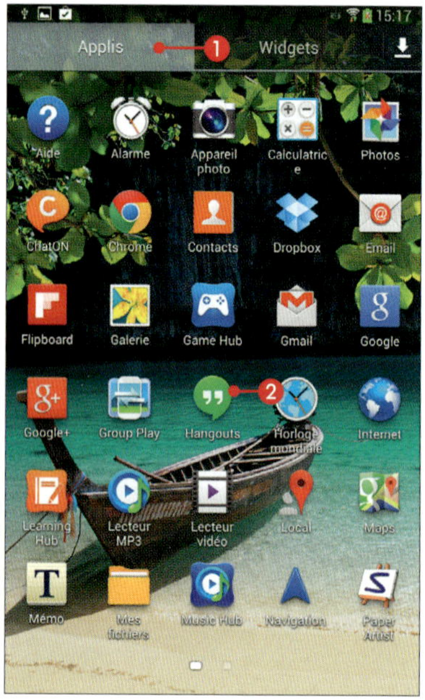

3. Votre compte s'affiche. Si vous avez plusieurs comptes Google, touchez le compte puis dans le menu qui s'affiche touchez celui à utiliser.

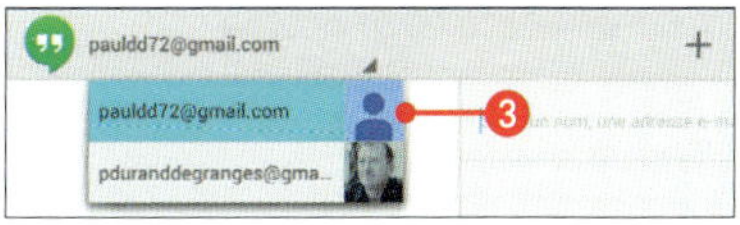

4 L'interface de Hangouts s'affiche.

5 Pour ajouter une personne, touchez +.

6 Saisissez l'adresse de la personne que vous souhaitez ajouter. L'application peut vous proposer une liste de personnes correspondant à l'adresse que vous saisissez.

7 Touchez la personne souhaitée dans la liste.

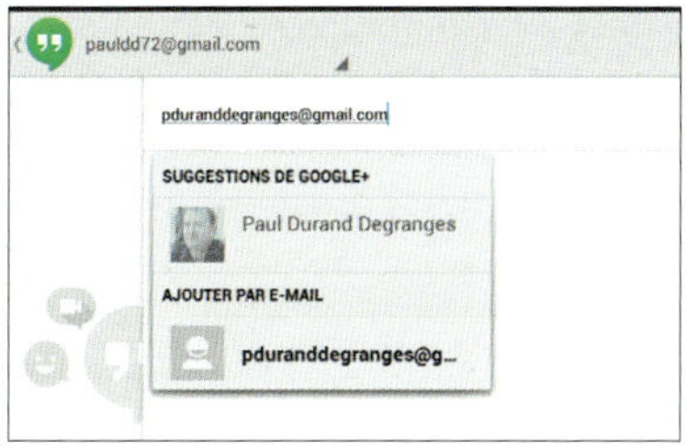

8 La personne s'affiche en haut du volet. Vous pouvez démarrer une conversation comme indiqué dans la section suivante.

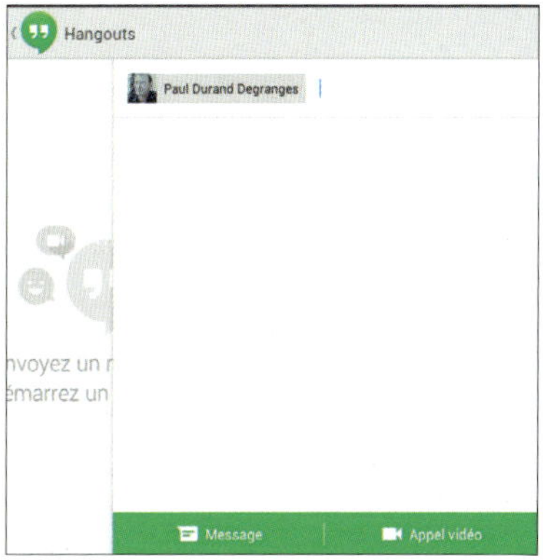

Chatter avec Hangouts

1 Démarrez Hangouts.

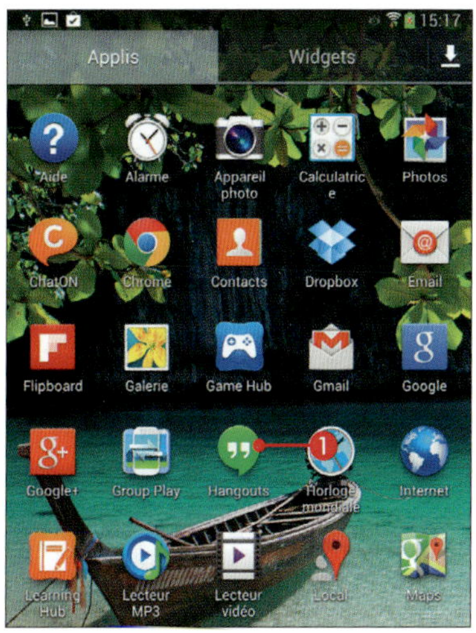

2 Si le contact avec lequel vous souhaitez chatter n'apparaît pas sur le côté, ajoutez-le comme indiqué dans la tâche précédente.

3 Touchez le contact.

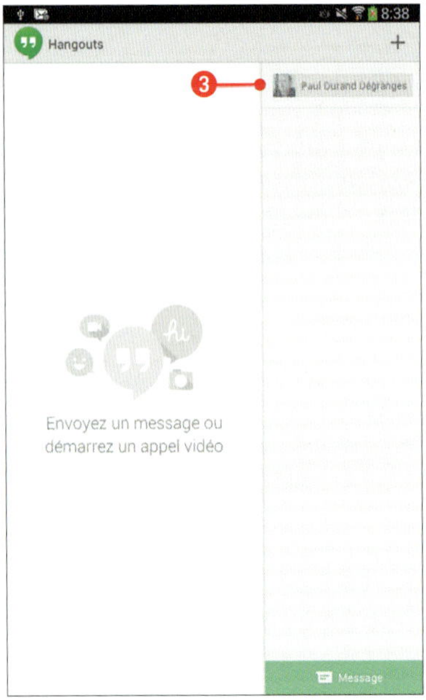

4 Dans la partie inférieure de l'écran, touchez **Message**.

5 Dans la partie inférieure de l'écran, saisissez le message.

6 Touchez **Envoyer** (la flèche à droite de la zone de saisie).

7 Votre message apparaît dans le volet de conversation.

8 Attendez la réponse de votre interlocuteur.

9 Le message de votre interlocuteur apparaît dans le volet de conversation.

10 Saisissez votre réponse et continuez ainsi de chatter.

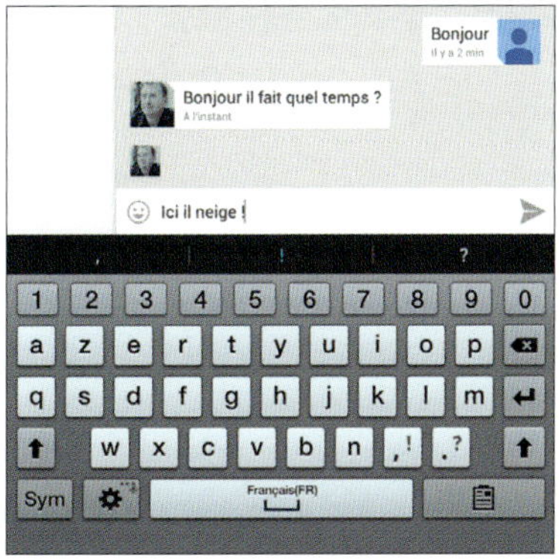

Effectuer un chat vidéo

1 Démarrez Hangouts.

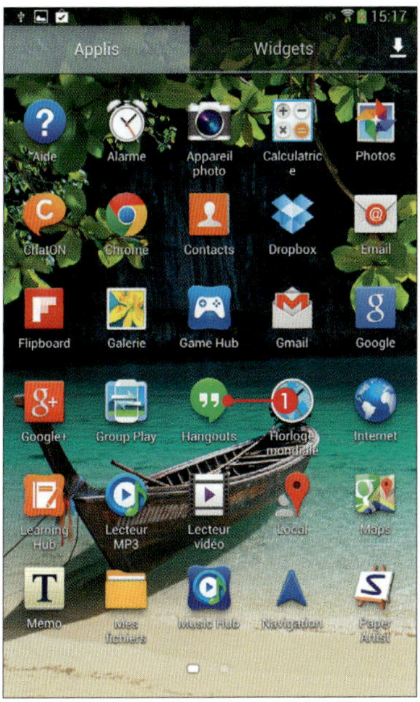

2 Si le contact avec lequel vous souhaitez chatter n'apparaît pas sur le côté, ajoutez-le comme indiqué au début de ce chapitre.

3 Touchez le contact.

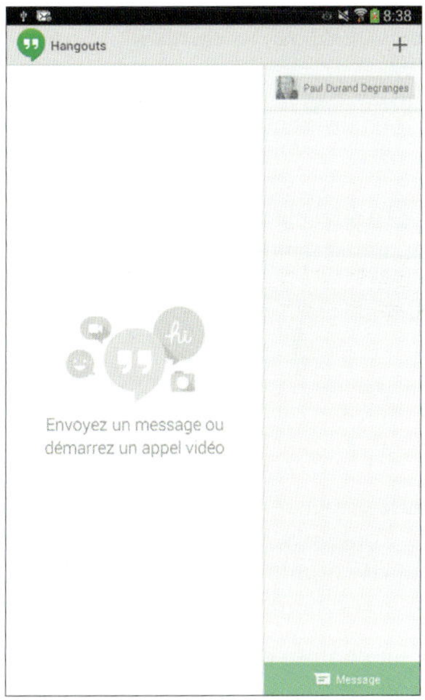

4 Touchez **Appel vidéo**.

❺ Votre correspondant est averti de votre demande, vous devez attendre qu'il accepte l'appel.

❻ Lorsque l'appel est accepté, vous obtenez l'image et la voix de votre correspondant.

❼ Une barre d'outils s'affiche lorsque vous touchez l'écran et elle disparaît après quelques secondes si vous ne touchez plus l'écran.

❽ Pour mettre fin à la conversation vidéo, touchez **Quitter** en haut à droite de la fenêtre lorsque la barre d'outils est affichée.

Découvrir Skype

Skype est une application équivalente à Hangouts. Toutefois, la société Skype existe depuis de nombreuses années et elle propose un grand nombre de services.

Pour créer un compte et avoir plus d'information sur Skype, rendez-vous sur le site Web à l'adresse `www.skype.com/fr`.

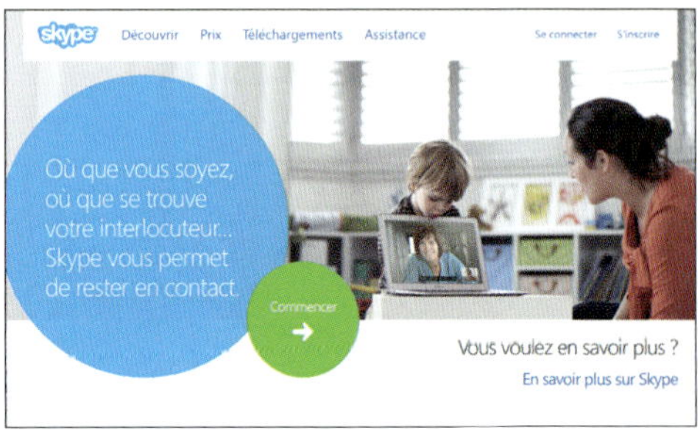

Skype n'est pas installé par défaut sur votre tablette, vous devez le télécharger avec l'application Play Store. Pour plus d'informations, consultez le Chapitre 10.

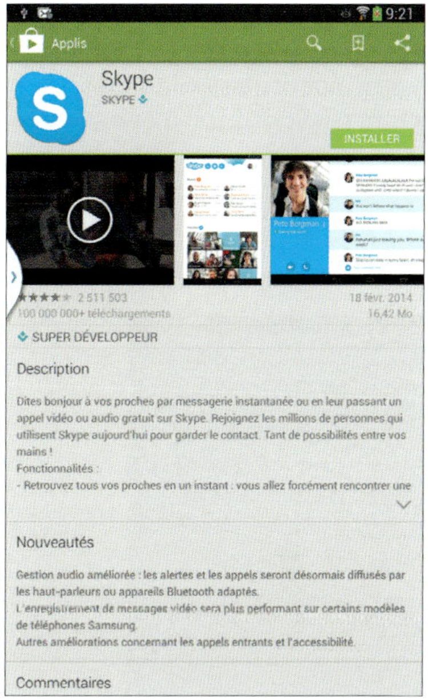

Démarrer Skype

❶ Après avoir téléchargé Skype sur Play Store, vous trouvez son icône dans la liste des applications.

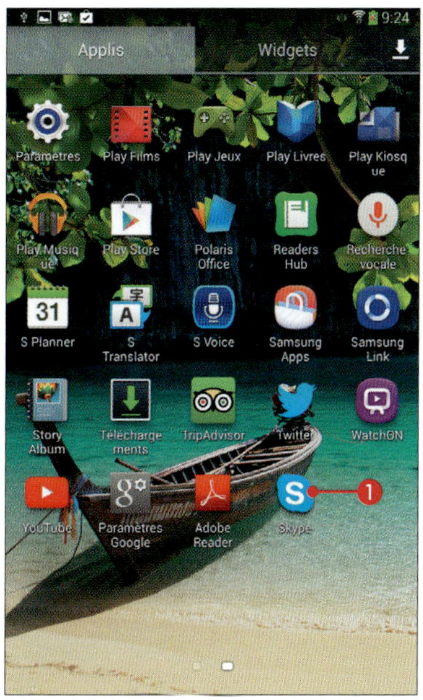

2 Lorsque vous démarrez Skype pour la première fois, vous devez indiquer votre pseudo et votre mot de passe. Indiquez si vous utilisez un pseudo Skype ou un compte Microsoft.

3 Si vous n'avez pas de pseudo Skype, ni de compte Microsoft, utilisez le lien au bas de l'écran pour créer un nouveau compte.

4 Lorsque vous êtes identifié, la page d'accueil de l'application s'affiche.

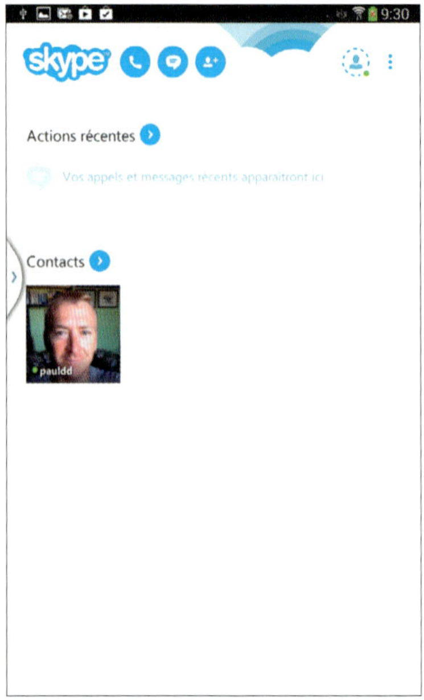

5 Touchez **Contacts** pour afficher liste des contacts (si vous en possédez déjà).

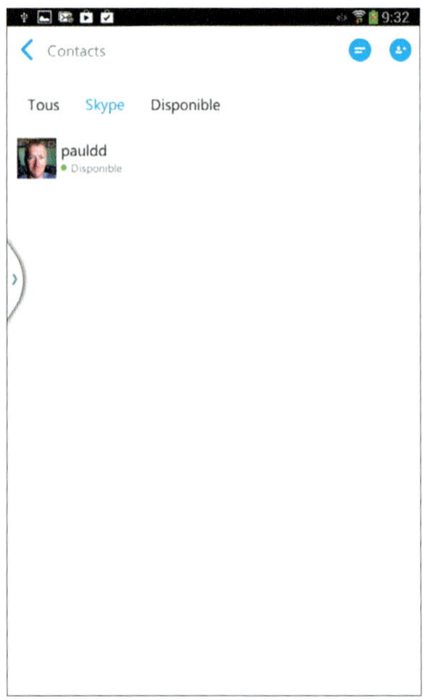

Ajouter un contact Skype

1. Affichez la liste des contacts.

2. Touchez **Ajoutez des contacts**.

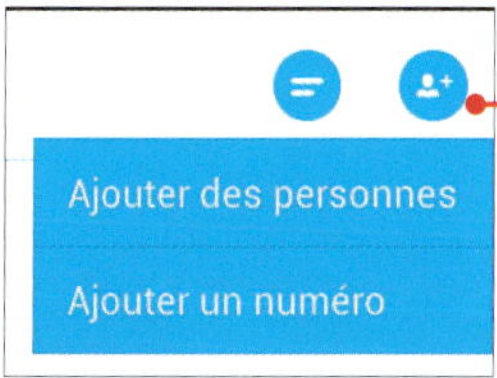

3. Indiquez si vous souhaitez ajouter une personne ou un numéro de téléphone.

4. Saisissez le pseudo ou l'adresse de courriel de votre contact.

5. Skype affiche les contacts correspondants.

6. Touchez le contact souhaité. Si vous ne le trouvez pas, vérifiez le pseudo ou l'adresse de courriel. Vous ne pouvez pas ajouter de contact s'il n'est pas trouvé dans l'annuaire de Skype.

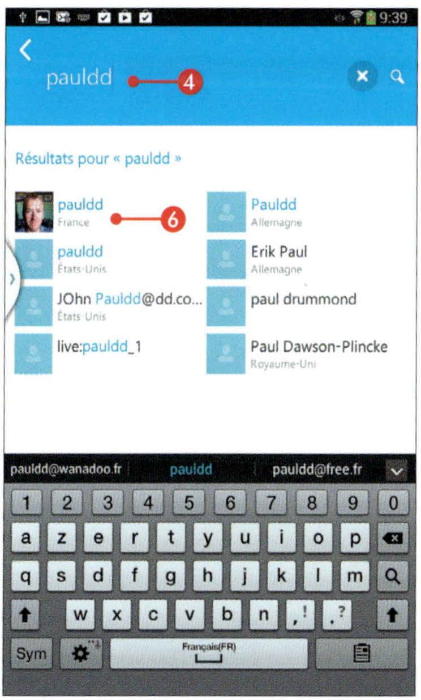

7. La fiche du contact apparaît. Vous pouvez vérifier qu'il s'agit de la personne que vous souhaitez ajouter. Si c'est le cas, touchez **Ajouter aux contacts**. Si ce n'est pas le cas, touchez le bouton **Retour** pour revenir à l'écran précédent.

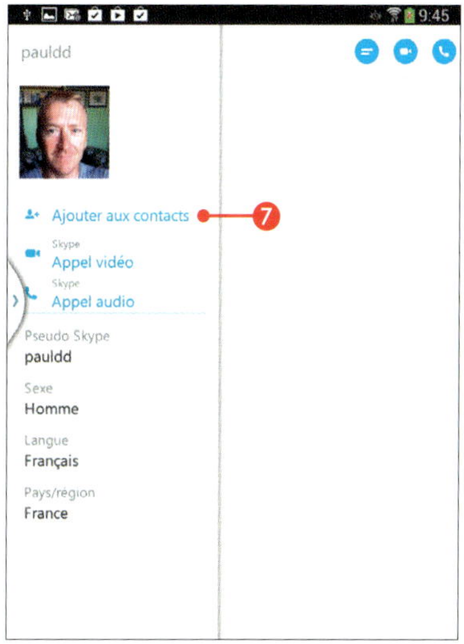

8. Vous allez envoyer un message demandant au contact l'autorisation d'être ajouté dans vos amis et de voir son statut. Modifiez le message par défaut si vous le souhaitez, puis touchez **Envoyer**.

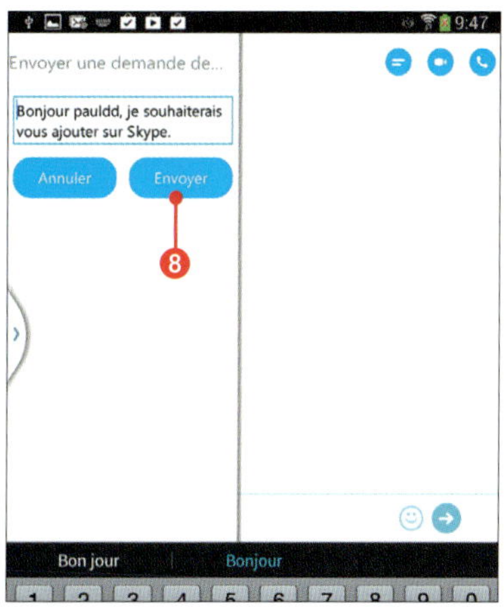

Chatter sur Skype

1 Ouvrez Skype et affichez les contacts.

2 Si vous le souhaitez, vous pouvez limiter l'affichage aux seuls contacts en ligne en sélectionnant **Disponible** dans la liste.

3 Touchez le contact avec lequel vous souhaitez chatter.

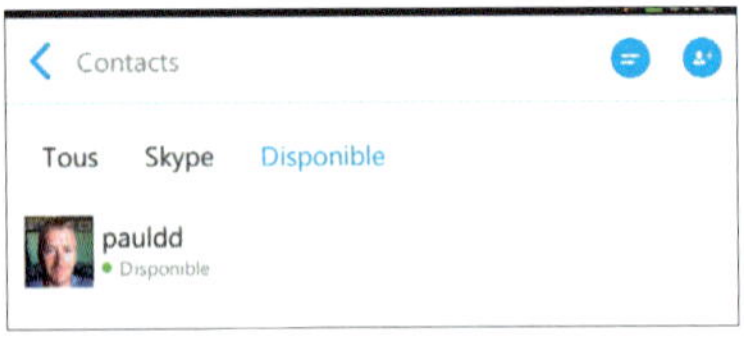

4 Touchez la zone en bas du volet de droite pour saisir votre texte.

5 Saisissez votre texte, puis appuyez sur la touche **Entrée**. Si vous souhaitez insérer des émoticons dans votre texte, touchez le smiley à droite de la zone de saisie, puis touchez l'icône souhaitée.

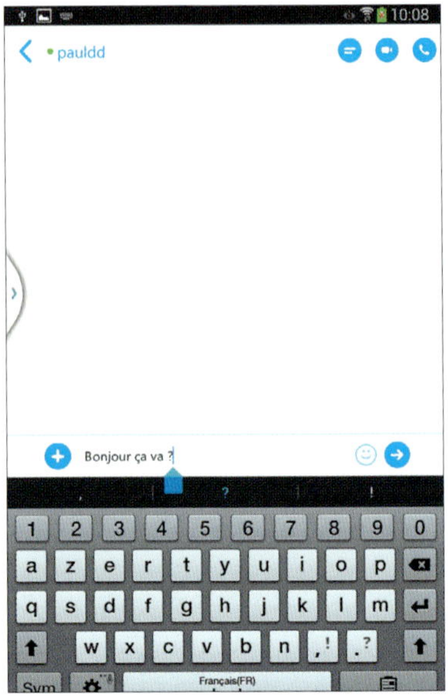

6 La réponse de votre correspondant s'affiche au-dessous de la vôtre.

7 Continuez la conversation en saisissant du texte.

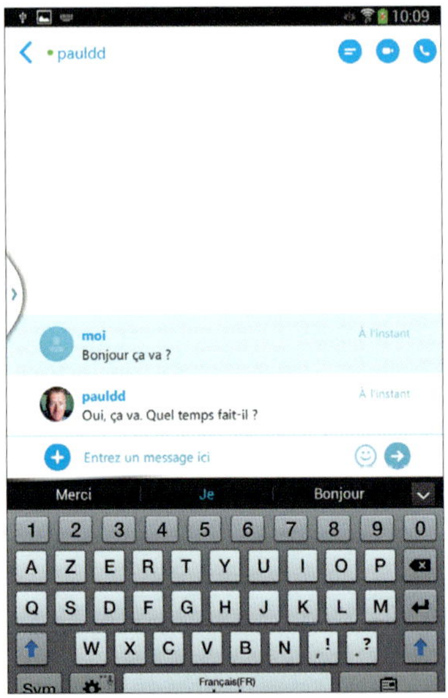

Chat audio avec Skype

1 Affichez la liste des contacts dans Skype.

2 Touchez le contact avec lequel vous souhaitez établir une conversation audio.

3 Touchez l'icône en forme de téléphone en haut à droite.

4 Le « téléphone » sonne chez votre correspondant. Vous devez attendre qu'il réponde.

5 Lorsque le correspondant a accepté l'appel, des boutons s'affichent au bas de l'écran. Vous pouvez :

6 Agrandir le volet de visualisation en plein écran.

7 Envoyer l'image de votre caméra.

8 Activer/Désactiver votre micro.

9 Ouvrir la fenêtre de chat ou envoyer des fichiers.

10 Raccrocher et terminer la conversation.

Chat vidéo avec Skype

1 Affichez la liste des contacts dans Skype.

2 Touchez le contact avec lequel vous souhaitez établir une conversation vidéo.

3 Touchez l'icône en forme de caméra en haut à droite.

4 Le « téléphone » sonne chez votre correspondant. Vous devez attendre qu'il réponde.

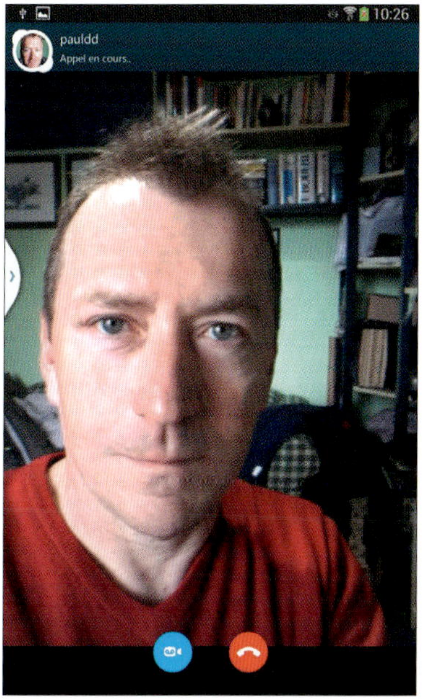

5 Lorsque votre correspondant répond, son image s'affiche. Vous pouvez voir une miniature de votre image dans le coin inférieur gauche. Utilisez les boutons de la barre d'outils pour :

6 Agrandir le volet de visualisation en plein écran.

7 Changer de caméra, faire pivoter la caméra ou désactiver la caméra.

8 Activer/Désactiver votre micro.

9 Ouvrir la fenêtre de chat ou envoyer des fichiers.

10 Raccrocher et terminer la conversation vidéo.

Chapitre 10

Télécharger des applications

Dans ce chapitre :

- Créer un compte Samsung
- Premier démarrage de Samsung Apps
- Choisir et télécharger une application sur Samsung Apps
- Mettre à jour les applications Samsung
- Première utilisation du Play Store
- Télécharger une application sur Play Store
- Mettre à jour une application dans Play Store
- Désinstaller une application

Pour télécharger des applications, vous pouvez vous servir de l'application Samsung Apps qui propose des applications compatibles avec les produits de la marque. Vous pouvez aussi utiliser l'application Play Store, de Google dont le catalogue est plus étoffé.

Créer un compte Samsung

Pour utiliser Samsung Apps, créez un compte afin, entre autres, de fournir des informations de paiement. Si vous n'avez pas créé de compte lors de l'initialisation de votre tablette, vous pourrez en créer un lors du premier téléchargement. Toutefois, il est plus simple de procéder à cette création avant de vous lancer dans un téléchargement.

❶ Affichez la liste des applications puis touchez **Paramètres**, ou ouvrez le volet des notifications puis touchez **Paramètres**.

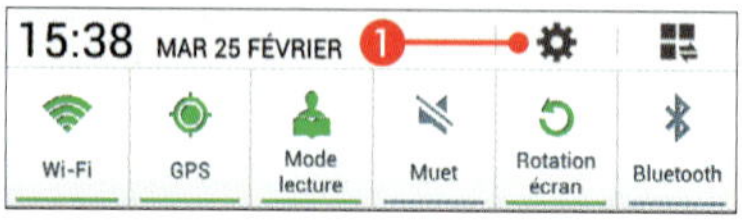

❷ Dans la section Comptes du volet de gauche, touchez **Ajouter compte**.

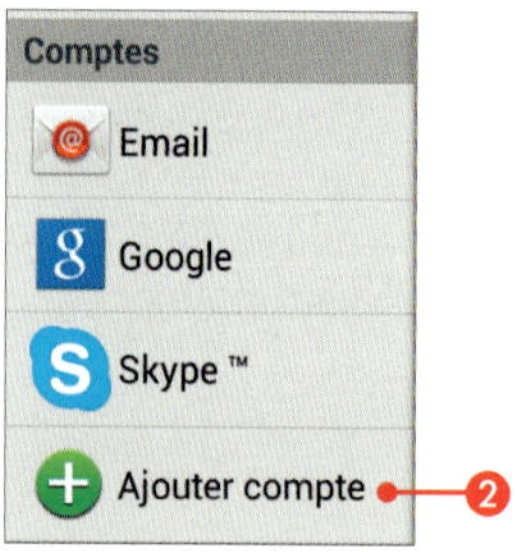

❸ Dans la fenêtre qui s'affiche, touchez **Compte Samsung**.

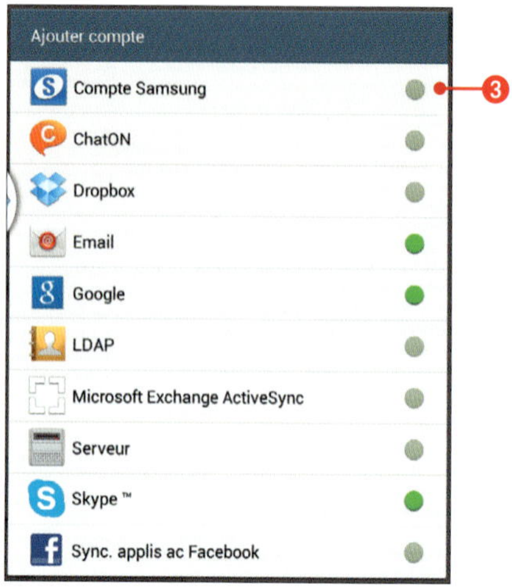

❹ Touchez **Créer un compte**.

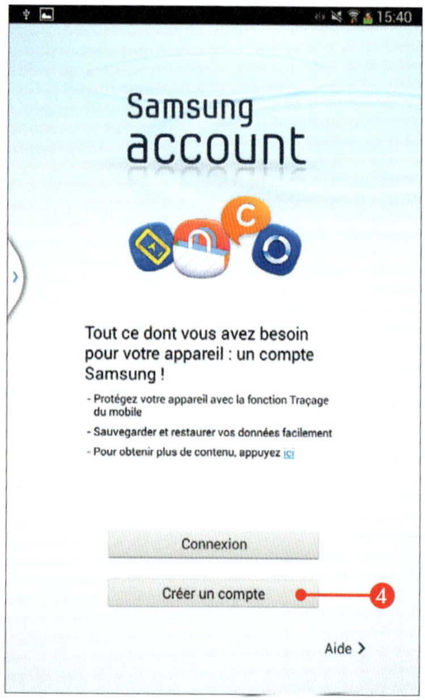

❺ Saisissez une adresse mail.

6 Saisissez un mot de passe puis saisissez-le de nouveau pour le confirmer. Si vous le souhaitez, cochez la case **Afficher le mot de passe** pour faciliter la saisie. Ce mot de passe, vous l'inventez et il sert à protéger l'accès à votre compte Samsung.

7 Touchez **Date de naissance**, puis indiquez votre date de naissance.

8 Indiquez votre prénom et votre nom.

9 Si vous ne souhaitez pas recevoir de bulletins d'information de la part de Samsung, décochez cette case.

10 Touchez **Créer un compte**.

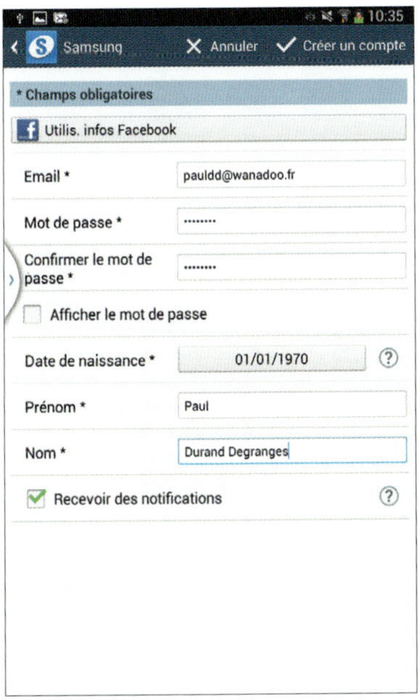

11 Cochez **J'accepte toutes les conditions ci-dessus**. Vous pouvez toucher les éléments **Conditions Générales d'Utilisation**, **Conditions Générales d'Utilisation** et de **Confidentialité** pour prendre connaissance des textes.

12 Touchez **Accepter**.

13 Dans le nouvel écran qui s'affiche, on vous demande de vérifier votre adresse électronique. Pour cela, touchez le lien pour accéder à votre boîte de réception puis effectuez la vérification. Si vous avez un ordinateur sur lequel vous recevez le courrier, vous pouvez y effectuer cette vérification.

14 Si vous n'avez pas reçu le courriel, touchez le lien permettant de le renvoyer.

15 Une fois que votre adresse de courriel a été vérifiée, touchez **Suivant** (si vous avez accédé à l'application Email, vous devez revenir sur cette page).

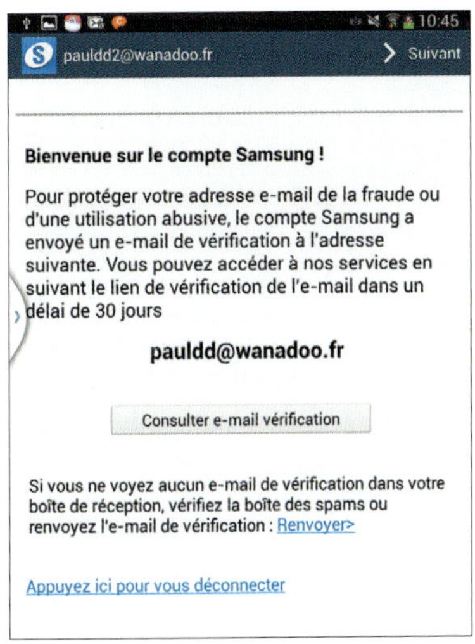

16 Si vous avez bien activé votre compte, un message s'affiche et vous confirme que vous avez accès à toutes les options. Touchez **Confirm**.

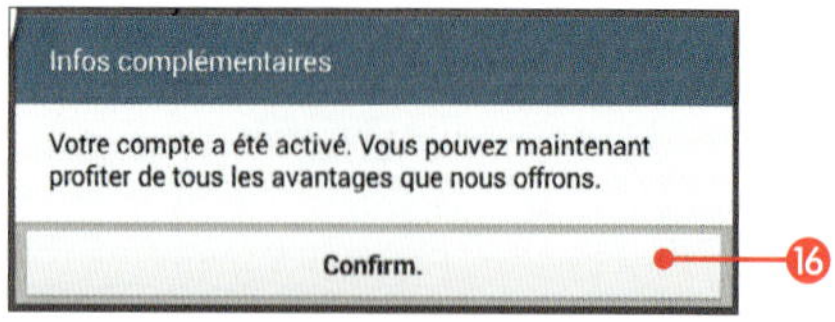

Choisir une application sur Samsung Apps

1 Affichez la liste des applications.

2 Touchez **Samsung Apps**. Une liste d'applications s'affiche.

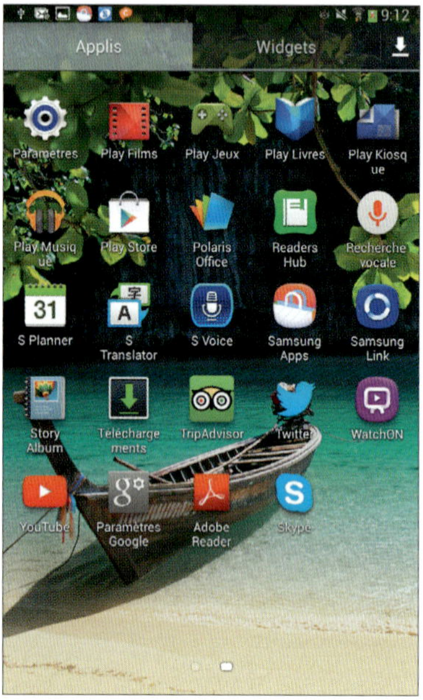

3 La partie supérieure propose des applications que vous faites défiler vers la gauche ou la droite. Au centre, vous trouvez des applications qui sont mises en avant. Au bas de l'écran, vous trouvez des applications recommandées.

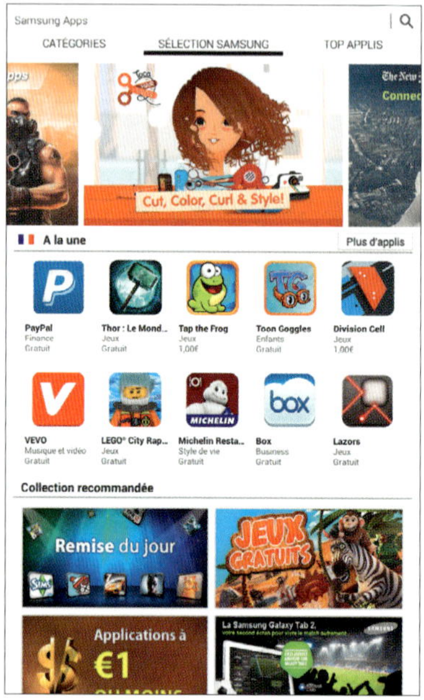

4 Tout en haut de l'écran, trois onglets vous permettent de changer le classement des applications.

5 Touchez **Catégories** pour afficher les applications classées par catégories. Vous touchez ensuite la catégorie souhaitée pour afficher les applications correspondantes.

6 Lorsque vous affichez les applications d'une catégorie, vous avez la possibilité de filtrer les résultats en touchant **Tout**, **Payant**, **Gratuit** ou **Nouveau**.

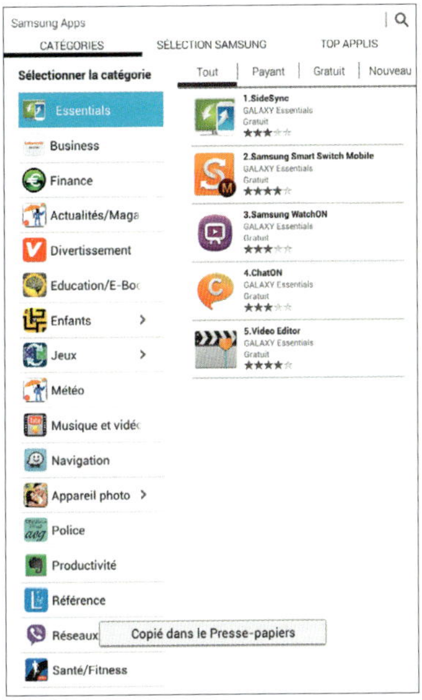

⑦ Pour rechercher une application dans la boutique en ligne, touchez la loupe dans la barre d'outils, puis saisissez des mots-clés. Une liste de propositions s'affiche.

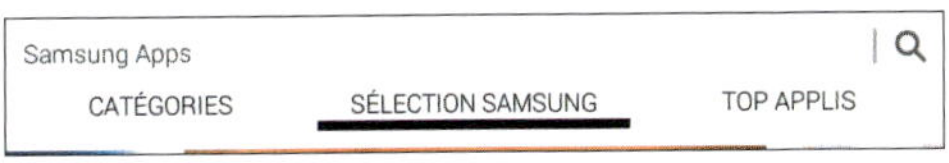

⑧ Si les mots-clés souhaités se trouvent dans la liste, touchez-les, dans le cas contraire, continuez la saisie puis touchez la loupe du clavier pour lancer la recherche.

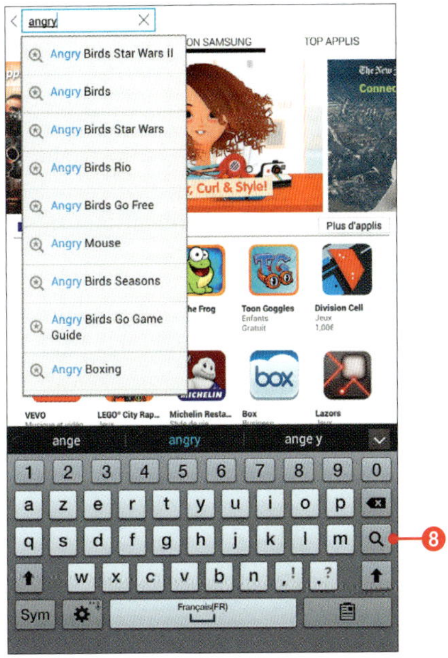

⑨ La liste des résultats s'affiche.

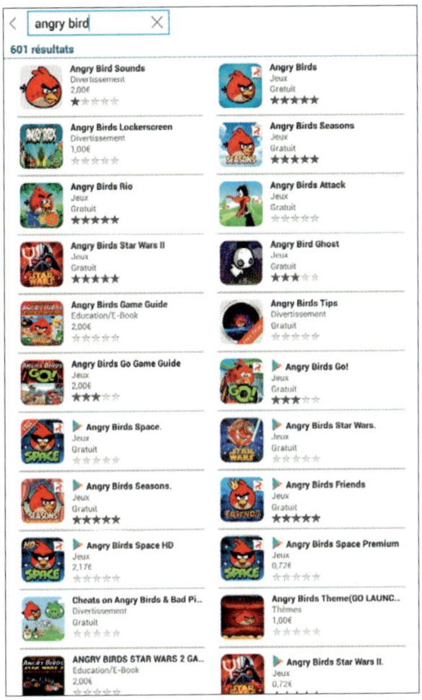

Télécharger une application sur Samsung Apps

❶ Touchez l'application que vous souhaitez télécharger (soit dans la liste des résultats de recherche, soit en parcourant les pages à partir des catégories de la page d'accueil). Notez qu'il est indiqué si l'application est gratuite ou payante.

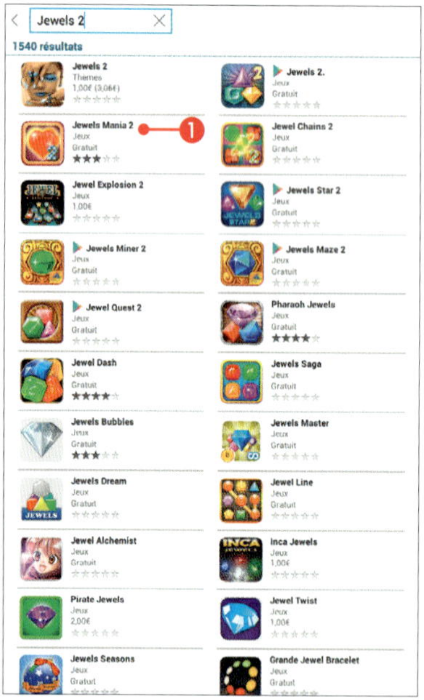

❷ Une présentation de l'application s'affiche. Vous pouvez faire défiler les captures d'écran et lire les commentaires laissés par d'autres utilisateurs.

❸ Pour obtenir l'application, touchez **Gratuit** (**Acheter**, si elle est payante).

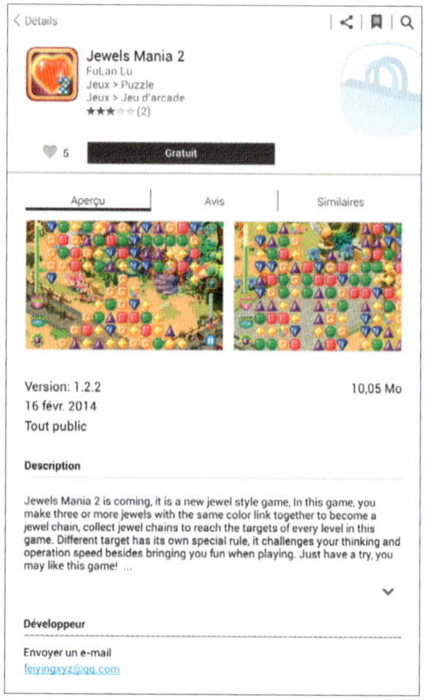

❹ Si l'application est gratuite, une fenêtre s'ouvre et vous demande de confirmer le téléchargement. Si l'application est payante, vous devez saisir votre mot de passe pour accéder à votre compte Samsung. Touchez **Accepter et téléch.**

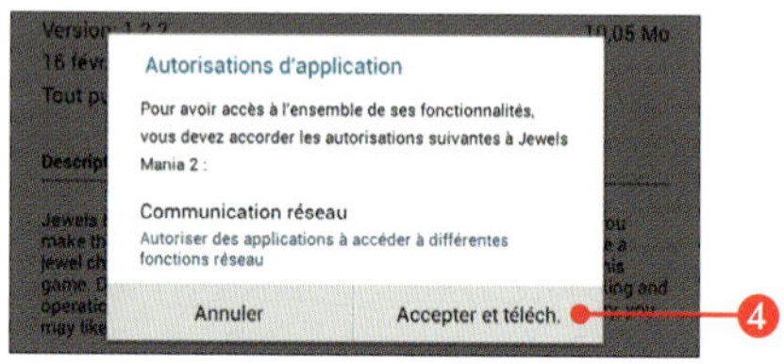

❺ Des fenêtres supplémentaires peuvent s'afficher.

❻ L'application est téléchargée sur la tablette. Une fois le téléchargement terminé, l'application est accessible à partir de la liste des applications, mais dans Samsung Apps, vous trouvez le bouton **Ouvrir** qui permet de démarrer immédiatement votre nouvelle application. Le bouton **Désinstaller** permet de supprimer l'application de votre tablette.

> NOTE
>
> Dans certains cas, lorsque vous cliquez sur le bouton permettant de télécharger ou d'acheter une application, Play Store s'ouvre automatiquement et remplace Samsung Apps. Consultez les sections suivantes pour plus d'informations sur Play Store.

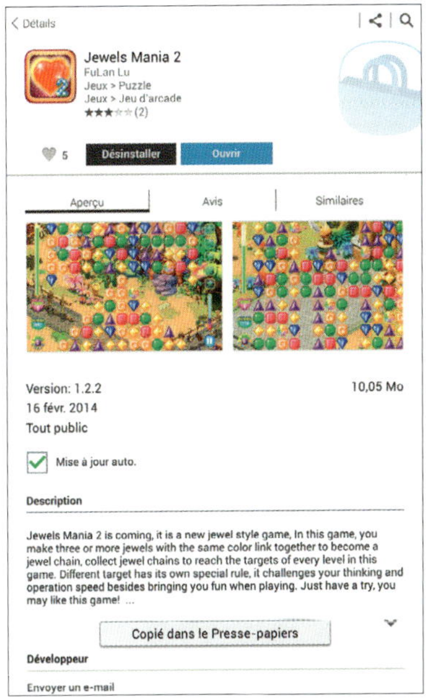

Mettre à jour les applications Samsung

❶ Lorsque des applications téléchargées avec Samsung Apps doivent être mises à jour, une pastille s'affiche sur l'icône de Samsung Apps. Le chiffre dans la pastille indique le nombre d'applications à mettre à jour. Notez que la mise à jour peut concerner des applications installées par défaut sur votre tablette.

❷ Ouvrez **Samsung Apps**.

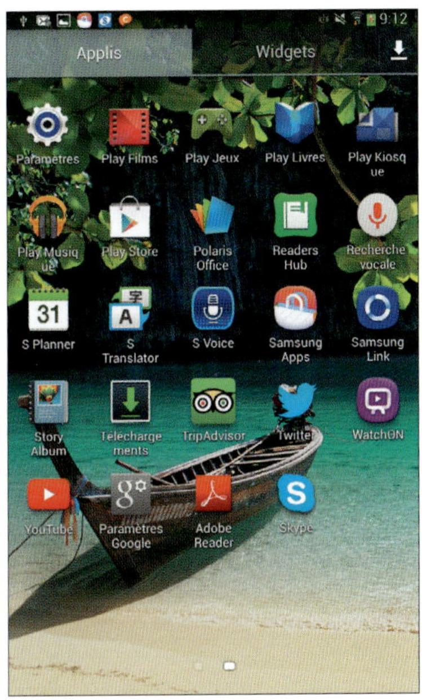

3 Ouvrez le menu puis touchez **Mes achats**.

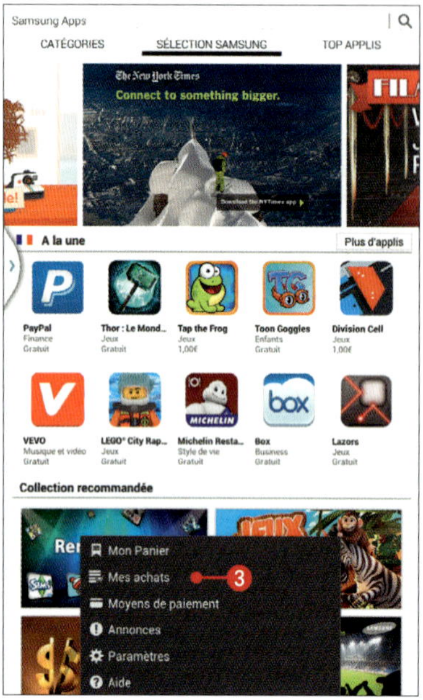

4 Si nécessaire, touchez **Mises à jour**.

5 La liste des applications installées sur votre tablette s'affiche. Pour mettre à jour une application précise, touchez **MàJ** en regard de l'application concernée.

6 Pour mettre à jour toutes les applications, touchez le bouton **Mettre à jour**.

7 Le téléchargement des mises à jour s'effectue. Suivez les éventuelles instructions qui peuvent s'afficher à la fin du téléchargement.

NOTE

Pour afficher toutes les applications que vous avez installées à partir de Samsung Apps, touchez l'onglet **Tout**.

Première utilisation du Play Store

Le Play Store est la version Google de Samsung Apps Store. Vous trouvez toutes les applications Android disponibles, même celles qui ne sont pas conçues pour votre tablette.

1 Affichez la liste des applications.

2 Touchez **Play Store**.

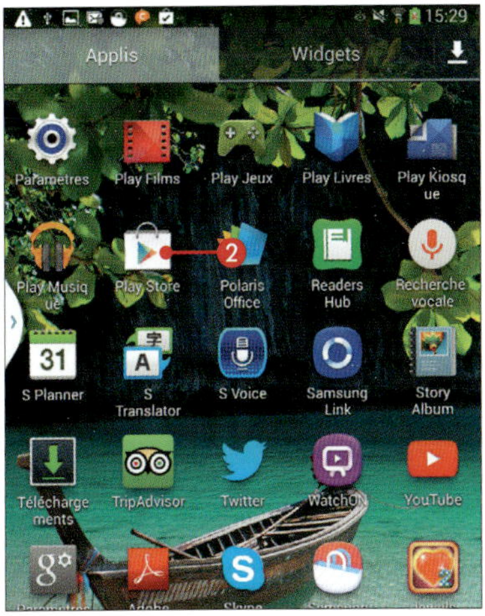

❸ Pour utiliser Play Store, vous devez posséder un compte Google. Si vous en possédez un, touchez **Compte existant**, puis saisissez les identifiants de connexion à votre compte. Si vous ne possédez pas de compte Google, touchez **Nouveau** puis suivez les instructions pour créer votre compte. Consultez le Chapitre 8 pour plus d'informations sur la création d'un compte Google.

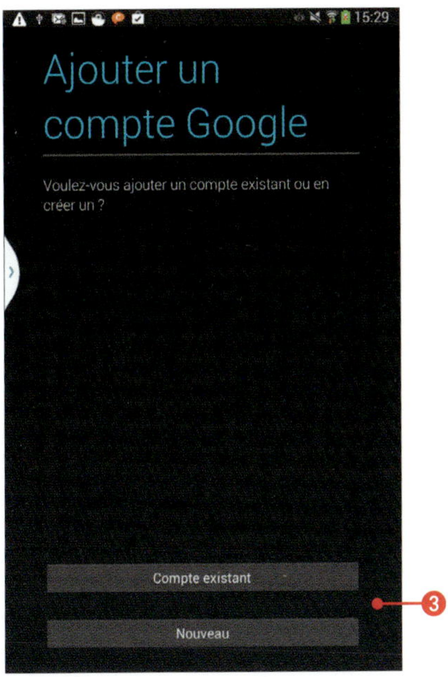

❹ Dans l'écran vous demandant si vous souhaitez ajouter une carte de paiement, touchez **Pas maintenant** (sauf si vous souhaitez en ajouter une). Vous pourrez l'ajouter au moment de payer si vous optez pour une application payante.

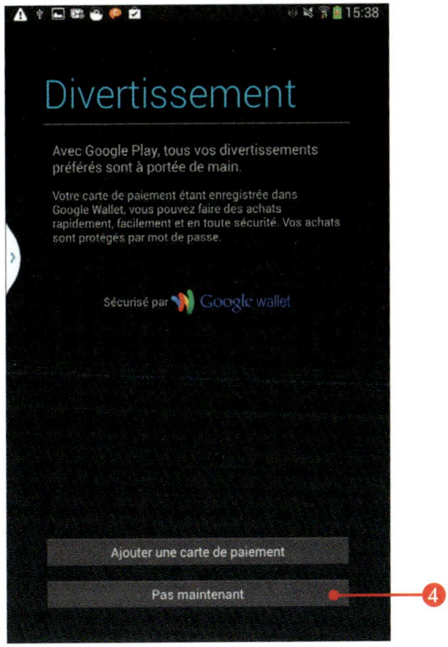

❺ Dans l'écran Sauvegarder et restaurer, laissez cochée la case **Conserver une sauvegarde de cette tablette sur mon compte Google**.

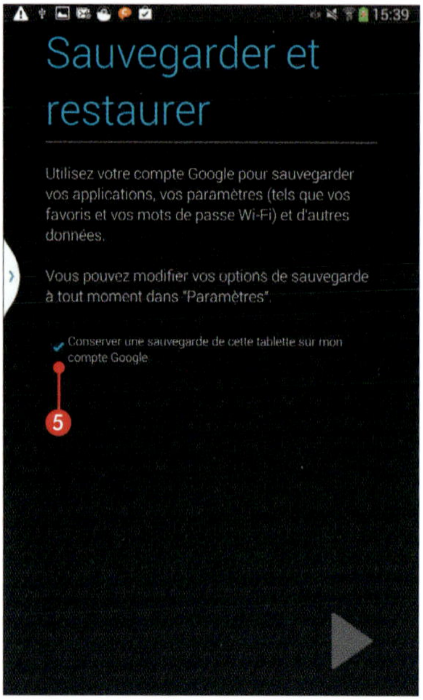

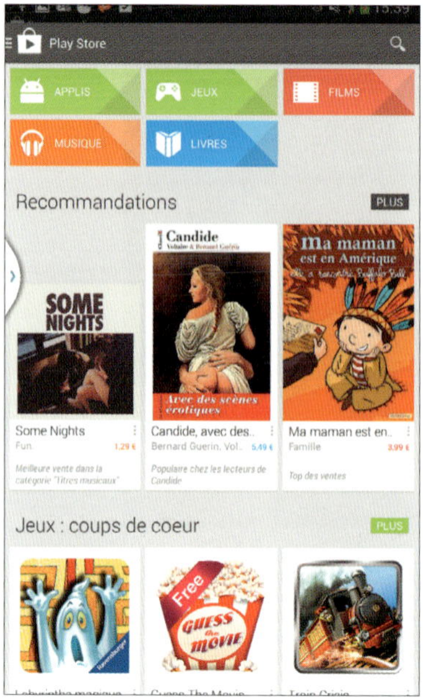

❻ La page d'accueil du Play Store s'affiche.

Télécharger une application sur Play Store

❶ Affichez la liste des applications.

❷ Touchez **Play Store**.

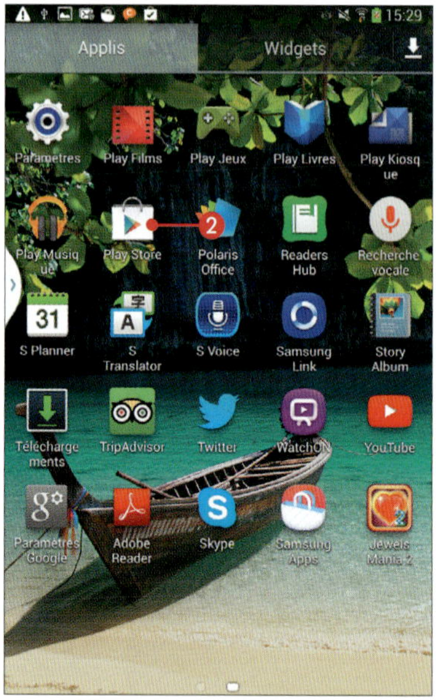

❸ La page d'accueil de Play Store s'affiche.

❹ Pour rechercher une application précise, touchez la loupe, puis saisissez des mots-clés.

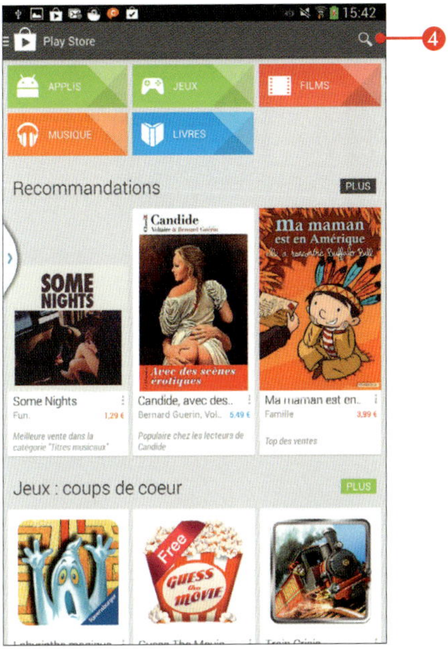

❺ Une liste de propositions s'affiche. Si ce que vous recherchez s'y trouve, touchez la ligne correspondante. Dans le cas contraire, continuez la saisie puis appuyez sur la loupe pour effectuer la recherche.

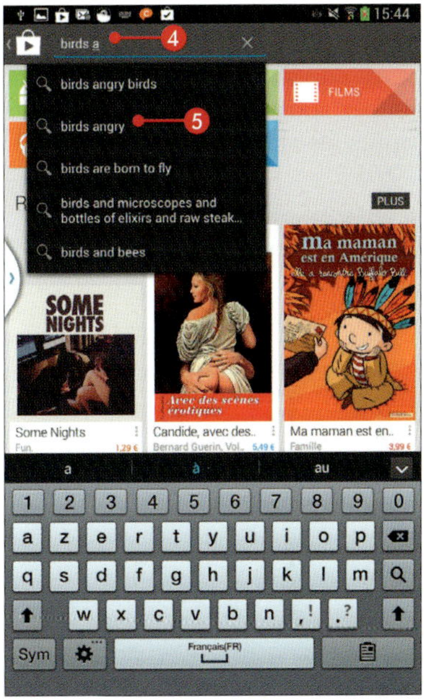

❻ Les résultats de recherche s'affichent. Pour en obtenir plus, touchez le nombre de résultats en regard d'**Applis**.

❼ Lorsque vous avez trouvé l'application qui vous intéresse, touchez-la.

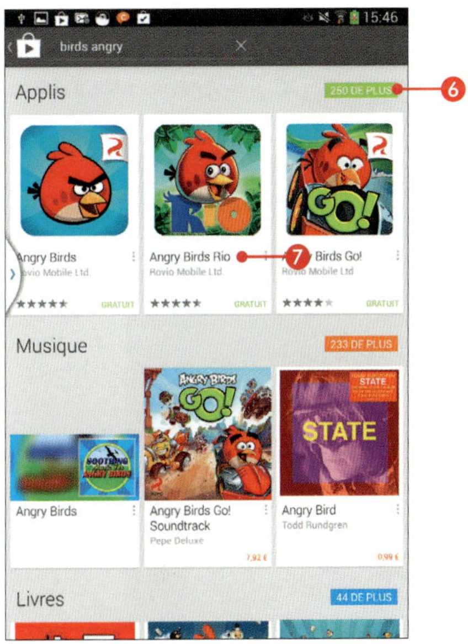

8 Une description de l'application s'affiche.

9 Si vous avez choisi une application payante, touchez son prix. Si vous avez choisi une application gratuite, touchez **Installer**.

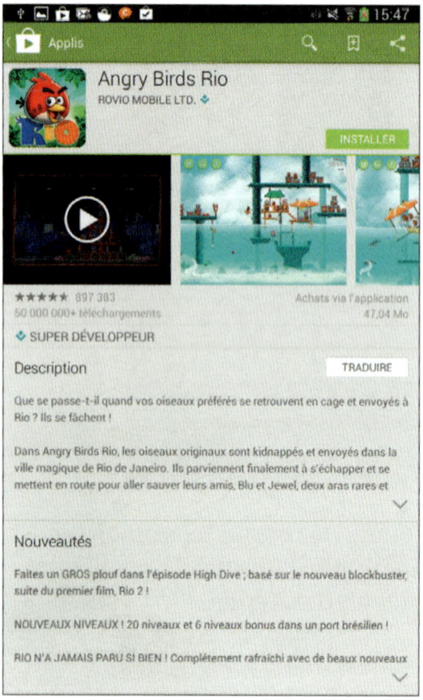

10 Dans la fenêtre qui s'affiche, touchez **Accepter**. Vous devrez fournir des informations de paiement si vous ne l'avez pas encore fait.

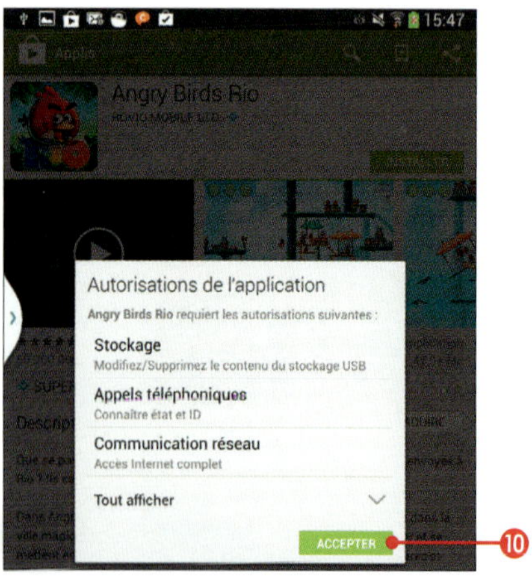

11 Une fois l'application téléchargée, elle apparaît dans la liste des applications. Pour la lancer immédiatement, touchez **Ouvrir**.

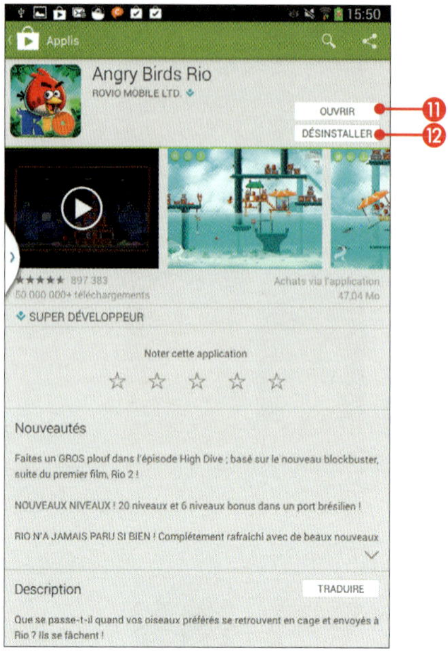

12 Pour supprimer l'application de votre tablette, touchez **Désinstaller**.

> NOTE
>
> Vous pouvez également trouver et télécharger une application en parcourant les différents rayons du Play Store. Pour cela, utilisez les onglets en haut de l'écran ou les différents liens proposés dans chacune des pages.

Mettre à jour une application dans Play Store

❶ Affichez la liste des applications.

❷ Touchez **Play Store**.

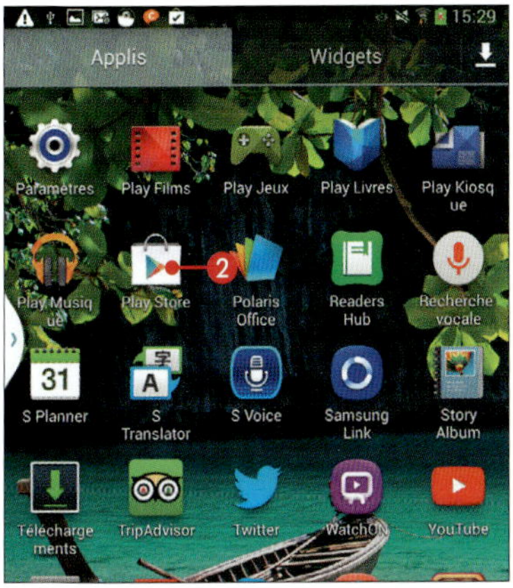

❸ La page d'accueil de Play Store s'affiche.

❹ Touchez l'icône **Play Store** en haut à gauche pour ouvrir un volet.

❺ Touchez **Mes applications**.

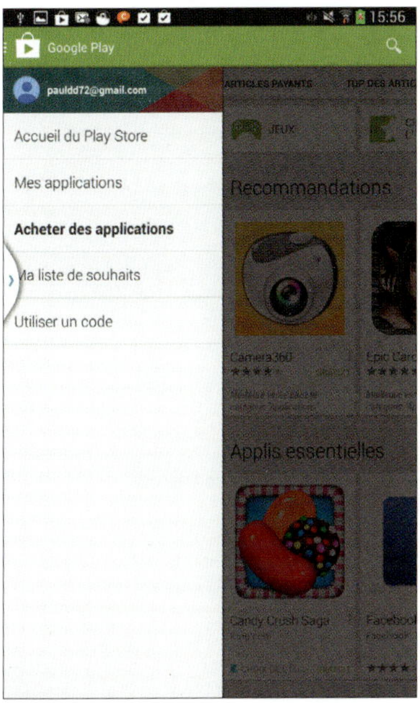

❻ La liste des applications installées sur votre tablette s'affiche.

❼ Touchez **Tout mettre à jour** pour effectuer la mise à jour de toutes les applications.

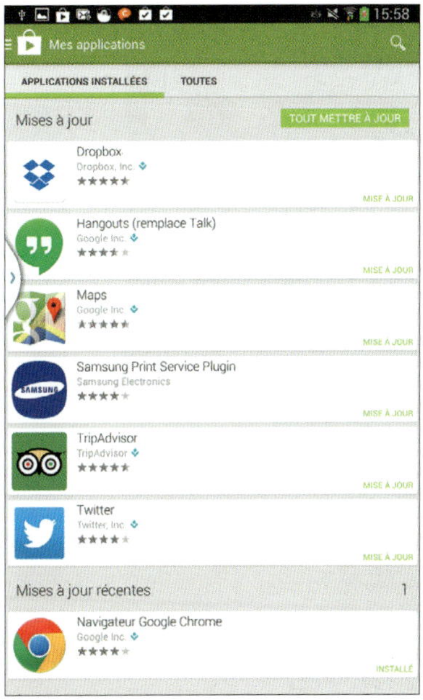

❽ Pour mettre à jour une application, touchez **Mise à jour** en regard de l'application concernée.

Désinstaller une application

1. Affichez la liste des applications.

2. Touchez **Paramètres**.

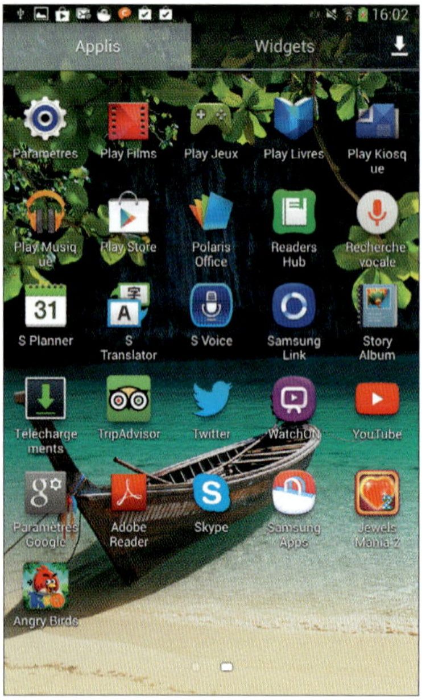

3. Dans le volet de gauche, touchez **Gestionnaire d'applications**.

4. Dans le volet de droite, touchez l'application à désinstaller.

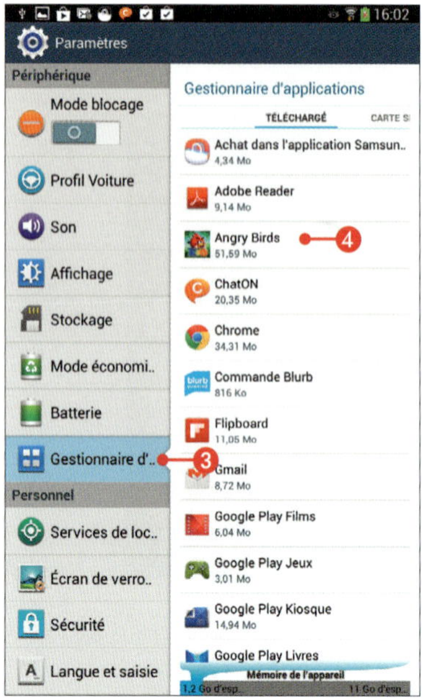

5. Touchez **Désinstaller**.

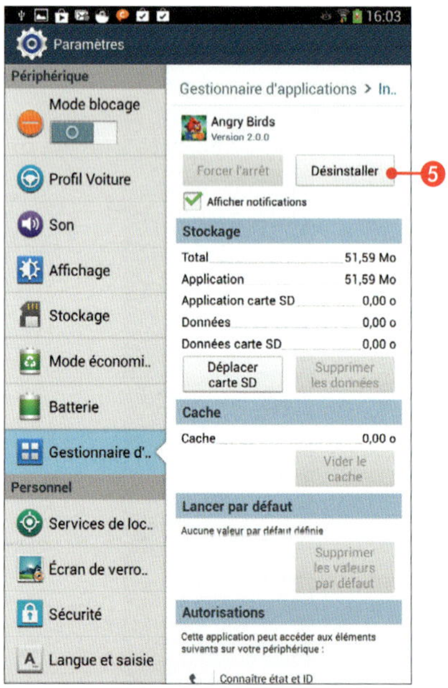

Chapitre 11

Écouter de la musique

Dans ce chapitre :

- Obtenir de la musique
- Transférer de la musique à partir d'un PC
- Copier des fichiers à partir d'un Mac
- Utiliser Kies pour gérer la musique
- Gérer sa bibliothèque musicale avec Kies
- Découvrir le Lecteur MP3
- Afficher le mini lecteur
- Rechercher un morceau
- Créer une liste de lecture
- Afficher une liste de lecture
- Modifier une liste de lecture
- Programmer l'arrêt de la musique
- Acheter de la musique avec Play Store
- Acheter de la musique sur des sites Web

Votre tablette est équipée de l'application Lecteur MP3 que vous utilisez pour écouter de la musique. Connectez un casque à la prise prévue à cet effet et vous transformez votre tablette en baladeur, même si un modèle de 10 pouces n'est pas idéal pour faire son jogging !

Obtenir de la musique

Depuis quelque temps, la tendance est à l'abandon de la protection numérique des musiques par **DRM** (*Digital Management Rights*). Ce type de protection Internet empêchait la copie d'un appareil sur l'autre, ce qui avait pour but d'éviter les copies pirates de morceaux, mais cela pénalisait les utilisateurs qui possédaient plusieurs appareils. Il est donc maintenant possible d'acheter un morceau en ligne et de le copier afin de l'écouter sur les différents appareils que vous possédez.

Pour placer de la musique sur votre tablette, vous la copiez à partir d'un ordinateur ou vous la téléchargez directement sur votre tablette.

> NOTE
>
> Pour plus d'informations sur Mes fichiers, le transfert de fichiers entre un ordinateur et votre tablette ou sur l'application Kies, consultez le Chapitre 17.

Transférer de la musique à partir d'un PC

Sur votre tablette, la musique doit se trouver dans le dossier **Music**. Vous allez donc copier les fichiers MP3 dans ce dossier.

1. Connectez votre tablette au PC.

2. Dans la fenêtre qui s'affiche sur le PC, cliquez sur **Ouvrir l'appareil mobile pour afficher les fichiers**.

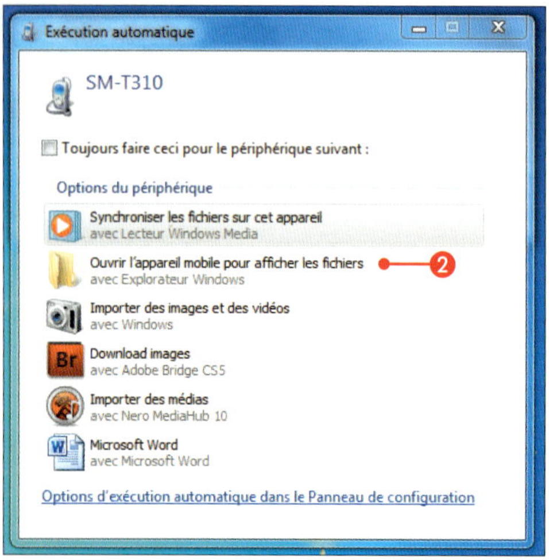

3. Le stockage de votre tablette apparaît dans une fenêtre. Double-cliquez sur l'icône pour afficher le contenu.

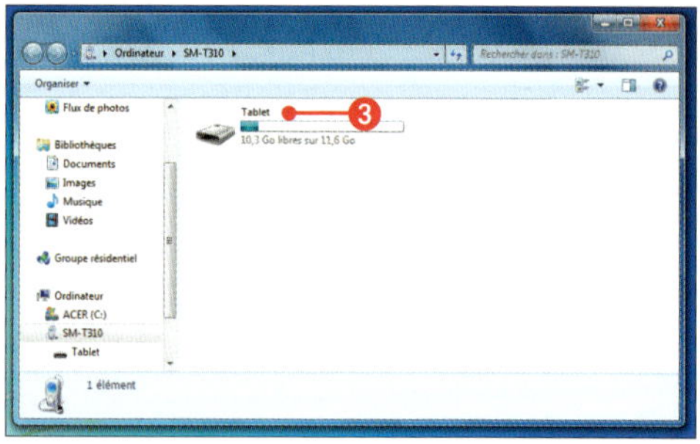

4. Recherchez le dossier **Music**, puis double-cliquez dessus pour l'ouvrir.

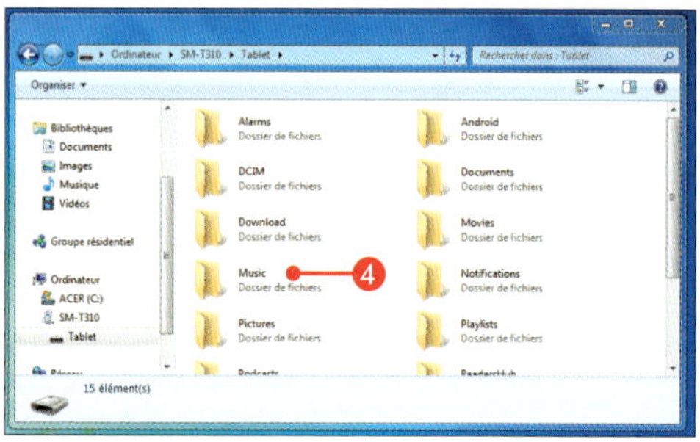

5. Sur votre ordinateur, ouvrez une nouvelle fenêtre de l'Explorateur et affichez la musique que vous souhaitez copier.

❻ Sélectionnez les fichiers ou les dossiers que vous souhaitez copier sur votre tablette.

❼ Utiliser le copier-coller ou le glisser-déposer pour placer les fichiers dans le dossier Music de votre tablette.

NOTE

Copiez de préférence des dossiers dans lesquels se trouve classée toute votre musique. Évitez de mettre tous les morceaux au même niveau dans le dossier Music. Vous pourrez faire le ménage plus facilement par la suite.

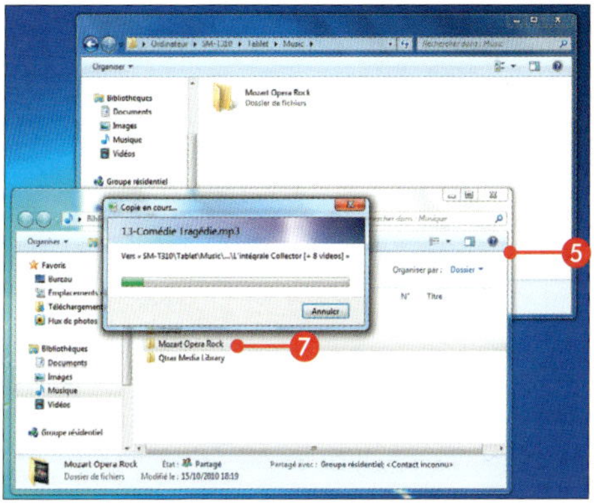

Copier des fichiers à partir d'un Mac

Lorsque vous connectez votre tablette à un Mac, celle-ci n'est pas reconnue comme support de stockage externe et elle ne se monte pas sous la forme d'une icône de disque. Vous devez télécharger l'application Android File Transfer (consultez le Chapitre 18, pour plus d'informations).

❶ Connectez votre tablette à votre Mac à l'aide du câble USB.

❷ L'application Android File Transfer démarre automatiquement et affiche une fenêtre semblable à celle du Finder.

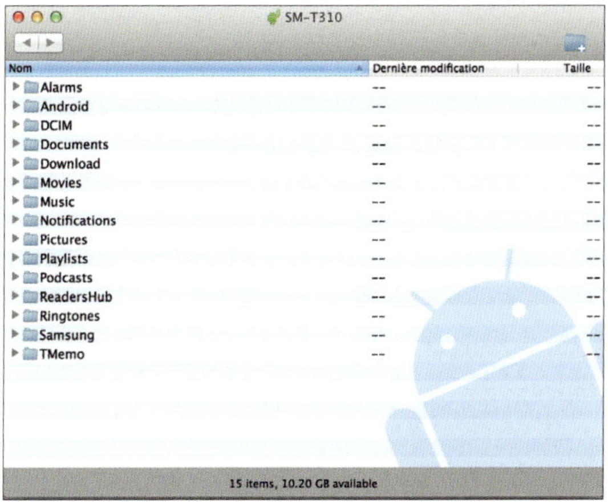

❸ Parcourez les dossiers dans la fenêtre Android File Transfer et ouvrez le dossier Music.

❹ À l'aide du Finder, ouvrez le dossier contenant la musique que vous souhaitez copier sur votre tablette.

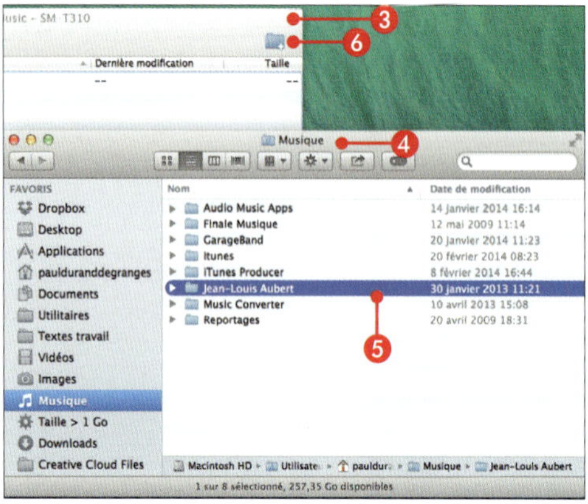

❺ Sélectionnez les fichiers ou les dossiers à copier.

❻ Faites glisser les éléments à copier sur la fenêtre de l'application Android File Transfer.

❼ Les éléments copiés s'ajoutent au dossier Music.

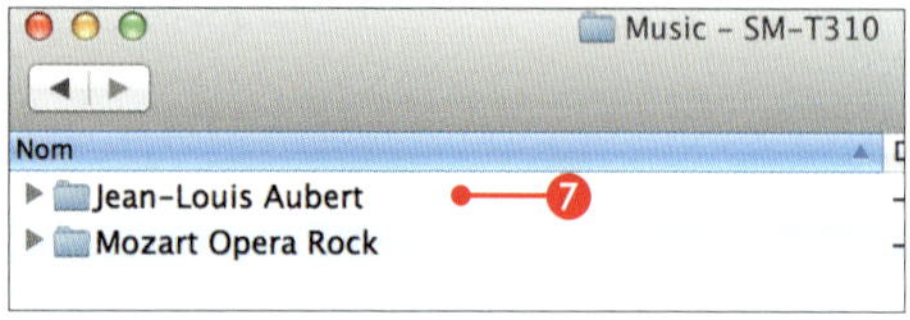

Utiliser Kies pour gérer la musique

Kies est une application que vous téléchargez sur Internet à l'adresse `www.samsung.com/fr/kies/` et qui permet d'organiser vos fichiers et d'effectuer des sauvegardes de votre tablette (consultez le Chapitre 18). L'application est disponible pour PC et pour Mac.

❶ Démarrez Kies.

❷ Connectez votre tablette à l'ordinateur à l'aide du câble USB.

❸ Votre appareil apparaît dans la partie supérieure de Kies, dans la section Périphériques connectés.

❹ Si vous cliquez sur **Musique** dans la section Périphériques connectés, vous pouvez voir la musique déjà présente sur votre tablette, dans le volet de droite.

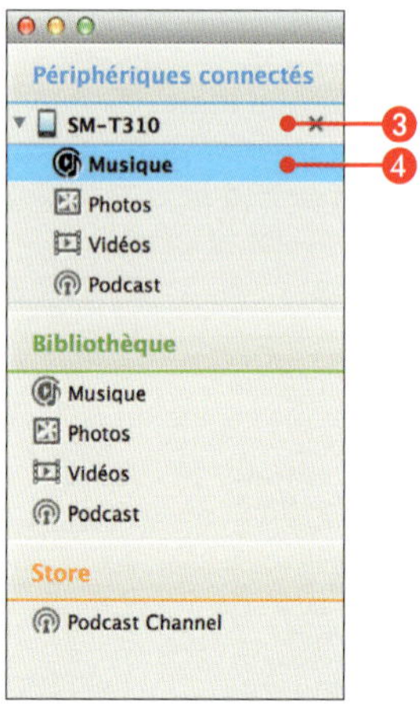

❺ Pour manipuler les fichiers audio présents, cochez les cases en regard des fichiers concernés.

6 Pour supprimer les fichiers cochés, cliquez sur la **Corbeille**.

7 Pour transférer les fichiers sur votre ordinateur, cliquez **Enregistrer sur le PC**. Vous utilisez cette option, par exemple, lorsque vous avez acheté et téléchargé de la musique sur votre tablette et que vous souhaitez en avoir une copie de sauvegarde sur votre PC.

8 Pour ajouter des fichiers directement sur la tablette, cliquez sur l'icône + (à gauche de la corbeille).

9 Dans la fenêtre **Ouvrir** qui s'affiche, sélectionnez les fichiers ou les dossiers que vous souhaitez transférer sur votre tablette, puis cliquez sur **Ouvrir**.

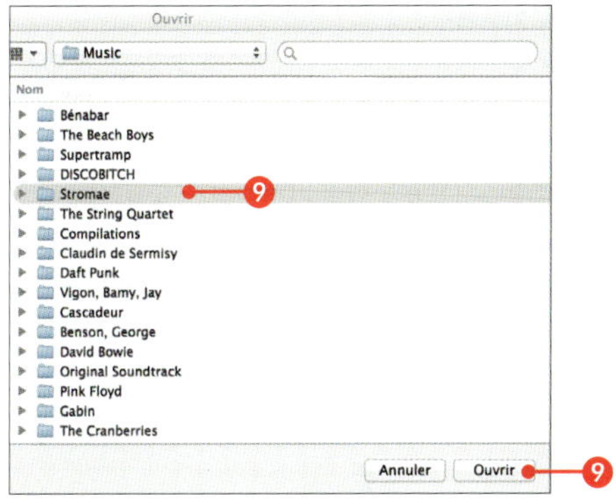

10 Les fichiers s'ajoutent à ceux déjà présents sur la tablette.

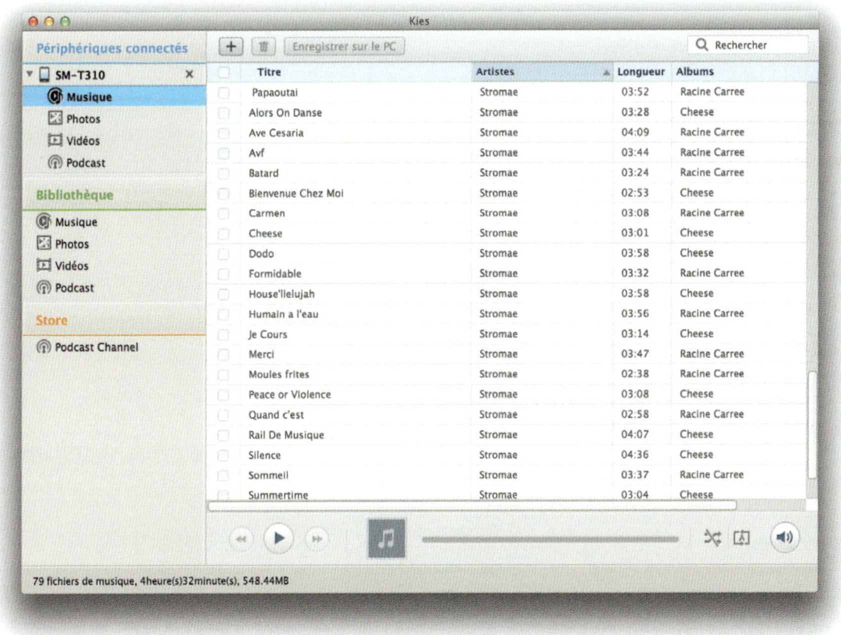

Gérer sa bibliothèque musicale avec Kies

La section Bibliothèque du volet de gauche de l'application Kies permet de gérer la musique sur le PC.

❶ Ajoutez des morceaux de musique en cliquant sur le bouton **Ajouter un fichier audio** (ou sur +) ou en faisant glisser les fichiers ou dossiers sur la fenêtre à partir d'une fenêtre du Finder.

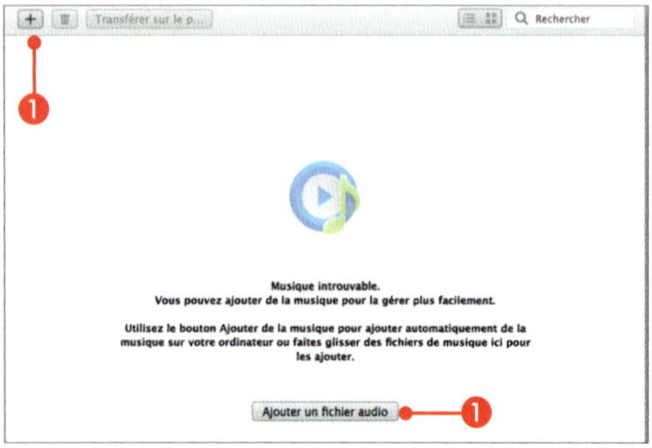

❷ Si vous utilisez iTunes ou le Lecteur Windows Media pour gérer votre bibliothèque musicale, vous trouvez dans le menu Fichier des options permettant d'importer les fichiers et les listes de lecture de ces applications (sur Mac, vous pouvez importer uniquement à partir d'iTunes).

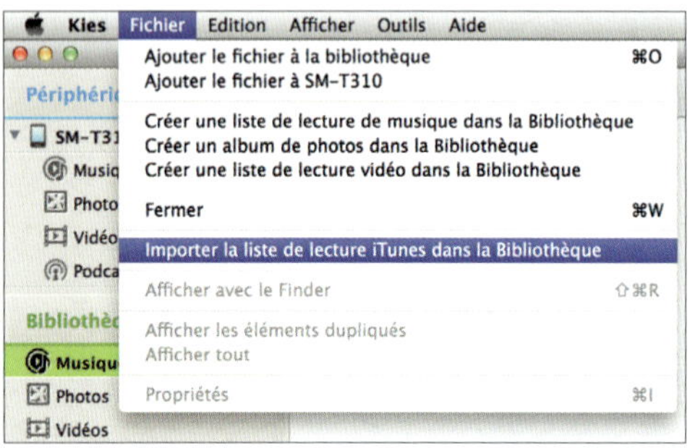

❸ Vous pouvez créer des listes de lecture afin d'organiser vos morceaux dans la bibliothèque. Cliquez sur **Nouvelle liste de lecture de musique**.

❹ Nommez la liste de lecture qui apparaît dans le volet de gauche.

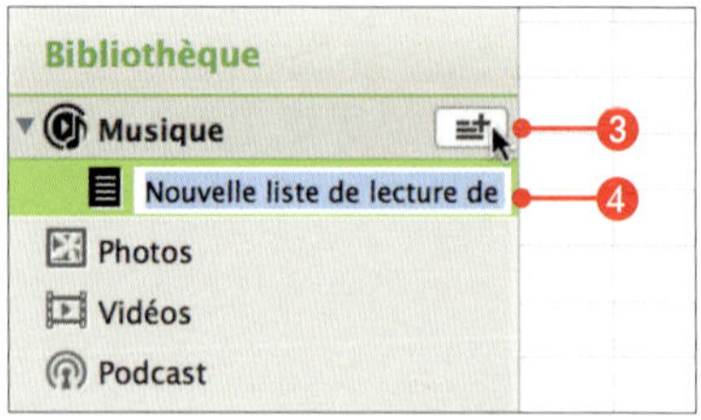

❺ Pour placer des morceaux dans la liste de lecture, cliquez sur **Musique** pour afficher l'ensemble de la bibliothèque puis faites glisser les morceaux souhaités dans la liste de lecture.

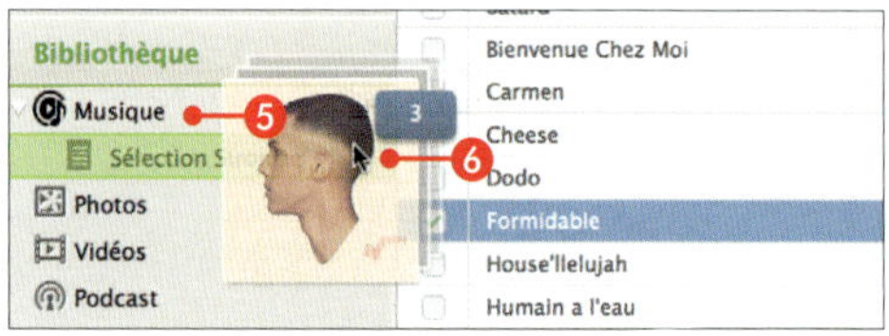

❻ Pour transférer des fichiers de votre bibliothèque vers votre tablette, sélectionnez les morceaux souhaités, puis cliquez sur **Transférer sur le périphérique**.

Découvrir le Lecteur MP3

1. Affichez la liste des applications.

2. Touchez **Lecteur MP3**.

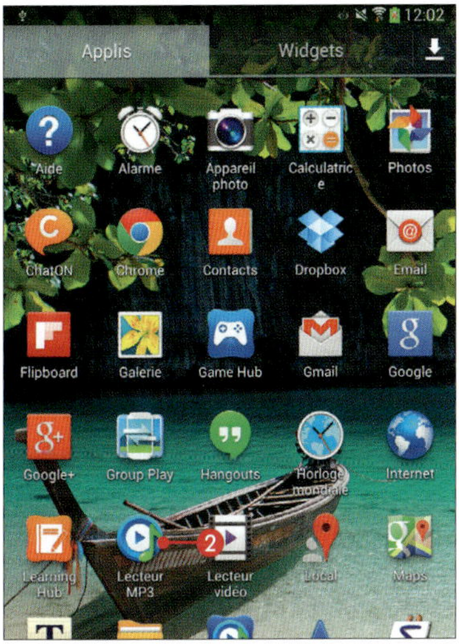

3. L'élément **Titres** (ou le dernier élément que vous avez consulté) s'affiche, avec les morceaux classés par ordre alphabétique.

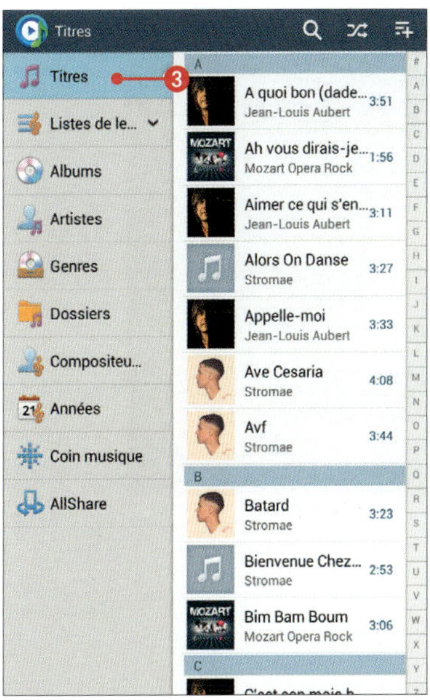

4. Pour changer de mode d'affichage, utilisez les différents éléments, par exemple Albums pour afficher les différents albums existants sur votre tablette.

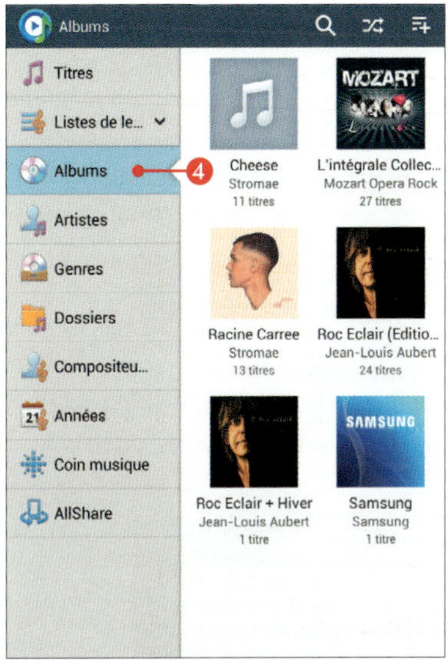

5. Pour écouter une chanson, affichez la liste des titres (en touchant un album, par exemple), puis touchez le titre souhaité.

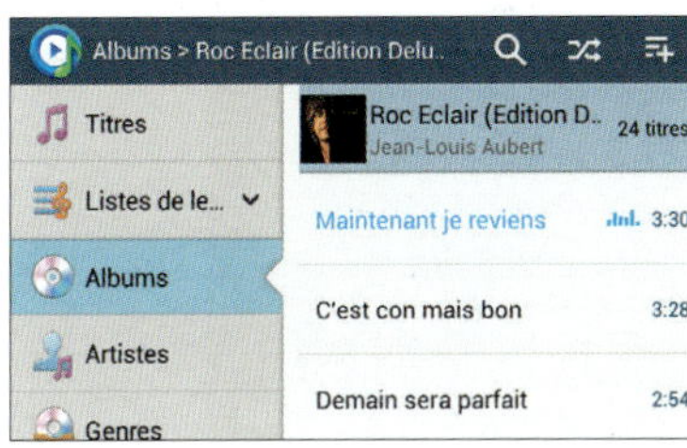

6. La lecture de la chanson que vous avez touchée démarre. Une barre d'outils s'affiche au bas de l'écran.

7. Appuyez une fois sur **Retour** pour revenir au début du morceau, appuyez une deuxième fois pour aller au morceau précédent. Appuyez et maintenez l'appui pour obtenir un retour rapide.

8 Appuyez sur **Pause/Lecture** pour mettre en pause la lecture, appuyez de nouveau pour reprendre la lecture.

9 Appuyez sur **Avance** pour passer au morceau suivant. Appuyez et maintenez l'appui pour obtenir une avance rapide.

10 Déplacez le curseur Volume pour régler le volume.

11 Pour afficher un écran plus adapté à la lecture de la musique, touchez l'image de l'album, en bas à gauche de l'écran.

12 Les morceaux s'affichent sous la forme d'un carrousel, faites-les défiler en faisant glisser votre doigt vers la gauche ou la droite.

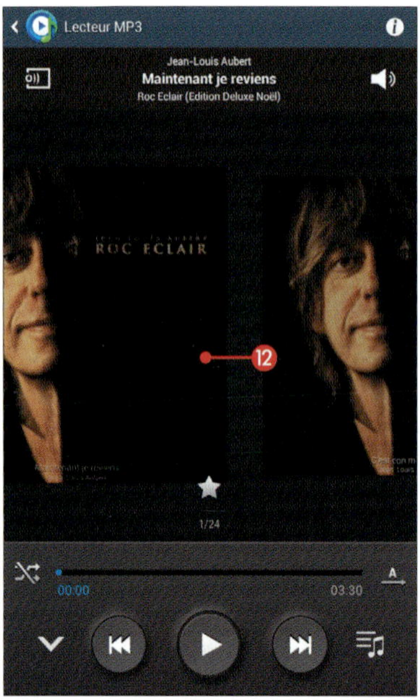

13 Vous retrouvez au bas de la fenêtre les contrôles de lecture.

14 Touchez pour lire les morceaux dans l'ordre aléatoire. Touchez pour revenir à la lecture dans l'ordre des morceaux.

15 Touchez pour activer l'un des états :

Lecture de tous les morceaux puis arrêt de la lecture.

Répétition de l'album (ou de tous les morceaux sélectionnés).

Répétition du morceau en cours de lecture.

16 Touchez l'étoile pour ajouter le morceau à vos favoris.

17 Touchez le haut-parleur pour régler le volume.

18 Touchez pour afficher une fenêtre permettant de régler les effets sonores.

19 Dans la fenêtre qui s'affiche, choisissez l'effet sonore que vous souhaitez ajouter à votre musique. Notez que si vous utilisez uniquement les haut-parleurs de votre tablette, vous n'aurez pas accès à tous les effets. Lorsque vous sélectionnez un effet, vous pouvez entendre immédiatement le résultat. Pour revenir à la valeur par défaut, touchez **Normal**. Touchez **OK**, pour valider vos changements ou **Annuler** pour revenir à la configuration de départ.

20 Pour personnaliser les effets, touchez **Personnaliser**.

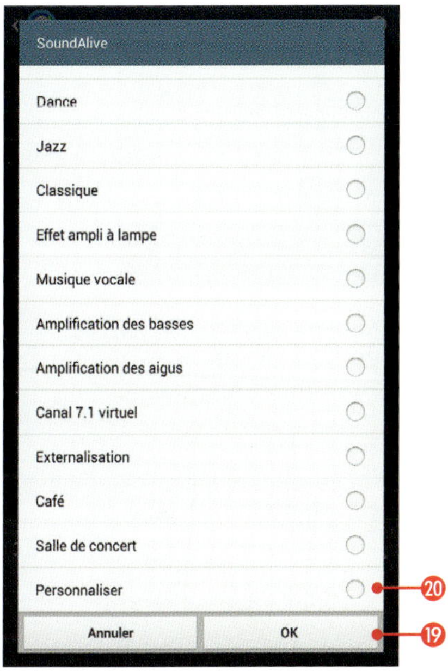

21 Un égaliseur s'affiche. Réglez les différents niveaux.

22 Touchez **Extended**.

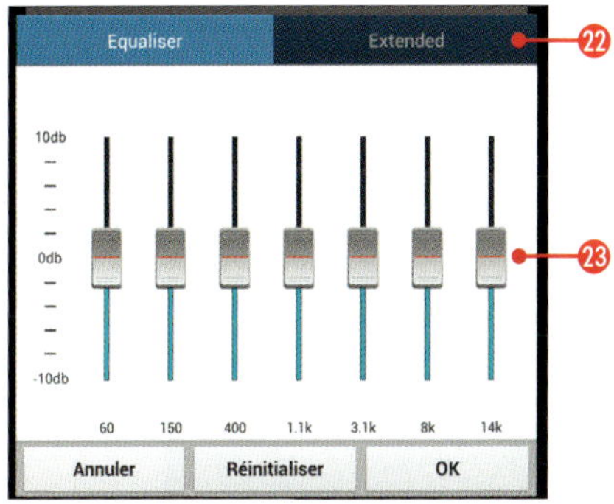

23 Réglez les différents effets proposés.

24 Touchez **Annuler** pour quitter en revenant aux anciens paramètres des deux onglets.

25 Touchez **Réinit** pour réinitialiser les réglages de l'onglet affiché.

26 Touchez **OK** pour fermer la fenêtre des réglages personnalisés et revenir à la fenêtre des effets sonores.

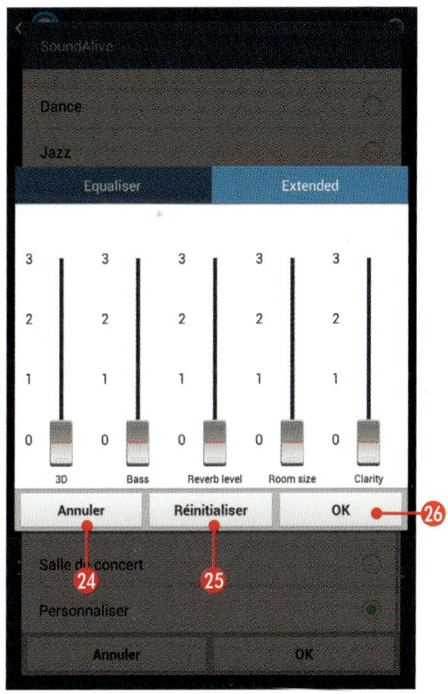

Rechercher un morceau

1. Affichez la liste des applications.

2. Touchez **Lecteur MP3**.

3. L'élément **Titres** (ou le dernier que vous avez consulté) s'affiche.

4. Touchez [icône Rechercher].

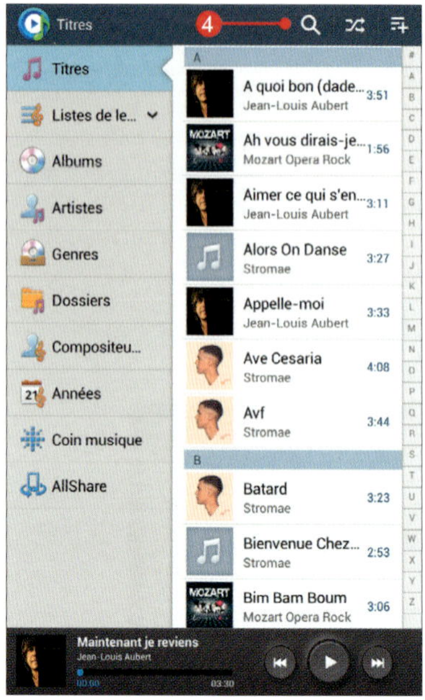

5. Dans la zone de saisie qui apparaît, saisissez vos mots-clés. Une liste de propositions s'affiche à mesure que vous saisissez.

6. Touchez la chanson que vous souhaitez écouter.

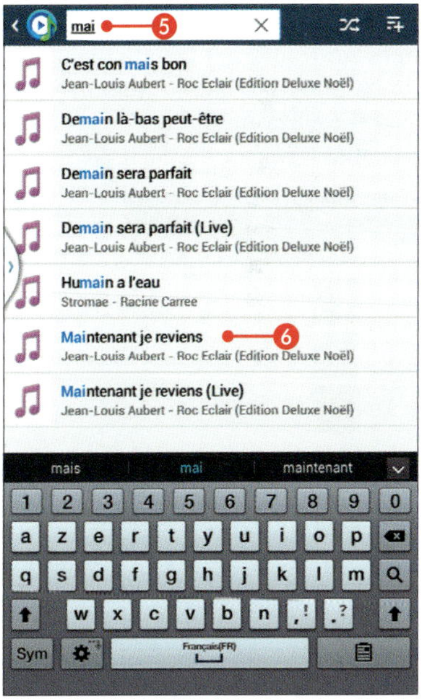

❼ La lecture démarre et les contrôles s'affichent au bas de l'écran.

❽ Pour afficher l'album duquel provient la chanson, touchez la miniature affichée dans les contrôles de lecture.

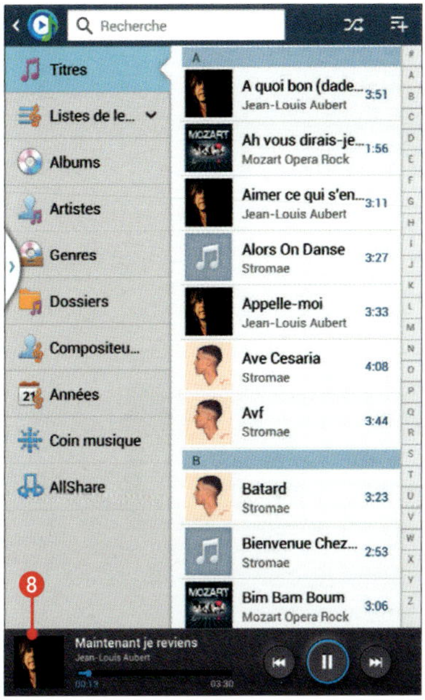

Créer une liste de lecture

❶ Affichez la liste des applications.

❷ Touchez **Lecteur MP3**.

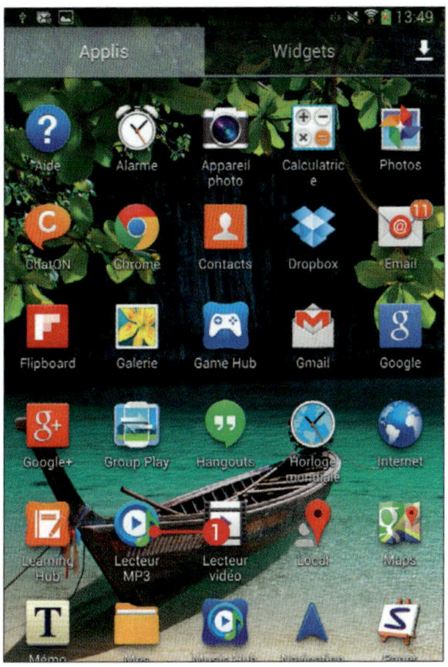

3 L'élément Chansons (ou le dernier que vous avez consulté) s'affiche.

4 Touchez le bouton en haut à droite, puis **Créer liste de lecture**.

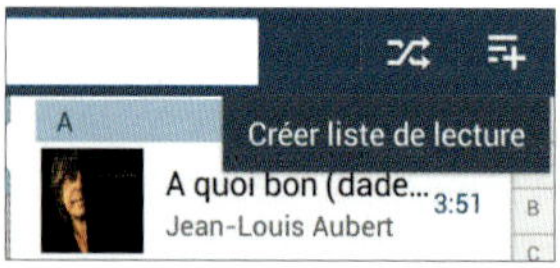

5 Dans la fenêtre qui apparaît, nommez la liste de lecture.

6 Touchez **OK**.

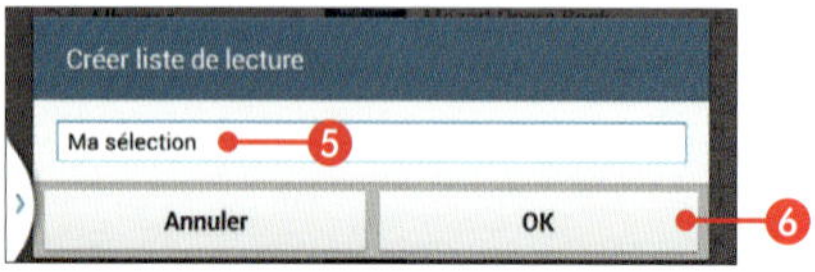

7 La liste de lecture se place au bas de l'écran.

8 Pour ajouter un album complet, touchez **Albums** dans le volet de gauche, puis touchez + sur l'album à ajouter.

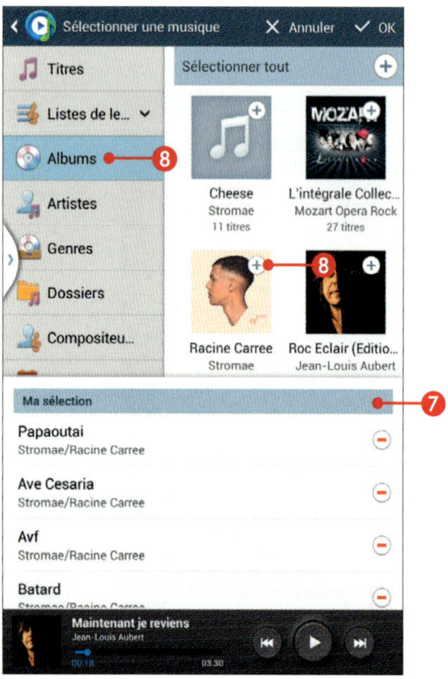

9 Pour ajouter une chanson précise, touchez **Titres** pour afficher la liste des chansons. Vous pouvez toucher un autre mode de classement pour ajouter des titres de différentes manières.

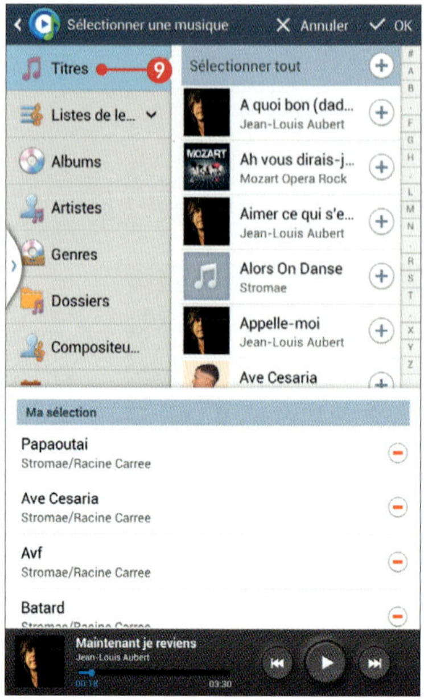

10 Pour supprimer un élément de la liste, touchez – en regard de cet élément.

11 Lorsque vous avez terminé, touchez **OK**.

Afficher une liste de lecture

1. Affichez la liste des applications.

2. Touchez **Lecteur MP3**.

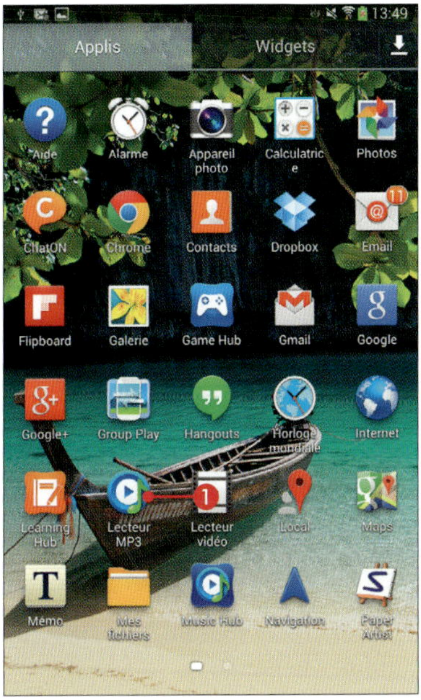

3. L'élément Titres (ou le dernier que vous avez consulté) s'affiche.

4. Si nécessaire, touchez l'élément **Listes de lecture** pour en afficher le contenu.

5. Touchez la liste de lecture souhaitée :

- **Favoris**. Affiche tous les morceaux que vous avez ajoutés aux favoris.
- **Les plus écoutés**. Affiche les morceaux en fonction du nombre d'écoutes. Les plus écoutés se trouvent en tête de liste.
- **Ajoutés récemment**. Affiche les morceaux que vous avez ajoutés en plaçant les plus récents en tête de liste.
- **Vos listes de lecture**. Vous trouvez ensuite l'ensemble des listes de lecture que vous avez créées.

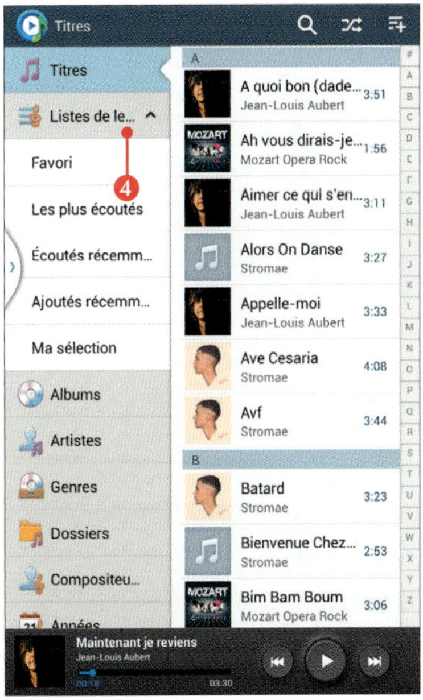

Modifier une liste de lecture

❶ Affichez la liste des applications.

❷ Touchez **Lecteur MP3**.

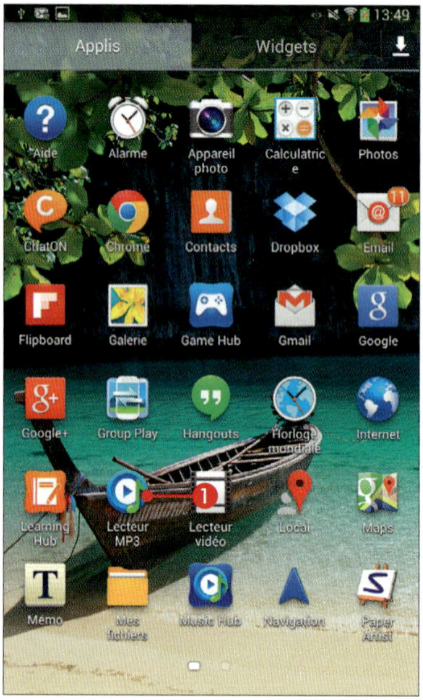

❸ L'élément Titres (ou le dernier que vous avez consulté) s'affiche.

❹ Touchez la liste de lecture à modifier.

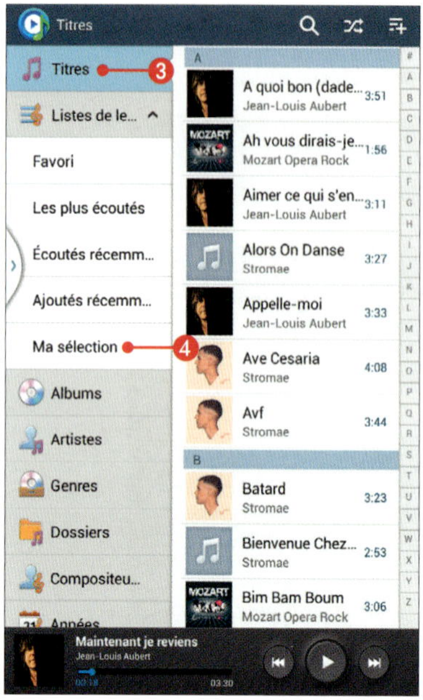

❺ Ouvrez le menu puis touchez **Modifier le titre** pour modifier le nom.

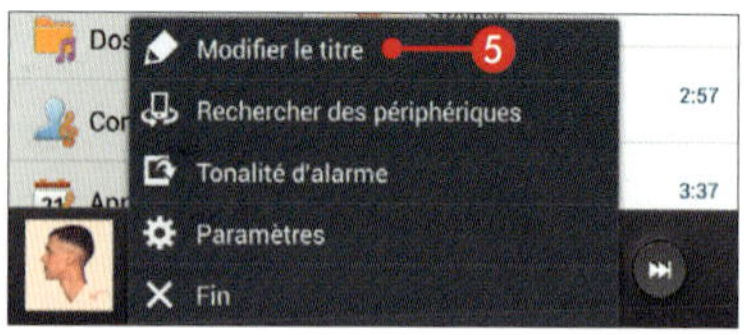

❻ Pour ajouter ou supprimer des morceaux, procédez comme lors de la création de la liste de lecture. Vous utilisez les boutons en haut de la liste de lecture pour ajouter, supprimer ou déplacer les morceaux.

Programmer l'arrêt de la musique

Vous souhaitez écouter de la musique le temps de vous endormir ? Vous pouvez programmer l'application Lecteur MP3 pour qu'elle arrête automatiquement la lecture de la musique.

1. Affichez la liste des applications.
2. Touchez **Lecteur MP3**.

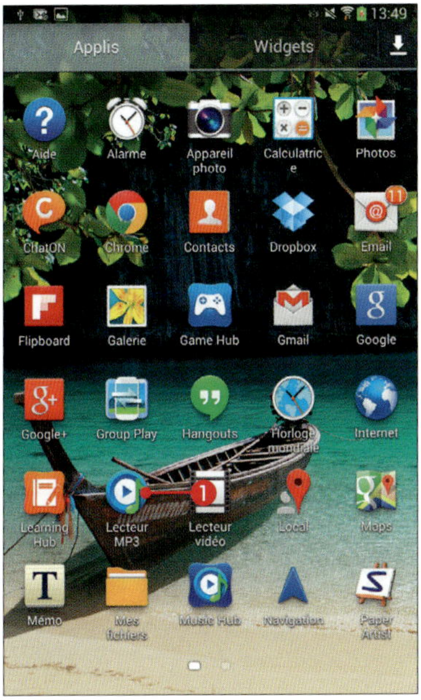

3. L'élément Titres (ou le dernier que vous avez consulté) s'affiche.
4. Démarrez la lecture de l'élément souhaité (toutes les chansons, liste de lecture, albums, *etc.*).
5. Ouvrez le menu et touchez **Paramètres**.

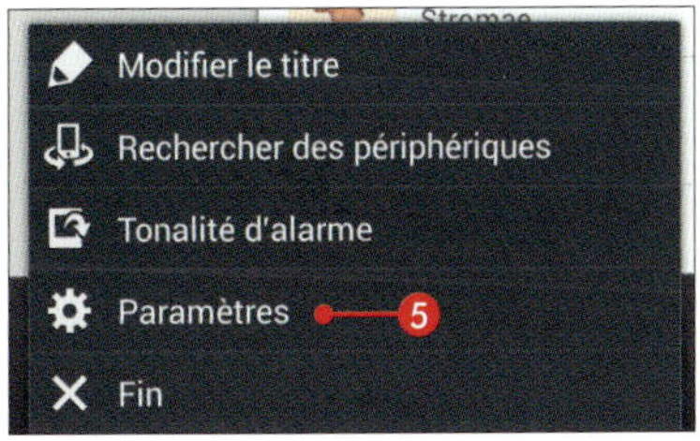

6. Si nécessaire, touchez **Paramètres avancés** dans le volet de gauche.
7. Touchez **Arrêt auto de la musique**, dans le volet de droite.

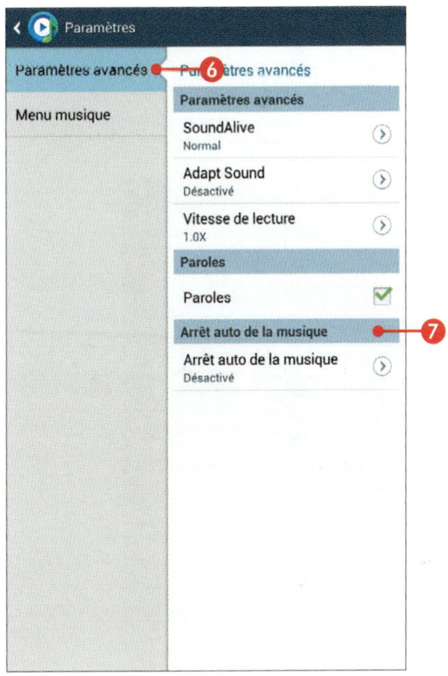

8. Dans la fenêtre qui s'affiche, indiquez la durée souhaitée. Touchez **Personnaliser** pour choisir une durée qui n'est pas proposée.

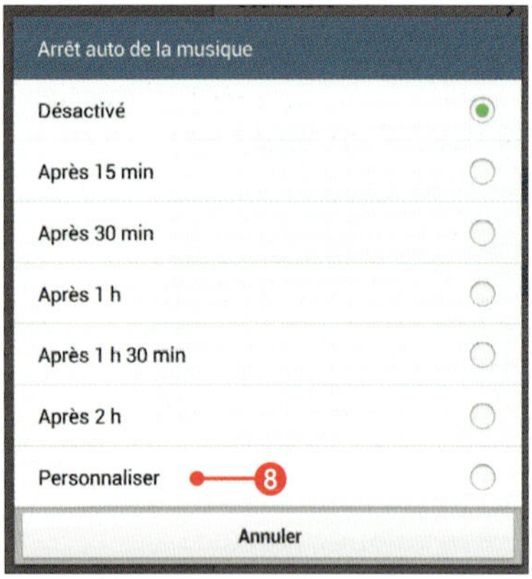

NOTE

Pour annuler l'arrêt automatique de la musique, répétez les étapes précédentes puis choisissez **Désactivé**.

Acheter de la musique avec Play Store

1. Affichez la liste des applications.

2. Touchez **Play Store**.

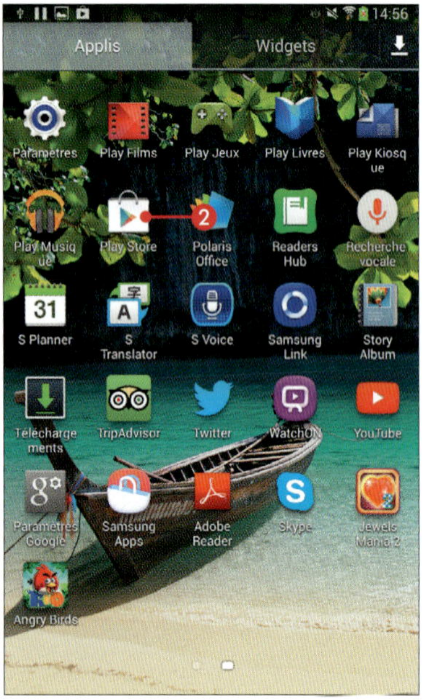

3. Sur la page d'accueil de Google Play, touchez **Musique**.

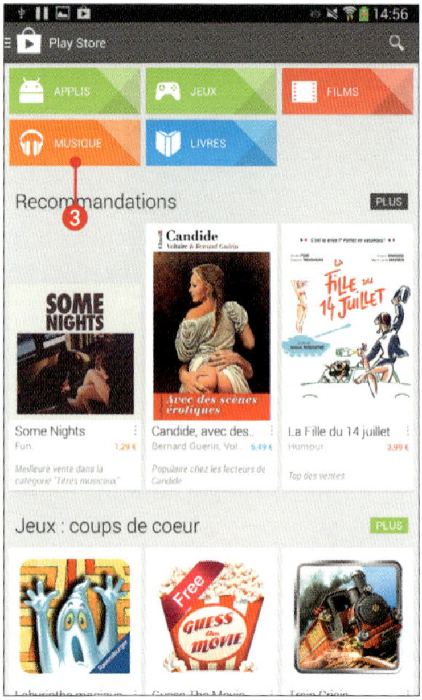

4. Utilisez les différents éléments affichés sur la page d'accueil pour parcourir la musique. Notez la case **Titre gratuit de la semaine** que vous pouvez utiliser pour tester gratuitement le téléchargement de musique.

❺ Pour rechercher un morceau précis, touchez la loupe, puis saisissez les mots-clés dans la zone de saisie. Touchez la loupe ou l'une des propositions de recherche.

❻ Dans la liste des résultats qui s'affiche, touchez l'élément qui vous intéresse.

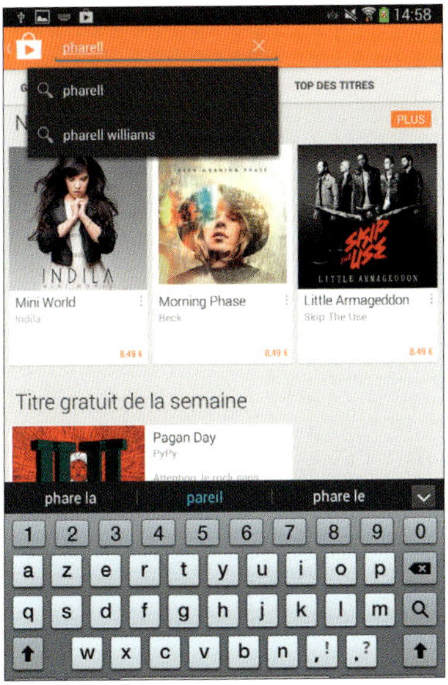

❼ Si vous avez sélectionné un album, la liste des morceaux s'affiche. Vous avez la possibilité d'acheter un titre de l'album ou l'album complet (remarquez que le prix est souvent intéressant lorsque vous achetez l'album complet).

❽ Pour écouter un extrait d'un titre, touchez-le.

❾ Pour acheter l'album ou un morceau, touchez le prix.

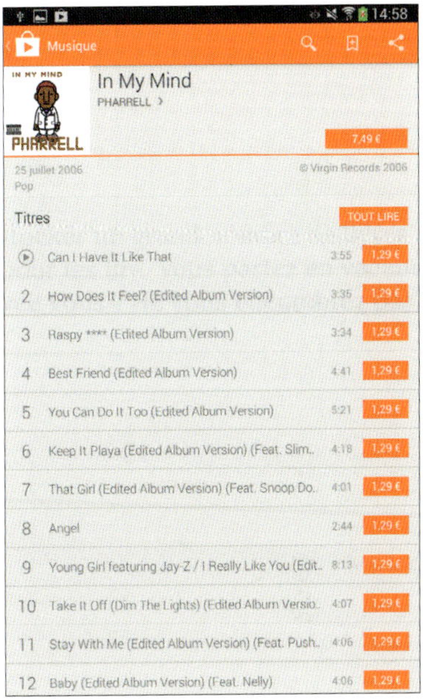

❿ Dans la fenêtre qui s'affiche, suivez les instructions pour effectuer le paiement.

⓫ Une fois l'achat finalisé, vous le retrouvez dans l'application Lecteur MP3.

Afficher un fichier PDF

Votre tablette permet d'afficher un fichier PDF. Vous trouvez de nombreux fichiers PDF sur Internet. C'est un format pratique pour des documents électroniques. Vous trouvez également certains livres électroniques au format PDF.

1 Pour afficher un fichier stocké sur votre tablette (ou sur une carte SD). Utilisez l'application Mes fichiers pour parcourir les dossiers.

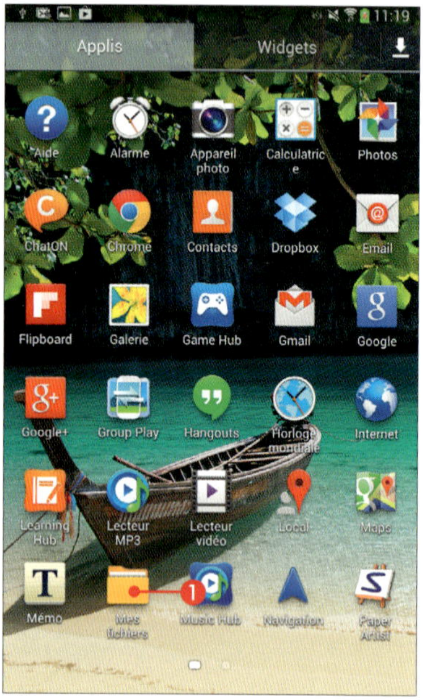

2 Dans l'application Mes fichiers, parcourez les dossiers pour afficher le fichier que vous souhaitez ouvrir.

3 Touchez le fichier PDF à ouvrir.

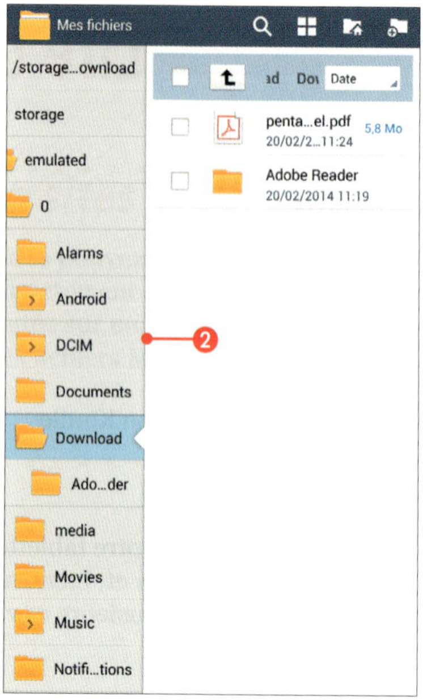

4 Une fenêtre peut s'afficher pour vous demander de choisir l'application à utiliser pour ouvrir le fichier. Touchez l'application, puis indiquez si vous souhaitez toujours ouvrir les fichiers PDF avec l'application choisie ou si c'est uniquement pour cette fois.

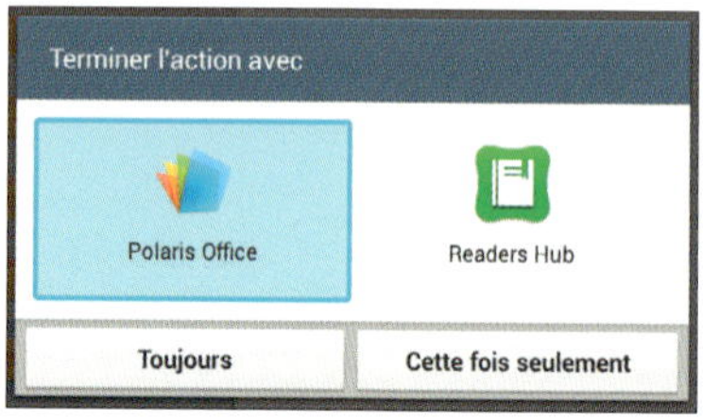

5 Le fichier s'ouvre avec l'application choisie.

Utiliser Adobe Reader

Adobe Reader est le lecteur par défaut des fichiers PDF. Vous pouvez télécharger une version spécifique pour votre tablette.

1 Affichez la liste des applications.

2 Touchez **Play Store**.

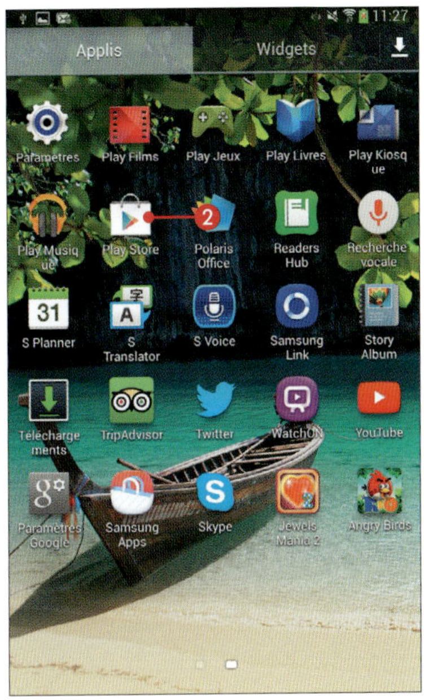

3. Dans l'application Play Store, recherchez Adobe Reader.

4. Touchez **Adobe Reader**.

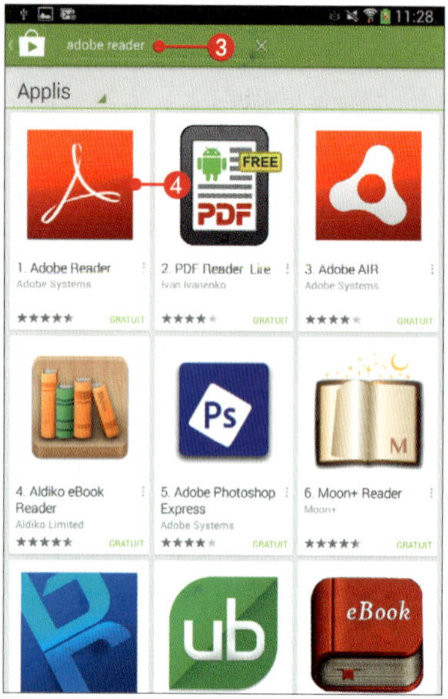

5. Touchez **Installer** pour installer l'application et suivez les instructions.

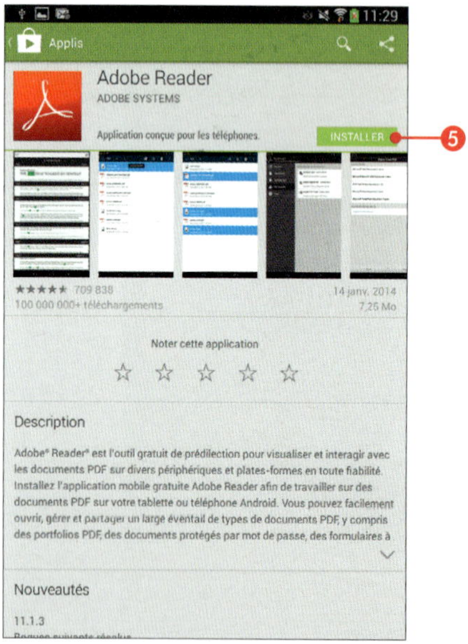

6. Pour ouvrir Adobe Reader, touchez **Ouvrir** dans Play Store (ou touchez **Adobe Reader** dans la liste des applications).

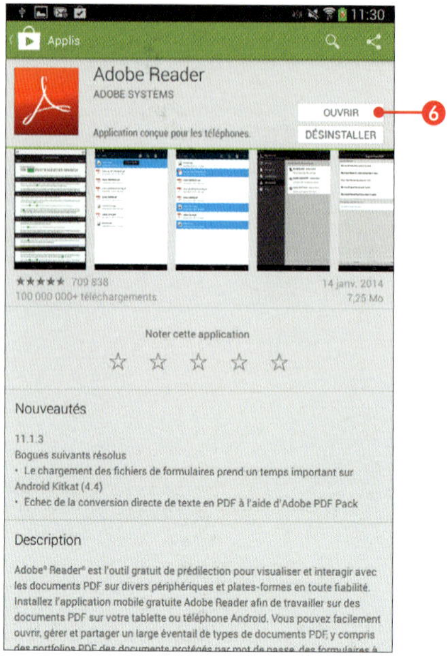

7. Dans Adobe Reader, touchez l'icône en haut à gauche pour ouvrir le volet, puis touchez **Documents** pour afficher les documents au format PDF qui se trouvent sur votre tablette.

8. Touchez le document que vous souhaitez afficher.

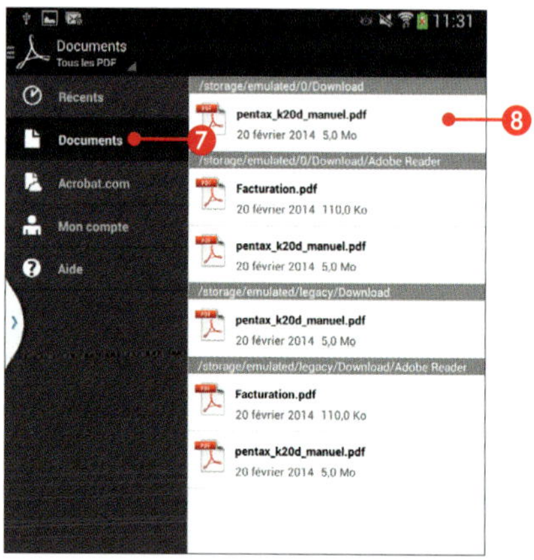

9 Le document s'affiche. Pour afficher la barre d'outils d'Adobe Reader, touchez l'écran.

NOTE

Après avoir installé Adobe Reader, lorsque vous ouvrez un fichier PDF à partir de l'application Mes fichiers, une fenêtre s'ouvre et vous demande avec quelle application vous souhaitez ouvrir votre document (consultez la section précédente).

Télécharger un livre

Votre tablette est équipée de l'application Play Livres que vous utilisez pour lire des livres.

1 Affichez la liste des applications.

2 Touchez **Play Livres**.

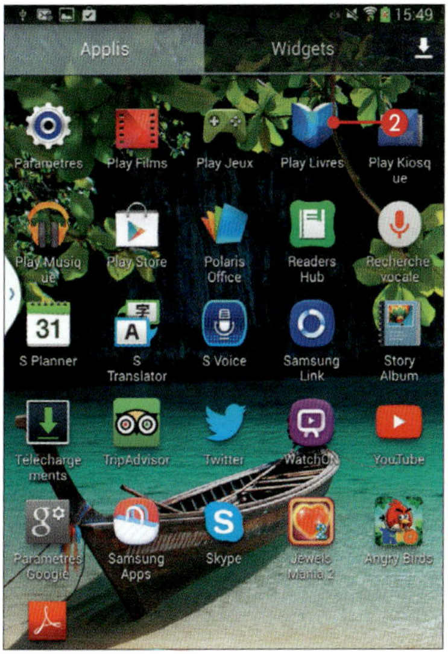

❸ L'application s'ouvre et le volet à gauche offre l'accès à une sélection de livres en touchant **À lire**, aux livres que vous avez déjà téléchargés en touchant **Ma bibliothèque** et à l'ensemble de la boutique en touchant **Boutique**. Si le volet n'est pas ouvert, touchez le bouton en haut à gauche.

❹ Pour acheter des livres, touchez **Boutique**.

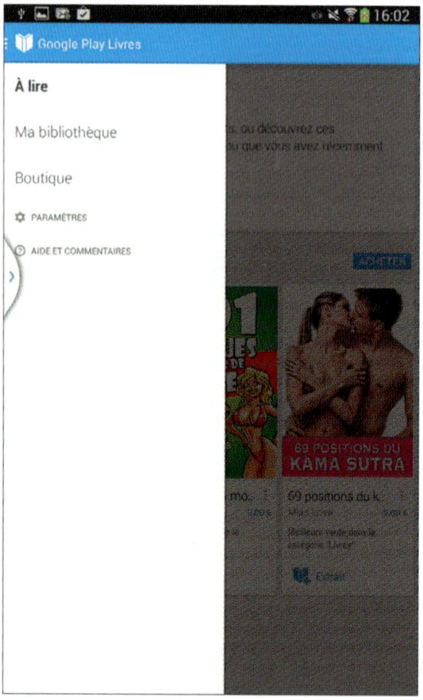

❺ Une page contenant une série de livres mis en avant s'affiche.

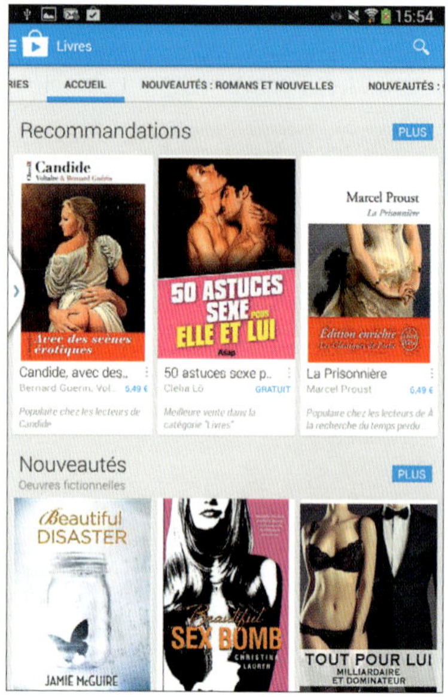

❻ Utilisez l'outil de recherche pour trouver un titre précis.

❼ Vous pouvez également faire défiler les pages en faisant glisser votre doigt vers la gauche ou la droite. Vous trouvez une page avec une sélection de livres gratuits si vous souhaitez tester la lecture sur votre tablette.

8 Lorsque vous avez trouvé le livre qui vous intéresse, touchez-le.

9 Pour acheter le livre, touchez son prix, puis suivez les instructions pour le paiement. S'il est gratuit, touchez **Ajouter à la bibliothèque**.

10 Vous pouvez lire quelques pages du livre en touchant **Extrait gratuit**.

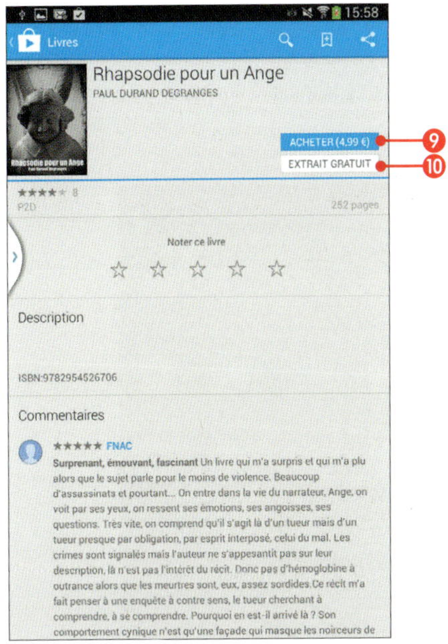

11 Lorsque vous avez procédé au paiement ou immédiatement après avoir touché le bouton **Extrait gratuit**, le livre est téléchargé, puis s'affiche.

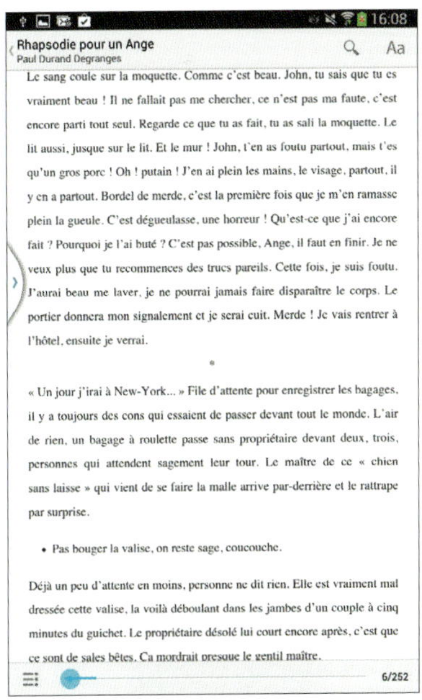

Lire un livre sur la tablette

1. Affichez la liste des applications.

2. Touchez **Play Livres**.

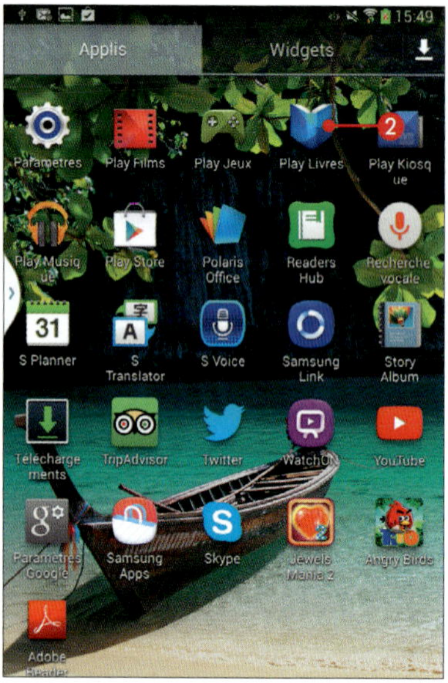

3. Si nécessaire, ouvrez le volet et touchez **Ma Bibliothèque**.

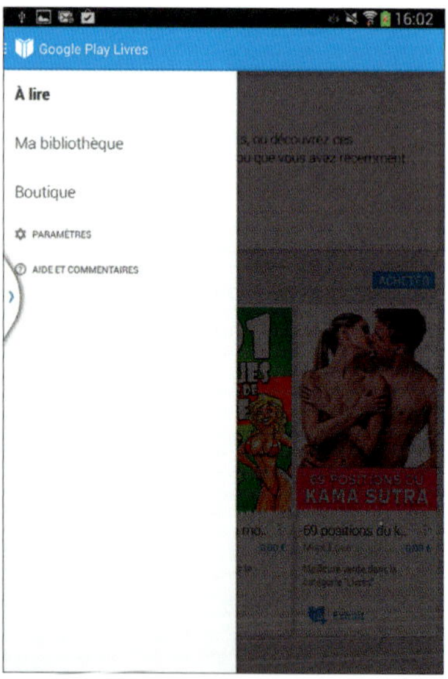

4. La liste des livres de votre bibliothèque s'affiche.

5. Si vous avez un grand nombre de livres sur votre tablette, vous pouvez vous servir de l'outil de recherche pour trouver celui qui vous intéresse.

6. Touchez le livre que vous souhaitez lire.

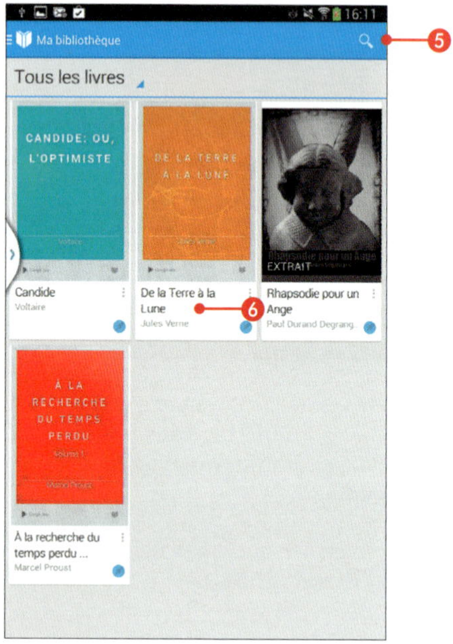

7. Le contenu du livre s'affiche.

8. Au bout d'un instant, les commandes disparaissent. Pour les afficher de nouveau, touchez l'écran.

9. Lorsque les commandes restent affichées, touchez l'écran pour les faire disparaître.

10. Pour changer de page, faites glisser votre doigt de droite à gauche pour aller à la page suivante ou de gauche à droite pour aller à la page précédente. L'écran montre la page qui se tourne.

⓫ Pour aller plus vite, vous pouvez également toucher le bord droit pour avancer d'une page et le bord gauche pour reculer d'une page.

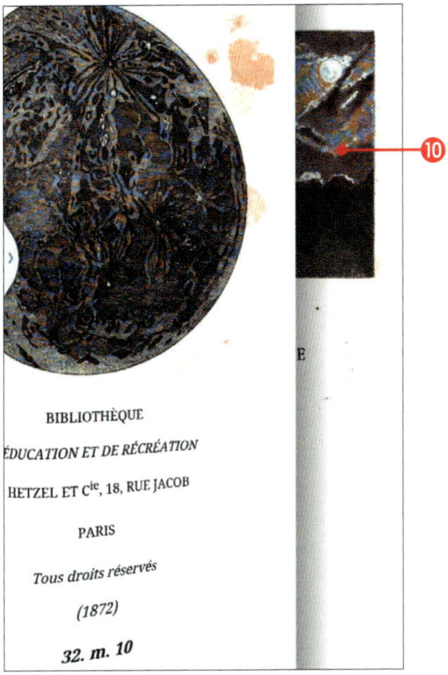

⓬ Pour effectuer une recherche dans le livre, touchez la loupe puis saisissez ce que vous recherchez.

⓭ Touchez le bouton en bas à gauche pour afficher la table des matières et naviguer plus rapidement dans le livre.

⓮ Pour modifier l'affichage, touchez **Aa**.

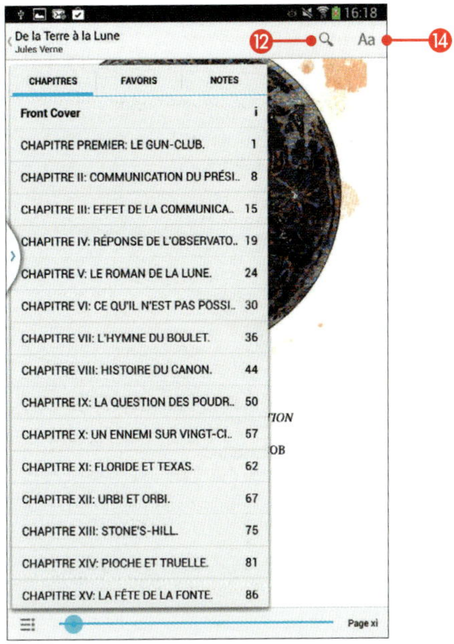

⓯ Dans le menu qui s'affiche après avoir touché Aa, vous avez la possibilité de changer le thème (jour ou nuit), la police de caractères, l'alignement du texte, la luminosité, la hauteur des lignes et la taille de la police.

16 Pour ajouter un signet, tapez le coin supérieur droit. Un ruban marque-page apparaît.

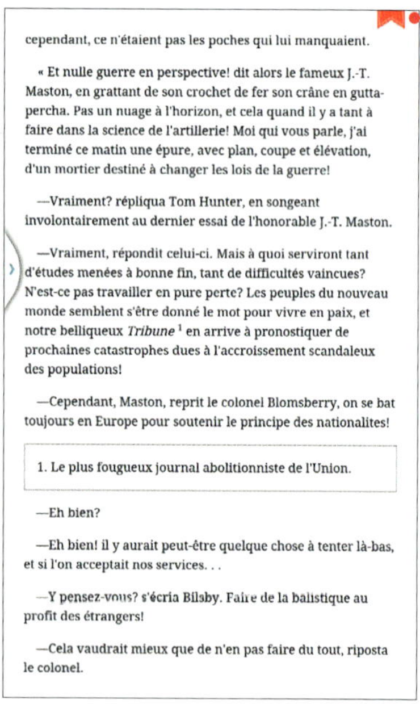
cependant, ce n'étaient pas les poches qui lui manquaient.

« Et nulle guerre en perspective! dit alors le fameux J.-T. Maston, en grattant de son crochet de fer son crâne en gutta-percha. Pas un nuage à l'horizon, et cela quand il y a tant à faire dans la science de l'artillerie! Moi qui vous parle, j'ai terminé ce matin une épure, avec plan, coupe et élévation, d'un mortier destiné à changer les lois de la guerre!

—Vraiment? répliqua Tom Hunter, en songeant involontairement au dernier essai de l'honorable J.-T. Maston.

—Vraiment, répondit celui-ci. Mais à quoi serviront tant d'études menées à bonne fin, tant de difficultés vaincues? N'est-ce pas travailler en pure perte? Les peuples du nouveau monde semblent s'être donné le mot pour vivre en paix, et notre belliqueux *Tribune* [1] en arrive à pronostiquer de prochaines catastrophes dues à l'accroissement scandaleux des populations!

—Cependant, Maston, reprit le colonel Blomsberry, on se bat toujours en Europe pour soutenir le principe des nationalites!

1. Le plus fougueux journal abolitionniste de l'Union.

—Eh bien?

—Eh bien! il y aurait peut-être quelque chose à tenter là-bas, et si l'on acceptait nos services. . .

—Y pensez-vous? s'écria Balsby. Faire de la balistique au profit des étrangers!

—Cela vaudrait mieux que de n'en pas faire du tout, riposta le colonel.

17 Pour retrouver l'ensemble des signets que vous avez placés dans le livre, touchez le bouton en bas à gauche, puis touchez **Favoris**. La liste des pages sur lesquelles vous avez placé un signet s'affiche. Touchez celle qui vous intéresse.

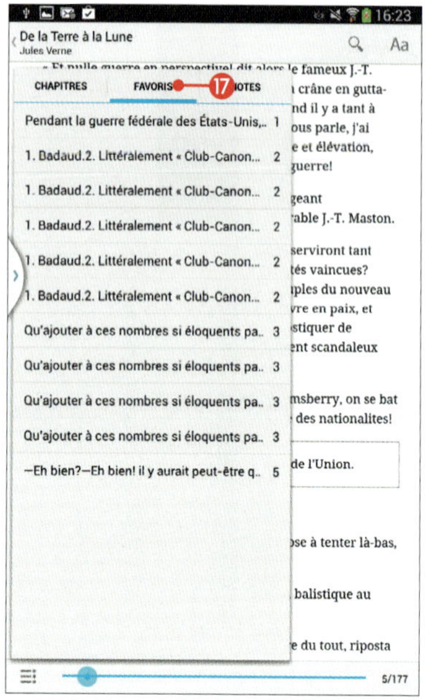

Utiliser l'application Amazon Kindle

Le Kindle est la liseuse commercialisée par Amazon. Toutefois, la société propose également des applications pour lire les livres qu'elle commercialise sur son ordinateur et, dans le cas qui nous intéresse, sur une tablette Android.

1. Affichez la liste des applications.
2. Touchez **Play Store**.

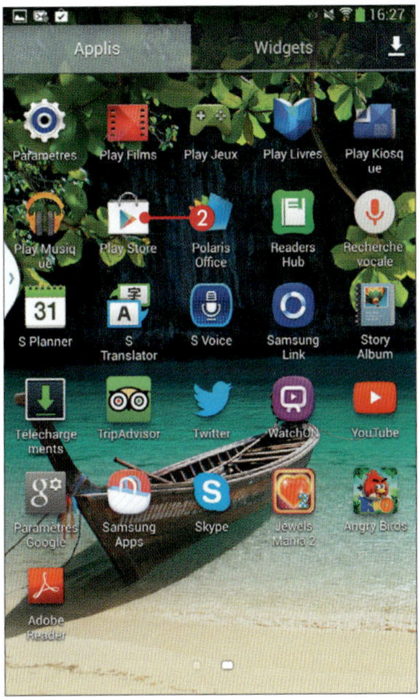

3. Dans l'application Play Store, recherchez Kindle.
4. Touchez **Kindle**.

5. Touchez **Installer** pour installer l'application et suivez les instructions.

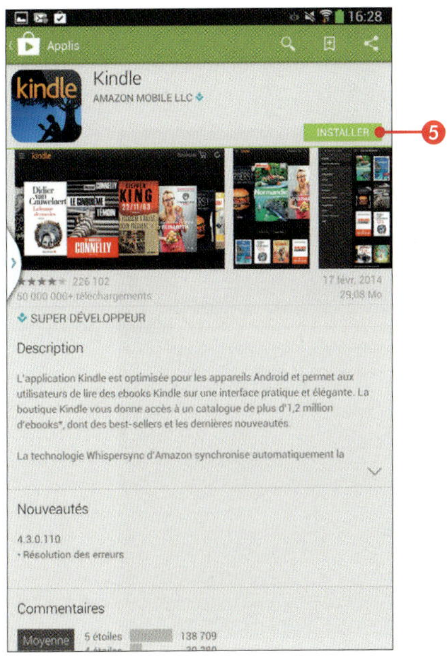

6 Pour ouvrir l'application Kindle, touchez **Ouvrir** dans Play Store (ou touchez **Amazon Kindle** dans la liste des applications).

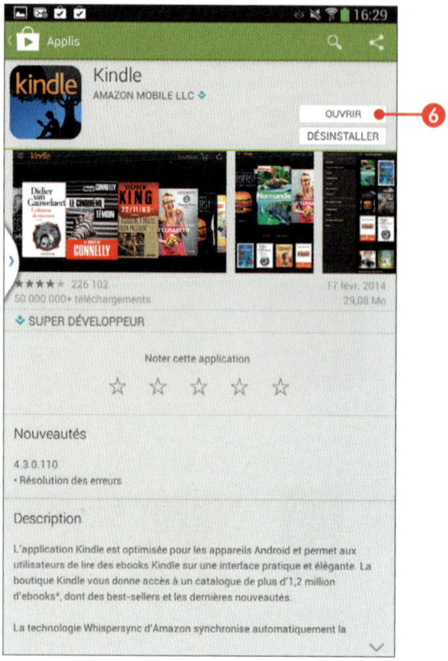

7 Lors de la première utilisation, vous devez vous identifier à l'aide de votre compte Amazon. Si vous ne possédez pas de compte Amazon, vous pouvez en créer un à partir de cet écran.

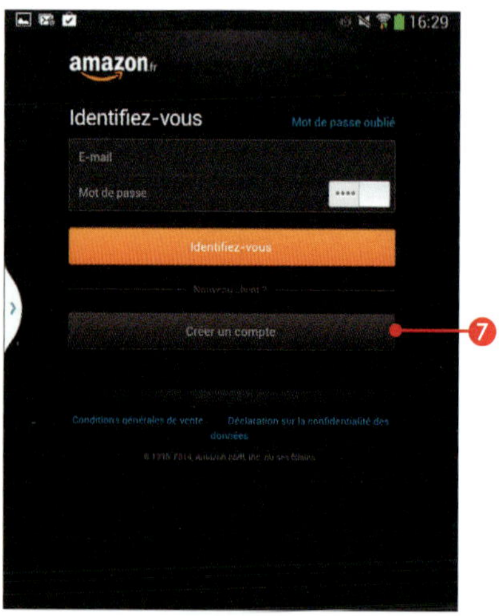

8 Une fois que vous êtes identifié, la bibliothèque s'affiche. Si vous n'avez pas acheté de livre, l'écran est évidemment vide. (L'application Kindle sur votre tablette se synchronise avec les autres applications Kindle que vous possédez peut-être déjà sur d'autres appareils.)

9 Pour acheter des livres, touchez **Boutique**.

10 Vous pouvez aussi acheter sur la boutique Amazon.fr à partir de n'importe quel navigateur Internet et transférer votre achat (ou l'extrait) sur votre Kindle.

⓫ Lorsque vous avez acheté des livres, ceux-ci apparaissent dans la bibliothèque.

⓬ Touchez le livre que vous souhaitez lire.

⓭ Le contenu du livre s'affiche. Vous retrouvez des commandes semblables à celles présentées dans la section précédente.

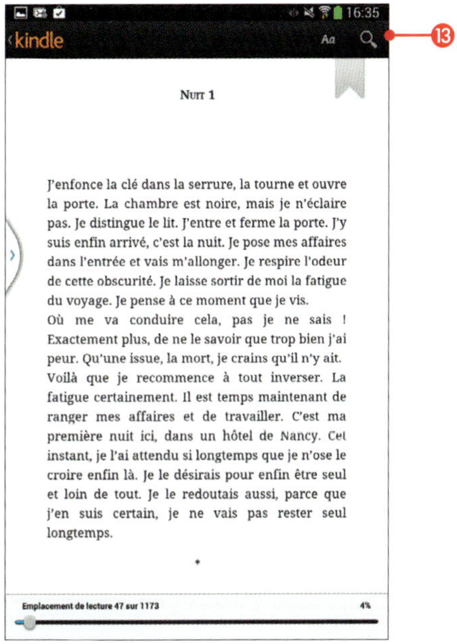

Chapitre 13

Lire des vidéos

Dans ce chapitre :

- À propos de la lecture des vidéos
- Transférer des vidéos à partir d'un PC
- Copier des fichiers à partir d'un Mac
- Convertir un DVD vidéo en fichier
- Ouvrir une vidéo
- Utiliser l'application Lecteur vidéo
- Insérer des favoris dans une vidéo
- Afficher les favoris du Lecteur vidéo
- Acheter ou louer des vidéos
- Utiliser YouTube
- Regarder la télévision
- Installer un lecteur vidéo

Grâce à votre tablette, vous allez pouvoir regarder des vidéos. Pour cela, vous copiez des fichiers vidéo sur votre tablette ou vous achetez des films et des séries TV en ligne.

À propos de la lecture des vidéos

Par défaut, votre tablette permet de lire certains formats de fichiers vidéo (entre autres les formats suivants : MP4, DivX, Xvid ou WMV9).

Si vous possédez un Mac et que vous créez des vidéos, par défaut vous créerez des fichiers au format MOV. Ce format n'est pas pris en charge par l'application Lecteur vidéo fournie avec la tablette. Vous avez la possibilité d'installer un autre lecteur de vidéo sur votre tablette pour la prise en charge de ce format. Pour plus d'informations, consultez la fin de ce chapitre.

Transférer des vidéos à partir d'un PC

Sur votre tablette, vous placez vos vidéos dans le dossier **Movies**.

1. Connectez votre tablette au PC.

2. Dans la fenêtre qui s'affiche sur le PC, cliquez sur **Ouvrir l'appareil mobile pour afficher les fichiers**.

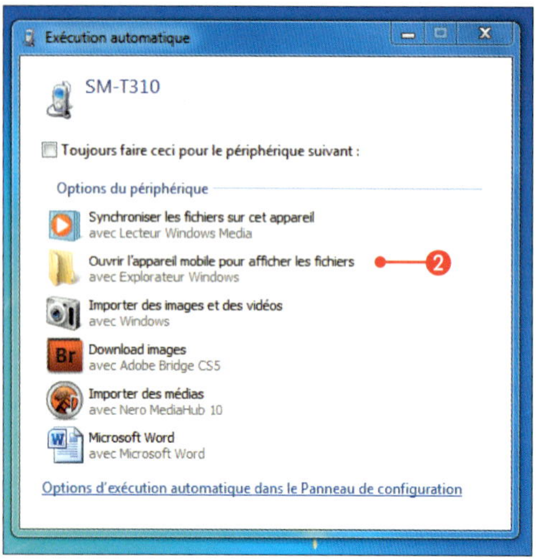

3. Le stockage de votre tablette apparaît dans une fenêtre. Double-cliquez sur l'icône pour afficher le contenu.

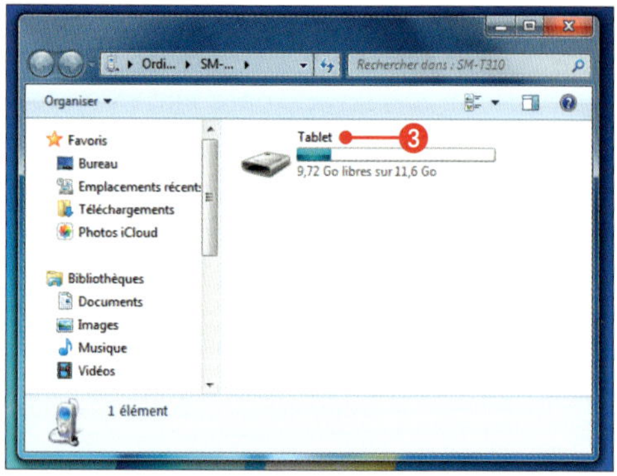

4. Recherchez le dossier Movies, puis double-cliquez dessus pour l'ouvrir.

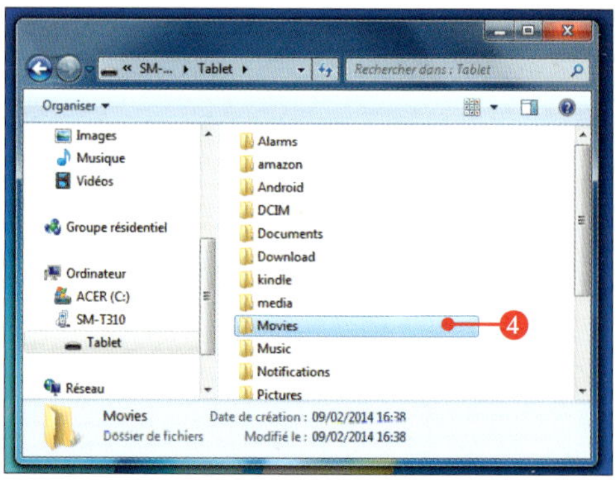

5. Sur votre ordinateur, ouvrez une nouvelle fenêtre de l'Explorateur et affichez les vidéos que vous souhaitez copier.

6 Sélectionnez les fichiers ou les dossiers que vous souhaitez copier sur votre tablette.

7 Utilisez le copier-coller ou le glisser-déposer pour placer les fichiers dans le dossier Movies de votre tablette.

8 Une fenêtre peut vous proposer de convertir les fichiers afin qu'ils soient lisibles sur la tablette. Si vous choisissez de convertir les fichiers au format AVI, vous obtenez des fichiers au format WMV. Toutefois, les fichiers AVI peuvent être lus sur la tablette.

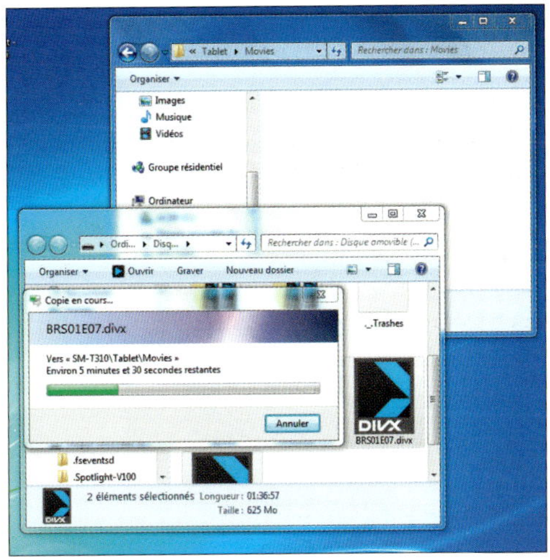

Copier des fichiers à partir d'un Mac

Lorsque vous connectez votre tablette à un Mac, celle-ci n'est pas reconnue comme support de stockage externe et elle ne se monte pas sous la forme d'une icône de disque. Vous devez télécharger l'application Android File Transfer (consultez le Chapitre 17 pour plus d'informations).

1 Connectez votre tablette à votre Mac à l'aide du câble USB.

2 L'application Android File Transfer démarre automatiquement et affiche une fenêtre semblable à celle du Finder.

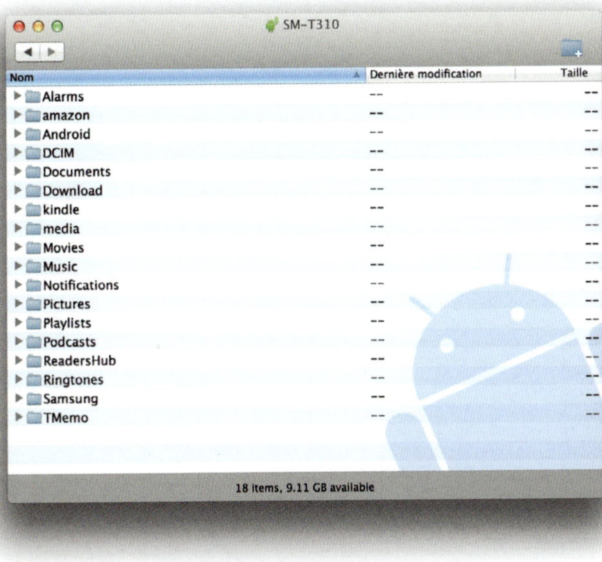

3 Parcourez les dossiers dans la fenêtre Android File Transfer et ouvrez le dossier Movies.

4 À l'aide du Finder, ouvrez le dossier contenant les vidéos que vous souhaitez copier sur votre tablette.

5 Sélectionnez les fichiers ou les dossiers à copier.

6 Faites glisser les éléments à copier sur la fenêtre de l'application Android File Transfer.

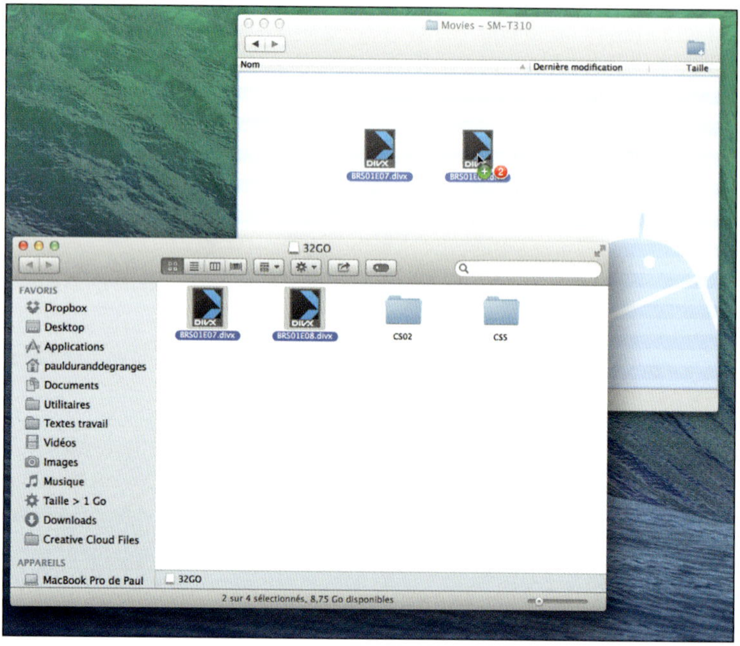

7 Les éléments copiés s'ajoutent au dossier Movies.

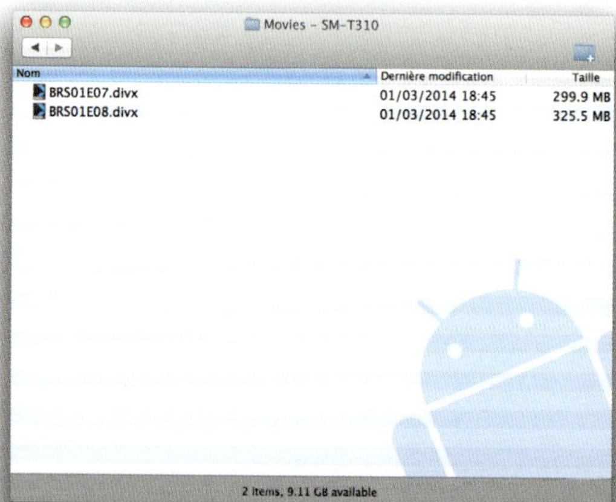

Convertir un DVD vidéo en fichier

Votre tablette ne possède pas de lecteur de DVD. Si vous souhaitez regarder un DVD que vous avez acheté, vous devez commencer par le convertir en fichier au format AVI.

- Si vous utilisez un Mac, vous pouvez télécharger le logiciel HandBrake. Pour plus d'information, consultez le site de l'éditeur à l'adresse `http://handbrake.fr`.
- Si vous utilisez un PC, vous pouvez utiliser un logiciel tel que Fair Use Wizard. Consultez le site de l'éditeur à l'adresse `http://fairusewizard.com/lang_fr`.

Les DVD sont protégés contre la copie. Les logiciels qui permettent de les convertir en fichier AVI utilisent un système qui permet de contourner les protections. Toutefois, cela ne fonctionne pas avec tous les DVD et il se peut que vous ne puissiez pas copier certains disques.

> NOTE
> Avec certains DVD, vous trouvez un code et une adresse Web pour télécharger une version numérique de votre film.

Ouvrir une vidéo

Si vous avez copié des vidéos sur une carte SD ou directement sur la tablette, vous pouvez utiliser l'application Mes fichiers pour ouvrir la vidéo.

❶ Affichez la liste des applications, puis touchez **Mes fichiers**.

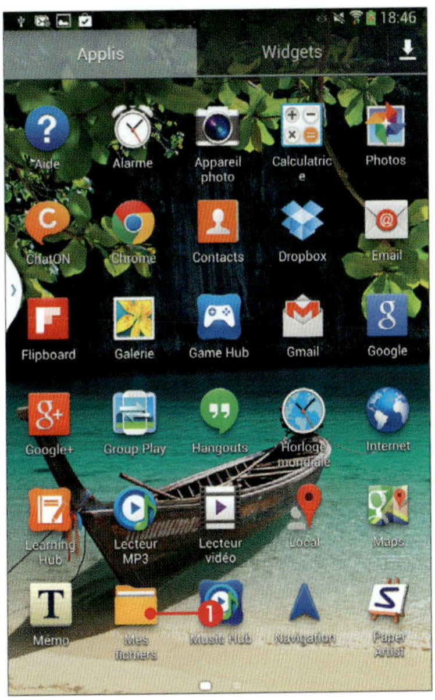

❷ Par défaut, les vidéos se placent dans le dossier Movies. Vous pouvez ouvrir ce dossier pour afficher la liste des vidéos qu'il contient. Si vous avez placé vos fichiers dans un autre dossier ou dans un sous-dossier de Movies, ouvrez le dossier concerné.

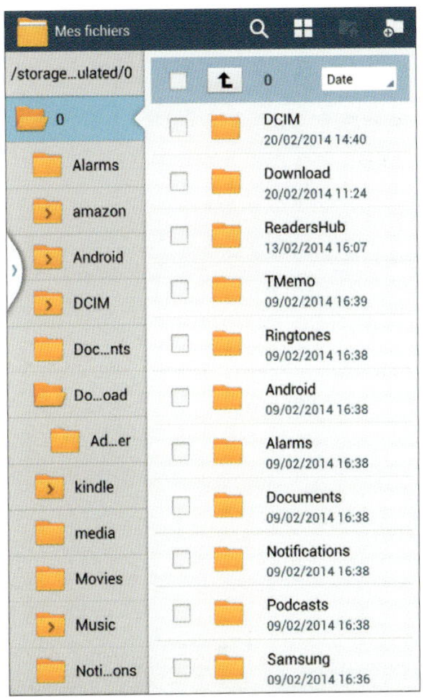

3 Touchez le fichier de la vidéo que vous souhaitez afficher.

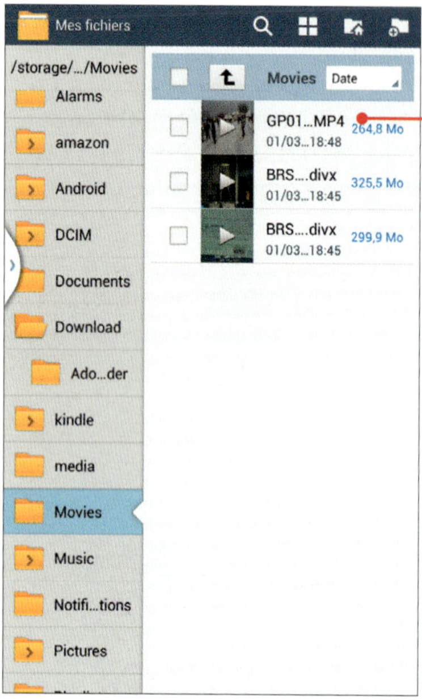

4 Une fenêtre peut s'afficher et vous demander d'indiquer l'application que vous souhaitez utiliser.

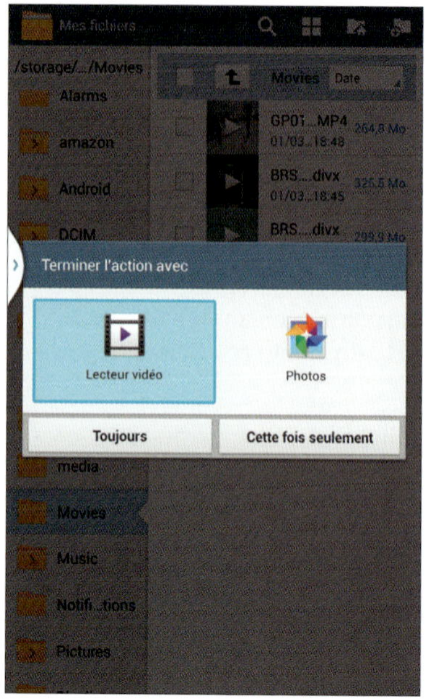

5 La vidéo s'ouvre dans l'application choisie.

Utiliser l'application Lecteur vidéo

1. Affichez la liste des applications, puis touchez **Lecteur vidéo**.

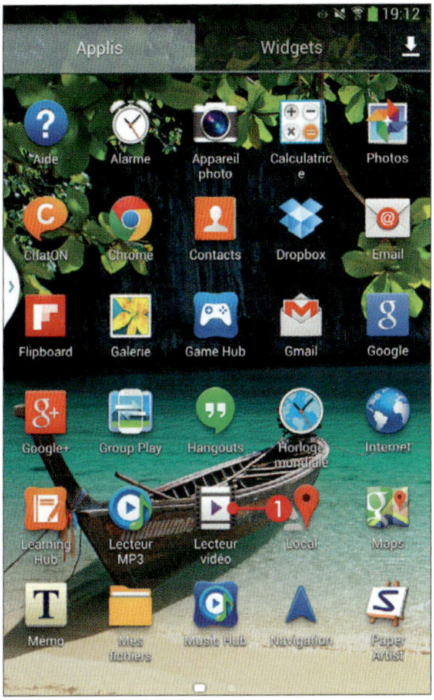

2. La liste des vidéos détectées sur votre tablette s'affiche. Pour afficher une vidéo, touchez-la.

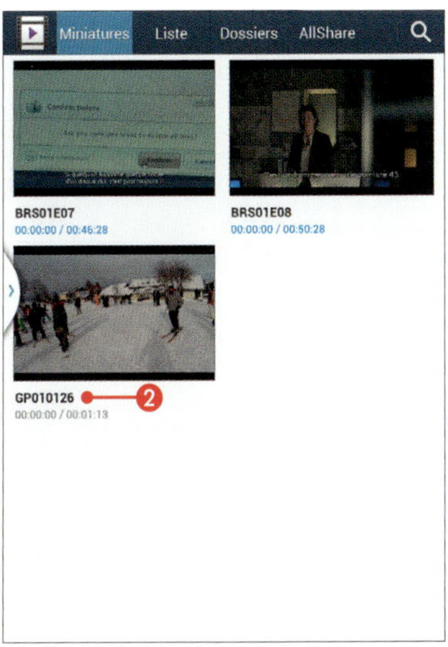

3. La vidéo s'affiche et la lecture démarre automatiquement.

4. Si les contrôles ne sont pas affichés, touchez l'écran pour les faire apparaître.

5. En bas de l'écran, touchez le bouton à gauche pour afficher la vidéo en plein écran.

6. Touchez le haut-parleur en haut de l'écran pour régler le volume sonore.

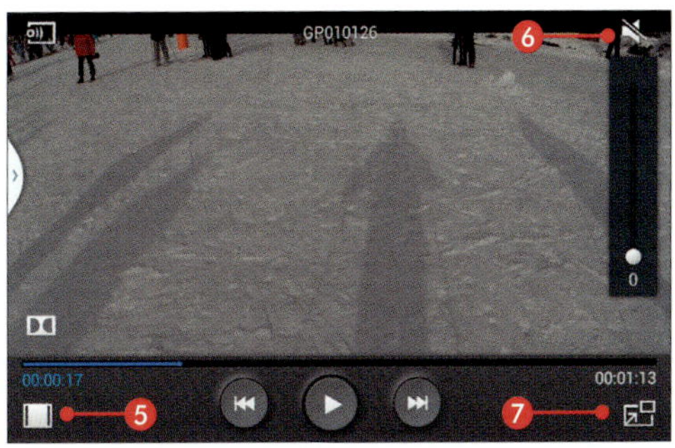

7. En bas de l'écran, touchez le bouton à droite pour afficher la vidéo dans un écran réduit.

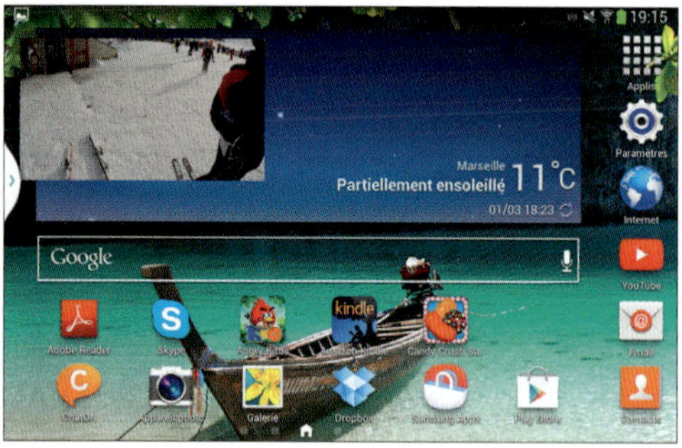

8 Tapez deux fois sur la miniature pour revenir en plein écran.

9 Utilisez les commandes au bas de l'écran pour contrôler la lecture.

10 Touchez le curseur et déplacez-le pour visionner la séquence vidéo à partir d'un point précis.

11 Touchez ce bouton pour revenir au début de la séquence vidéo (touchez de nouveau lorsque vous êtes au début pour aller à la séquence précédente). Touchez et restez appuyé pour démarrer une lecture arrière. Plus vous restez appuyé, plus la vitesse de lecture arrière augmente. Pour arrêter la lecture arrière, touchez de nouveau le bouton.

12 Touchez ce bouton pour mettre en pause ou reprendre la lecture.

13 Touchez ce bouton pour passer à la séquence vidéo suivante. Touchez et restez appuyé pour démarrer une lecture avant accélérée. Plus vous restez appuyé, plus la vitesse de lecture augmente. Pour arrêter la lecture accélérée, touchez de nouveau le bouton.

Acheter ou louer des vidéos

1 Affichez la liste des applications.

2 Touchez **Play Films**.

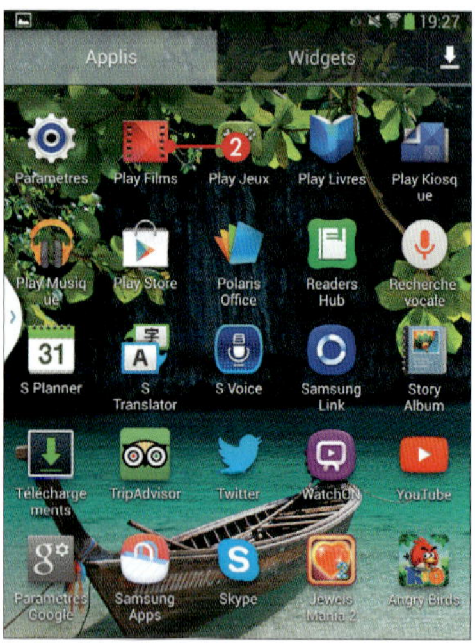

3 Parcourez les différentes pages de présentation des films ou utilisez l'outil de recherche pour trouver un film précis.

4 Touchez le film qui vous intéresse.

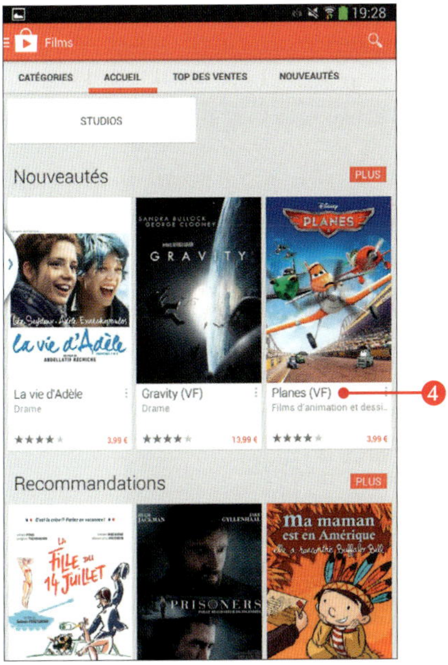

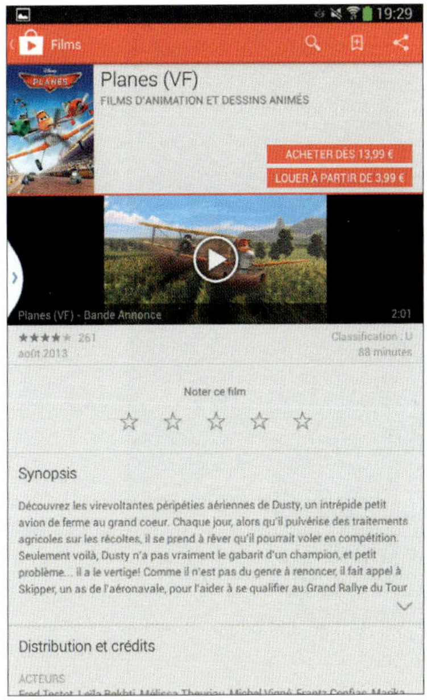

5 La fiche du film apparaît. Les options d'achat ou de location varient en fonction du film.

6 Pour voir un extrait du film, touchez le bouton **Lecture** sur la miniature du film.

7 Touchez le bouton **Louer** ou **Acheter** et suivez les instructions pour effectuer le paiement et obtenir le film.

NOTE : Vous pouvez également utiliser l'application Vidéo Hub qui est la boutique de Samsung équivalente à celle de Google (Play Films).

Utiliser YouTube

Vous utilisez l'application YouTube pour regarder les vidéos postées par les internautes. Vous pouvez aussi partager vos propres vidéos sur Internet grâce à YouTube.

1 Affichez la liste des applications.

2 Touchez **YouTube**.

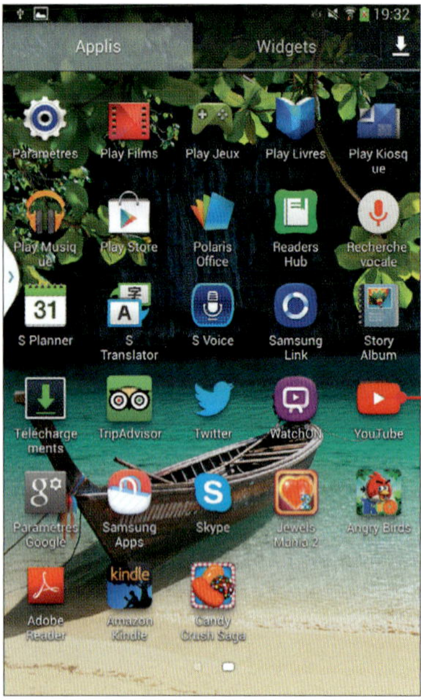

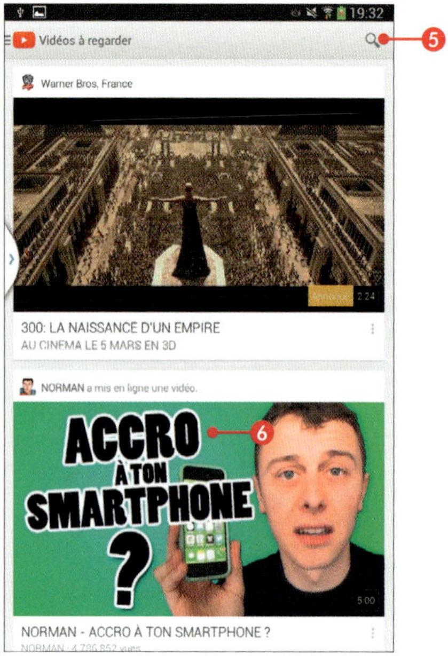

3 Vous êtes automatiquement connecté à l'aide de votre compte Google.

4 Utilisez les différents éléments de la section Sur YouTube pour trouver des vidéos.

5 Parcourez les vidéos proposées ou utilisez l'outil de recherche pour trouver une vidéo sur un thème précis.

6 Touchez la vidéo que vous souhaitez regarder.

7 La vidéo s'affiche et la lecture démarre.

8 Pour mettre en pause la vidéo, touchez la vidéo pour faire apparaître le bouton **Pause/Lecture**.

9 Pour afficher la vidéo en plein écran, touchez le bouton en bas à droite de la vidéo.

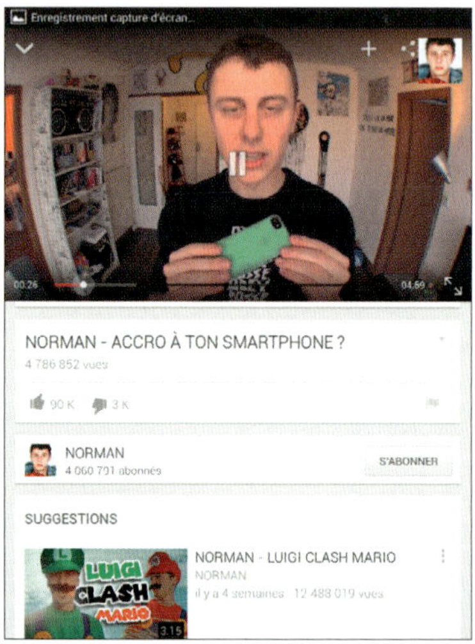

Regarder la télévision

Vous pouvez utiliser votre tablette pour regarder des programmes TV, soit en direct, soit en « télévision de rattrapage ».

Utilisez l'application Play Store pour rechercher une éventuelle application proposée par la chaîne. Par exemple, si vous recherchez **France Télévisions**, vous trouvez l'application **Francetv pluzz**, qui permet de revoir certains programmes, mais aussi d'accéder au direct.

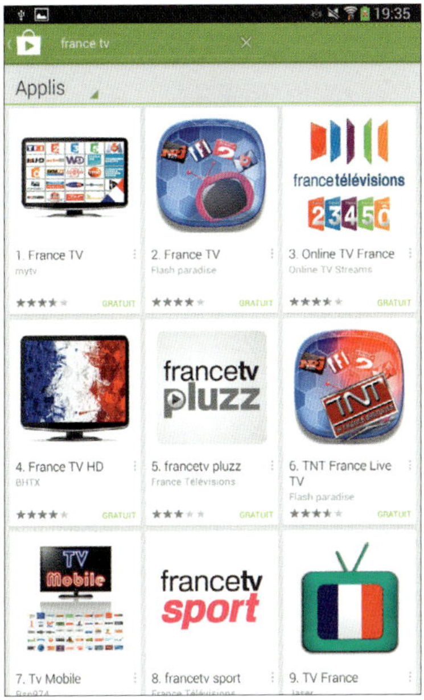

Installer un lecteur vidéo

Pour lire un plus grand nombre de formats et pour avoir accès à plus de possibilités, vous pouvez télécharger un lecteur vidéo pour remplacer celui proposé par défaut.

Vous pouvez par exemple installer le lecteur MX Player, mais il en existe d'autres tout aussi performants.

Chapitre 14

Photographier et filmer

Dans ce chapitre :

- Découvrir l'application Appareil photo
- Prendre une photo
- Appliquer des effets
- Filmer avec l'application Appareil photo
- Utiliser la barre d'outils en mode vidéo
- Afficher les photos et les vidéos

Votre tablette est équipée d'une caméra frontale que vous pouvez utiliser pour vous prendre en photo ainsi qu'une d'une caméra à l'arrière que vous utilisez pour prendre des photos de qualité. Les deux caméras peuvent aussi s'utiliser pour filmer des séquences vidéo.

Découvrir l'application Appareil photo

❶ Affichez la liste des applications.

❷ Touchez **Appareil photo**.

❸ L'application Appareil photo s'ouvre.

❹ Touchez ⚙ pour ouvrir le menu des paramètres de l'application.

❺ Touchez AF pour ouvrir un menu permettant d'indiquer si vous utilisez le mode Auto focus ou le mode Macro.

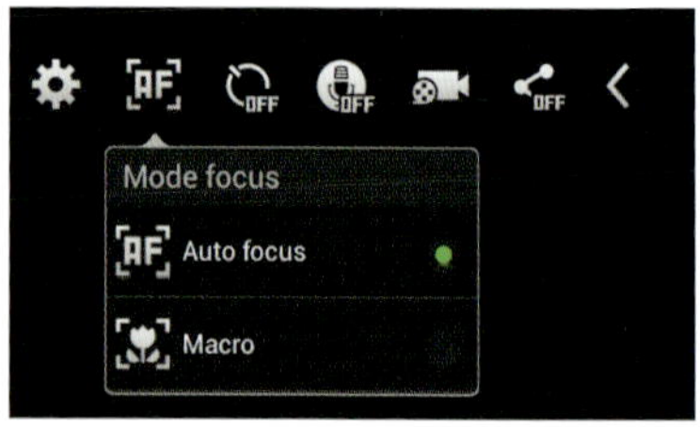

❻ Touchez ⏲ pour ouvrir un menu permettant de configurer la durée avant le déclenchement de la prise de vues.

❼ Touchez 🎙 pour activer ou désactiver le contrôle vocal. La première fois que vous activez la fonction, un écran peut s'afficher pour vous demander d'activer le contrôle vocal sur votre tablette. Par la suite, vous touchez ce bouton pour activer/désactiver le contrôle vocal de l'appareil photo. Lorsque vous activez le contrôle vocal, une fenêtre s'affiche et vous rappelle les commandes que vous pouvez dicter à la tablette.

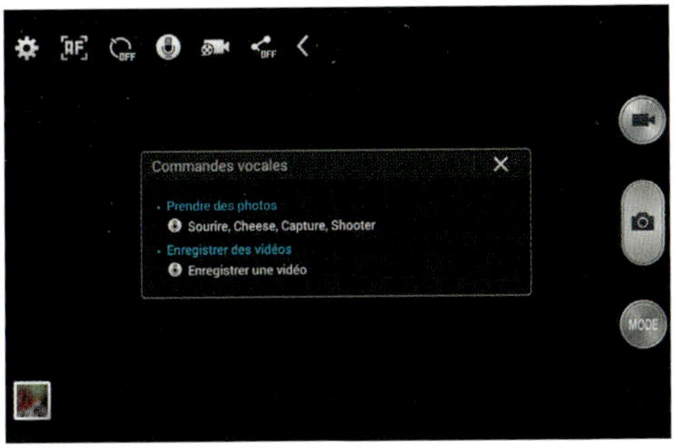

8 Touchez pour indiquer si vous souhaitez enregistrer des fichiers vidéo de taille normale ou dont la taille est conçue pour les e-mails.

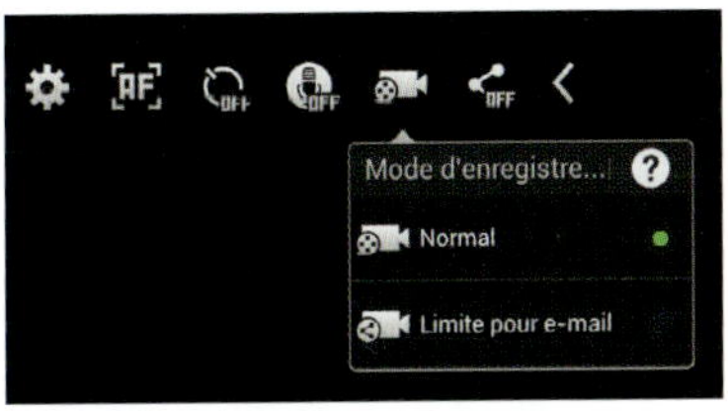

9 Touchez pour activer un mode de partage.

10 Touchez **Mode** pour afficher une série de préréglages pour prendre vos photos et vos vidéos.

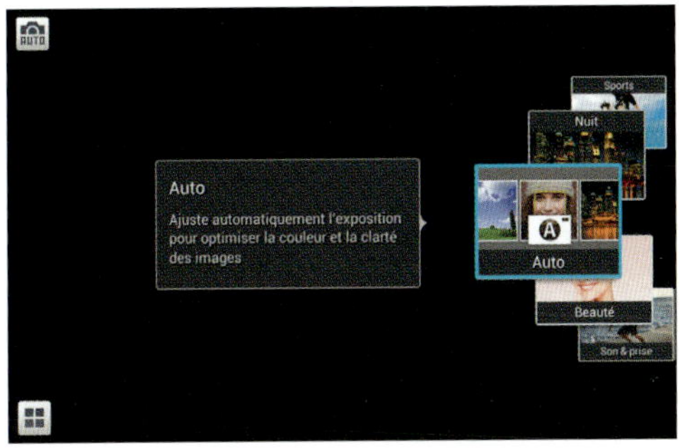

11 Touchez la miniature de la photo, en bas à gauche, pour afficher l'image dans l'application Galerie.

12 Touchez pour passer du capteur arrière au capteur avant.

13 Touchez le bouton avec une icône d'appareil photo pour prendre la photo.

14 Touchez le bouton avec une icône de caméra pour démarrer l'enregistrement du film.

15 Lorsque vous enregistrez une vidéo, des boutons Stop et Pause apparaissent. Utilisez **Pause** pour arrêter de filmer temporairement. Utilisez **Stop** pour mettre fin à la vidéo.

NOTE

L'application Appareil photo s'arrête automatiquement au bout de quelques instants si vous ne l'utilisez pas.

Prendre une photo

1 Affichez la liste des applications.

2 Touchez **Appareil photo**.

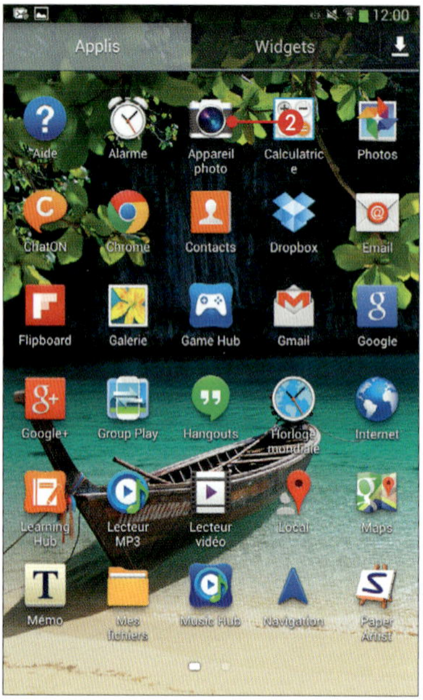

3 L'application Appareil photo s'ouvre.

4 Pointez le capteur de l'appareil photo vers le sujet.

5 Touchez l'endroit sur lequel vous souhaitez effectuer la mise au point. Le carré de mise au point se déplace et lorsque la mise au point est effectuée, le cadre devient vert.

6 Si vous souhaitez faire un zoom, écartez deux doigts sur l'emplacement à zoomer. Pincer pour réduire le facteur de zoom. Vous pouvez également utiliser les boutons de volume pour effectuer un zoom avant et arrière.

7 Touchez le pour prendre la photo.

8 La photo apparaît en bas à gauche dans la miniature.

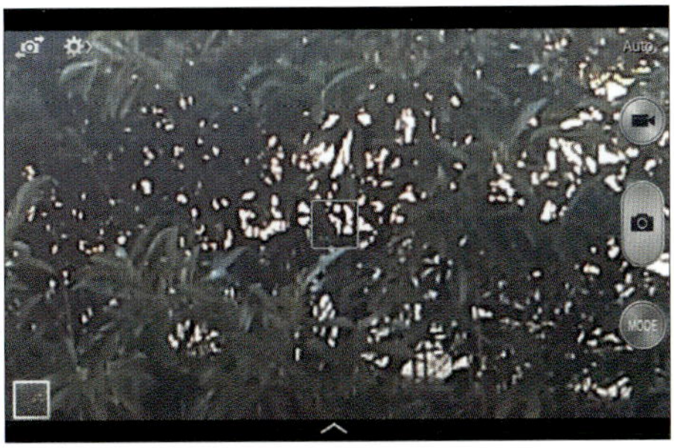

NOTE

Vous pouvez également utiliser les boutons de volume pour modifier le zoom sur la photo.

Appliquer des réglages

1. Suivez la tâche précédente pour prendre une photo.

2. Avant d'appuyer sur le déclencheur, utilisez les boutons en haut de l'écran pour appliquer des effets. Vous trouvez une présentation des réglages dans la première section de ce chapitre.

3. Par exemple, touchez le bouton **Retardateur** pour programmer le déclenchement.

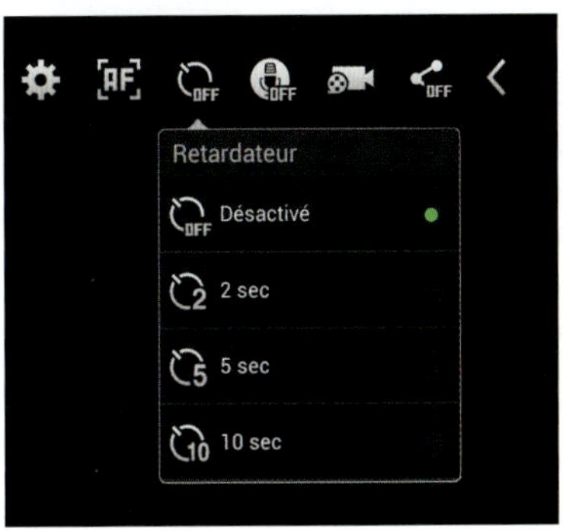

4. Pour prendre une photo panoramique, touchez le bouton **Mode**, puis choisissez **Panorama**.

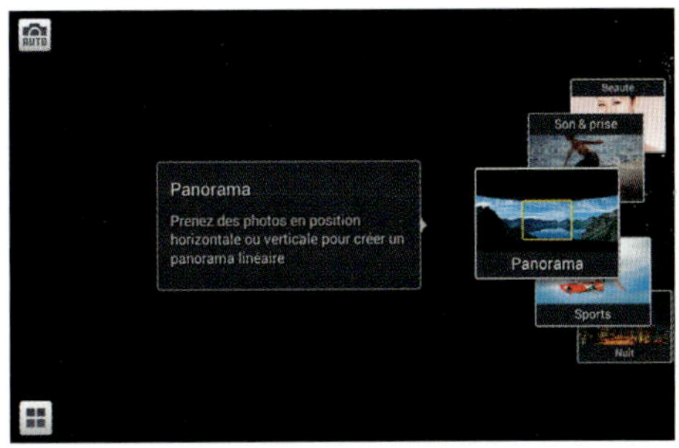

5. Appuyez sur le déclencheur puis déplacez votre appareil photo pour prendre la photo panoramique. Des flèches vous guident au départ, puis vous voyez la photo panoramique s'assembler dans le rectangle au bas de l'écran.

6. Pour arrêter de prendre la photo panoramique (avant d'atteindre la fin de la zone), appuyez de nouveau sur le déclencheur.

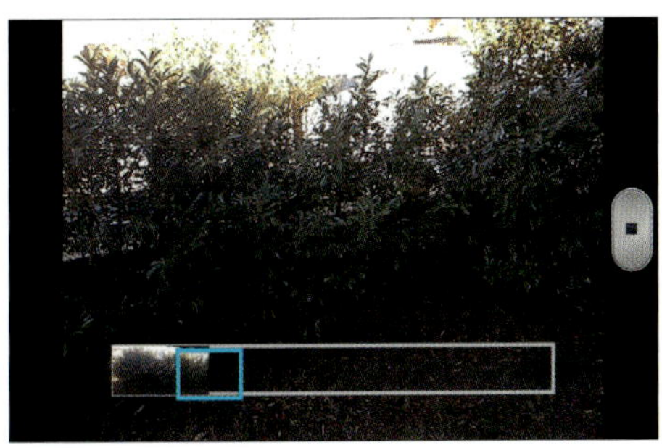

Filmer avec l'application Appareil photo

❶ Affichez la liste des applications.

❷ Touchez **Appareil photo**.

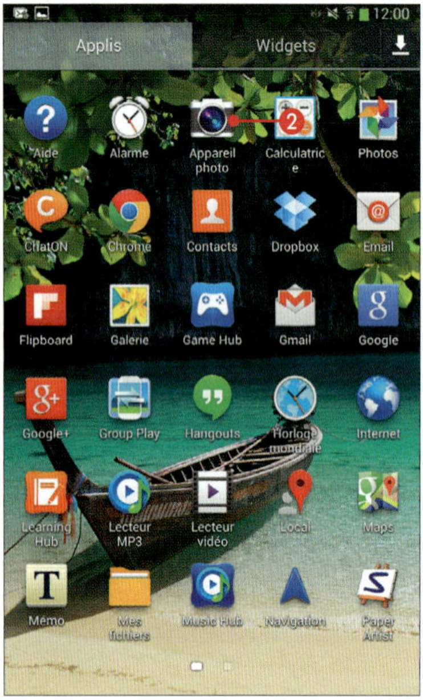

❸ L'application Appareil photo s'ouvre.

❹ Pointez le capteur de la caméra vers le sujet.

❺ Touchez pour démarrer l'enregistrement.

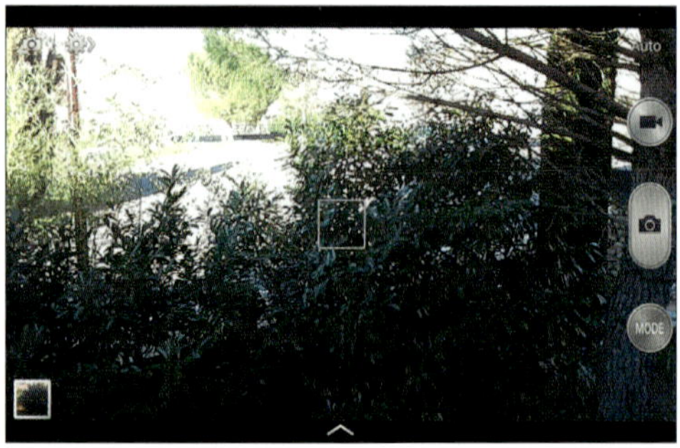

❻ Pour mettre en pause l'enregistrement, touchez .

❼ Pour arrêter l'enregistrement, touchez .

Pendant que vous filmez, vous pouvez utiliser le zoom (le plus simple reste de se servir des boutons de volume) ou taper la zone de l'écran sur laquelle vous souhaitez effectuer la mise au point.

Afficher les photos et les vidéos

1 Une fois que vous avez pris votre photo ou que vous avez filmé une séquence vidéo, touchez la miniature en bas à gauche de l'écran.

2 L'application Galerie s'ouvre et affiche la photo ou la vidéo. S'il s'agit d'une vidéo, touchez **Lecture**.

3 Pour faire apparaître les outils, touchez l'écran.

4 Vous pouvez afficher les autres photos ou vidéos que vous avez réalisées en faisant glisser votre doigt vers la droite ou la gauche ou en utilisant les miniatures au bas de l'écran.

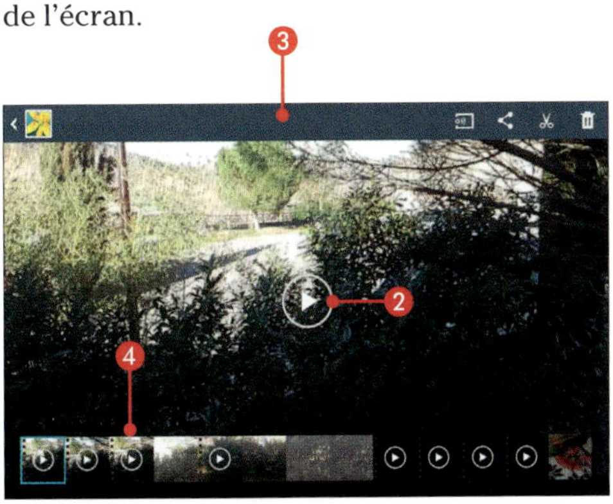

5 Pour supprimer une photo, touchez la corbeille, puis confirmez la suppression.

6 Touchez le bouton de retour, en haut à gauche pour revenir d'un niveau dans l'application Galerie.

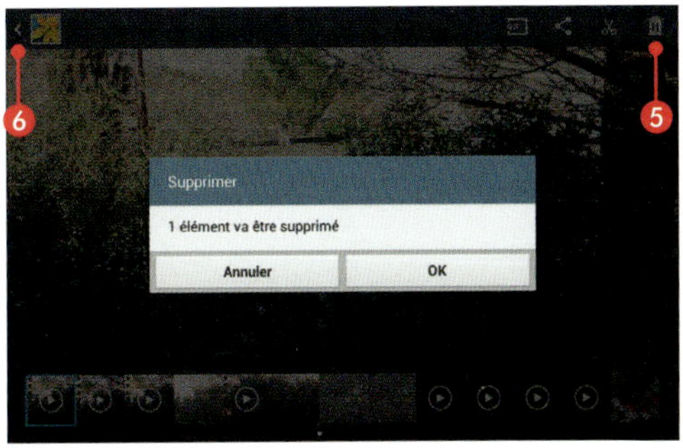

7 Pour retourner dans l'application Appareil photo, touchez l'icône de l'appareil photo dans la barre d'outils en haut de l'écran.

NOTE

Pour afficher l'application Galerie, vous pouvez également toucher son icône à partir de l'écran d'accueil ou de la liste des applications

Chapitre 15

Utiliser Facebook

Dans ce chapitre :

- Créer un compte Facebook
- Modifier les paramètres de synchronisation de Facebook
- Supprimer un compte Facebook
- L'interface de Facebook
- Réagir à une publication
- Publier un statut
- Publier une photo
- Publier un lieu
- Partager des informations avec d'autres applications

Facebook est presque devenu un outil indispensable pour rester en contact avec ses amis en publiant des messages qui contiennent, par exemple, des photos ou des liens vers des pages Web.

Créer un compte Facebook

Pour pouvoir profiter de l'intégration de Facebook dans certaines applications, vous devez renseigner les informations concernant votre compte Facebook.

1. Affichez la liste des applications puis touchez **Paramètres** (ou touchez **Paramètres** dans le volet des notifications).

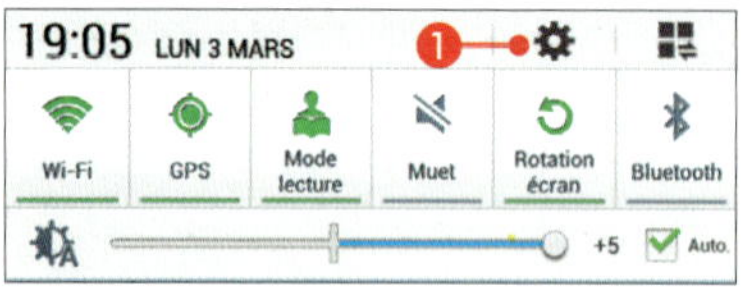

2. Dans la section Comptes, touchez **Ajouter un compte**.

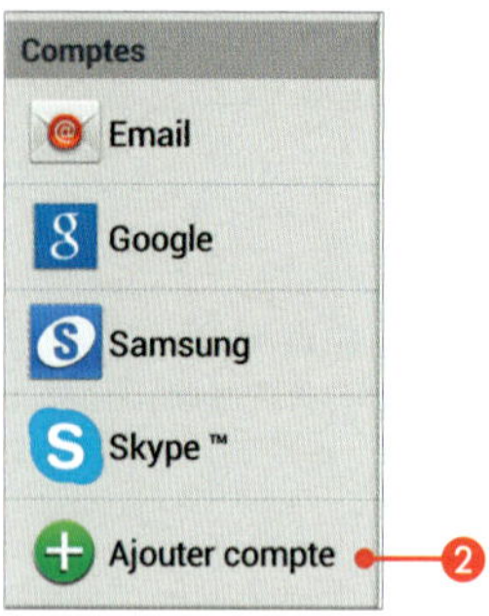

3. Dans la fenêtre qui apparaît, touchez **Sync. applis ac Facebook**.

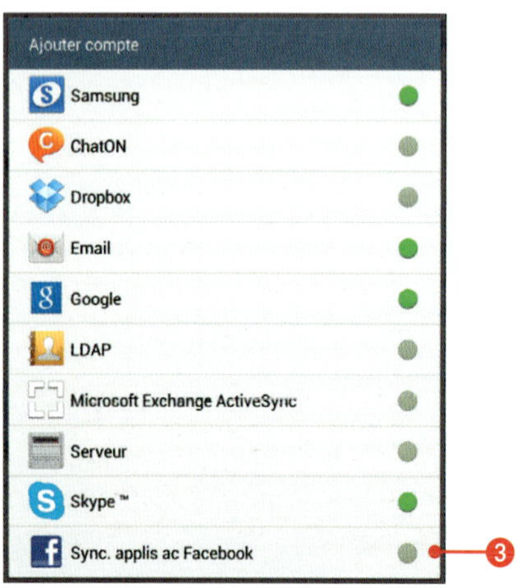

4. Si Facebook n'est pas installé sur votre tablette, le rectangle jaune dans la partie supérieure de l'écran vous permet d'accéder à la page de téléchargement de Facebook sur Play Store. Vous pourrez installer Facebook par la suite.

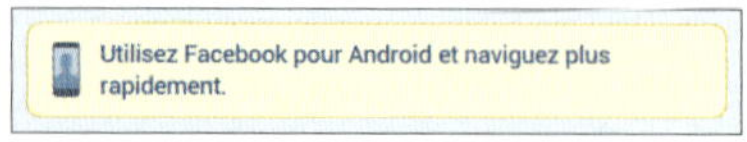

5. Saisissez vos identifiants de connexion à Facebook, puis touchez **Connexion**.

6. Si vous ne possédez pas de compte Facebook, touchez le lien **Créer un compte**, au bas de l'écran, puis suivez les instructions données dans les écrans qui s'affichent.

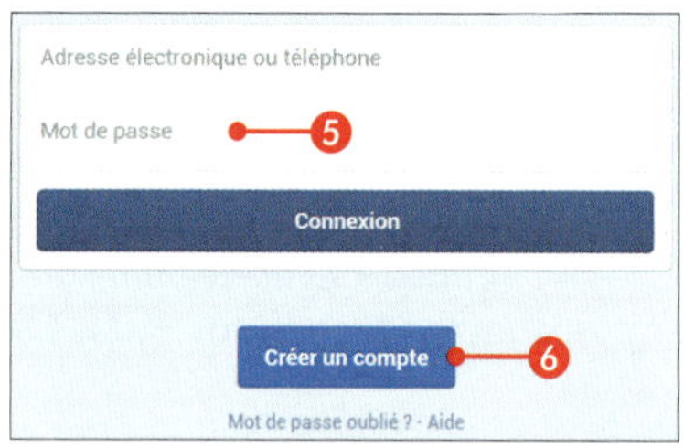

7. Un écran s'affiche et vous indique que l'application Samsung Galaxy va accéder à des informations de votre compte Facebook. Touchez **OK** pour continuer la configuration de votre compte.

8 Dans l'écran suivant, touchez **OK** pour autoriser l'application Galaxy à publier en votre nom sur votre compte Facebook.

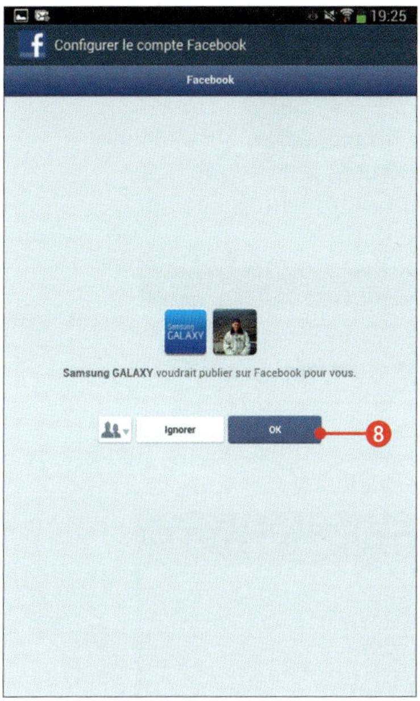

9 Dans le nouvel écran qui s'affiche, indiquez les éléments que vous souhaitez synchroniser.

- **Synchroniser le calendrier**. Cochez cette case pour placer automatiquement dans le calendrier de la tablette les événements Facebook. Décochez cette case pour éviter la synchronisation de ces événements.
- **Synchroniser Galerie**. Cochez cette case pour que toutes les photos de Facebook soient synchronisées avec l'application Galerie de votre tablette.

10 Une fois que vous avez fait votre choix, touchez **OK**.

11 La configuration de votre compte Facebook est terminée, vous revenez à l'écran Paramètres de votre tablette.

> NOTE
> La tablette prend en charge un seul compte Facebook. Si vous possédez plusieurs comptes, vous pouvez y accéder à l'aide de votre navigateur Web.

Modifier les paramètres de synchronisation de Facebook

1 Affichez la liste des applications puis touchez **Paramètres** (ou touchez **Paramètres** dans le volet des notifications).

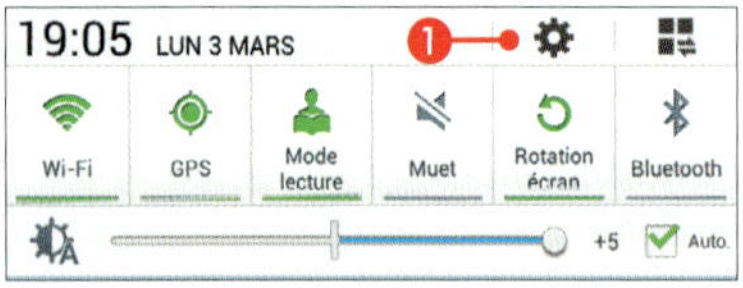

2 Dans la section Comptes, touchez **Sync. applis ac Facebook**.

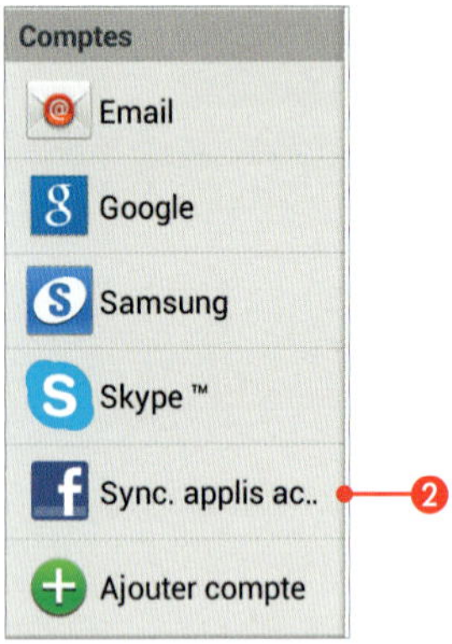

3 Dans le volet de droite, touchez le nom de votre compte Facebook pour afficher les éléments à synchroniser.

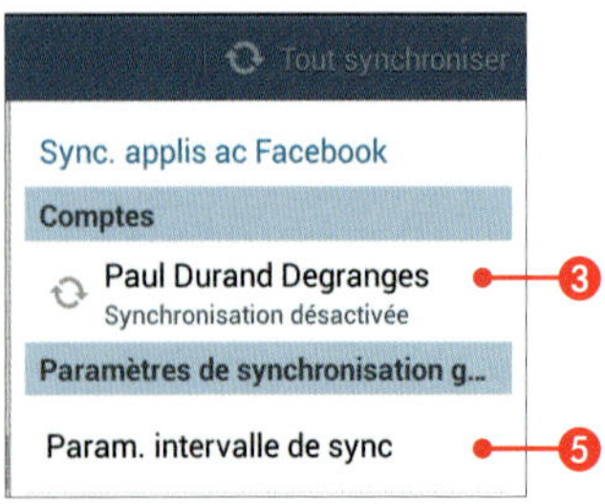

4 Touchez l'élément souhaité pour le cocher ou le décocher.

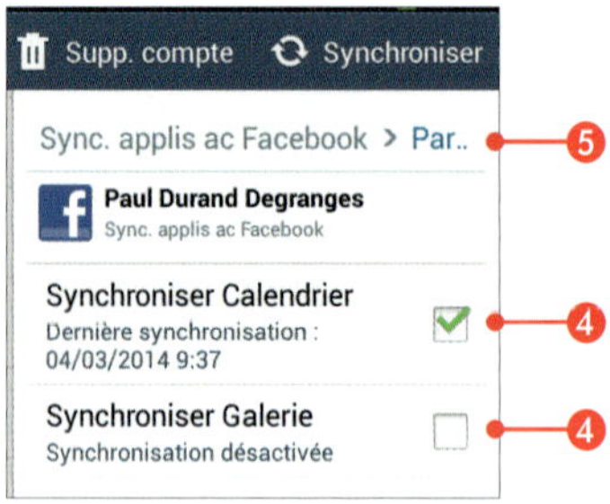

5 Revenez à l'écran précédent en touchant **Sync. applis ac Facebook** au-dessus du nom de votre compte, puis touchez **Param. intervalle de synchronisation**.

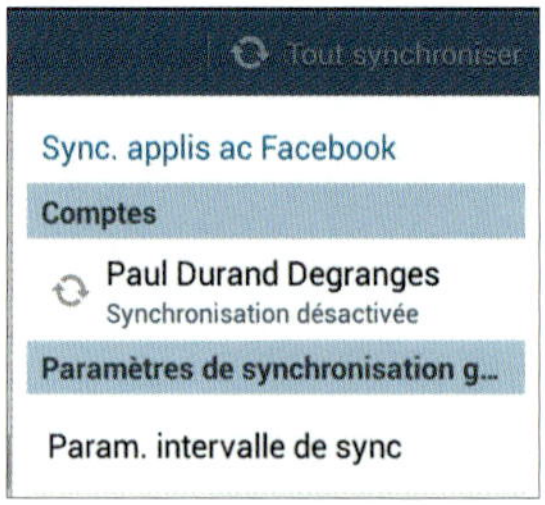

6 Dans le nouvel écran qui s'affiche, touchez l'élément pour lequel vous souhaitez modifier l'intervalle de synchronisation.

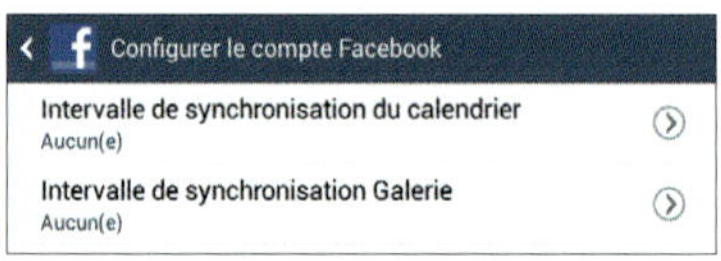

7 Dans la fenêtre qui s'affiche, touchez le nouvel intervalle.

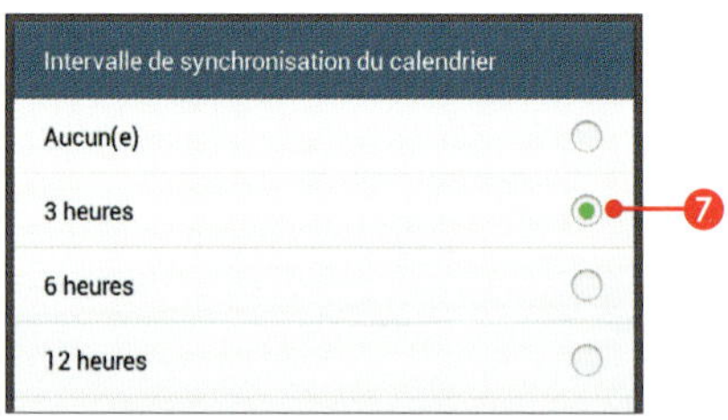

Supprimer un compte Facebook

❶ Affichez la liste des applications puis touchez **Paramètres** (ou touchez **Paramètres** dans le volet des notifications).

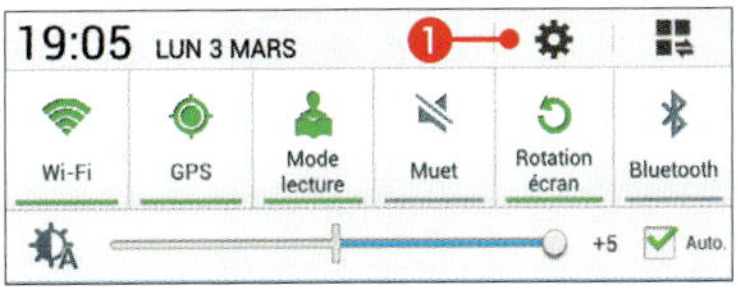

❷ Dans la section Comptes, touchez **Sync. applis ac Facebook**.

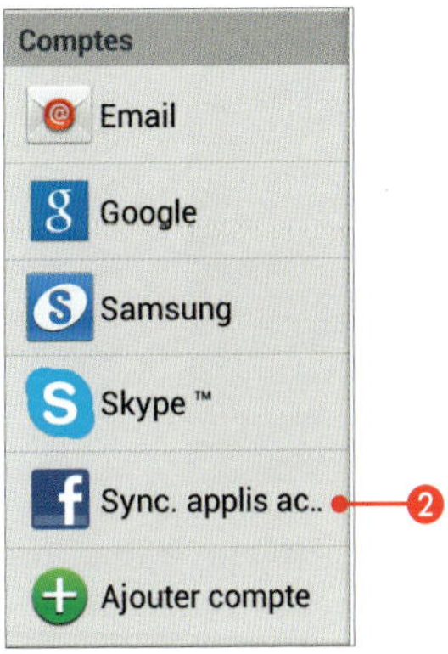

❸ Dans la fenêtre qui apparaît, touchez le nom de votre compte Facebook pour afficher les éléments à synchroniser.

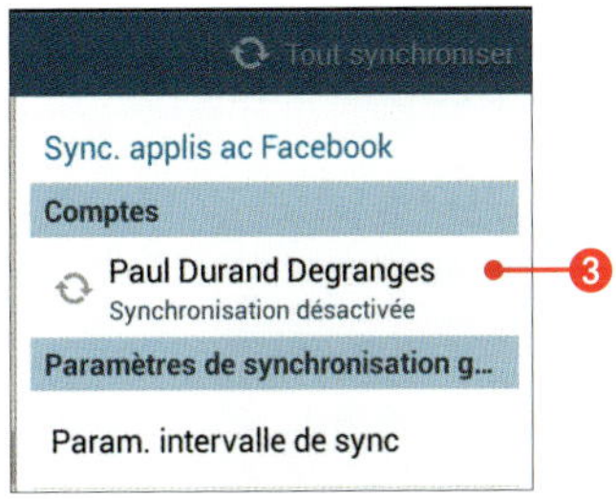

❹ Touchez **Supp. compte** pour supprimer le compte Facebook.

L'interface de Facebook

Si vous ne trouvez pas l'icône Facebook, c'est que vous n'avez pas installé l'application. Utilisez Play Store pour la télécharger.

❶ Affichez la liste des applications puis touchez **Facebook**.

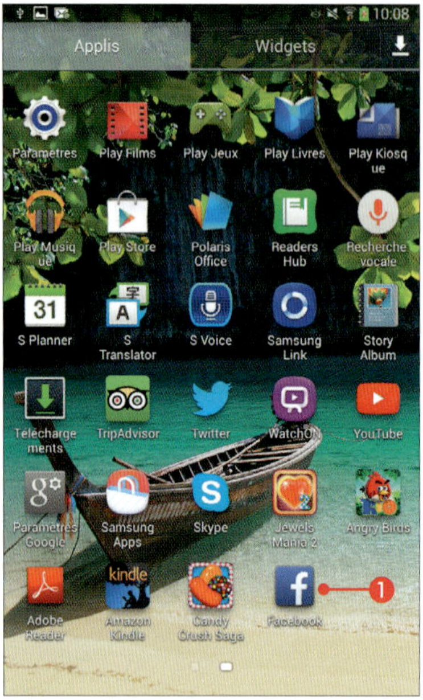

❷ Lors du premier démarrage, vous devez saisir vos identifiants. Si vous n'avez pas de compte, touchez **S'inscrire sur Facebook** au bas de la page.

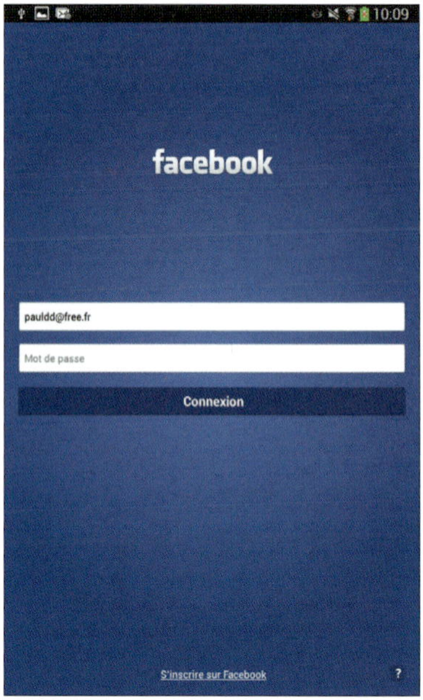

❸ La page Fil d'actualité s'affiche. Faites défiler le contenu pour parcourir la totalité des actualités des personnes et des pages que vous suivez.

❹ Touchez [icône] pour afficher un volet sur le côté gauche permettant d'accéder à différentes rubriques. Pour refermer le volet, touchez de nouveau le bouton.

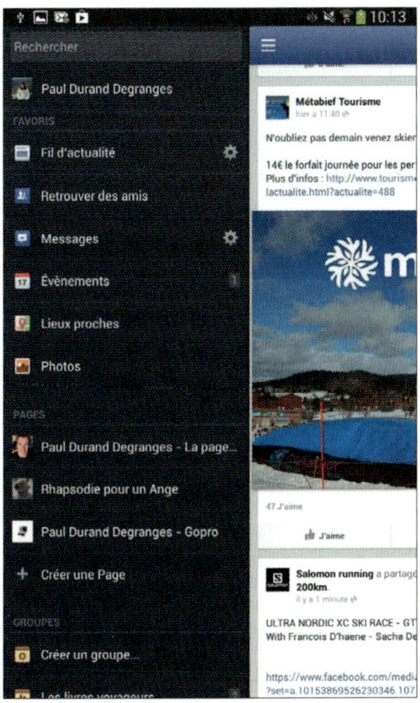

❺ Touchez [icône] pour afficher la liste de vos amis. Vous pouvez alors en sélectionner un pour lui envoyer un message privé (seul votre ami pourra le lire, il ne sera pas publié sur votre mur).

❻ Touchez [icône] pour afficher la liste des invitations que vous avez reçues (lorsqu'une personne vous demande d'être ami avec elle).

❼ Touchez [icône] pour afficher la liste des conversations privées que vous pouvez avoir avec vos amis.

❽ Touchez [icône] pour afficher les notifications envoyées par Facebook (par exemple, un de vos amis à publié une nouvelle photo).

Réagir à une publication

1. Lorsque vous consultez les publications des autres personnes ou des pages, des boutons permettent d'intervenir.

2. Touchez **J'aime**, pour indiquer que vous aimez le statut qui a été publié.

3. Touchez **Commenter** pour laisser un commentaire à propos du statut.

4. Touchez **Publier**, pour publier ce statut sur votre mur (le partager avec vos amis).

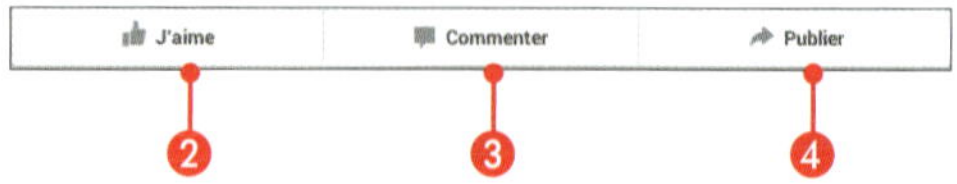

Publier un statut

1. Touchez **Statut**.

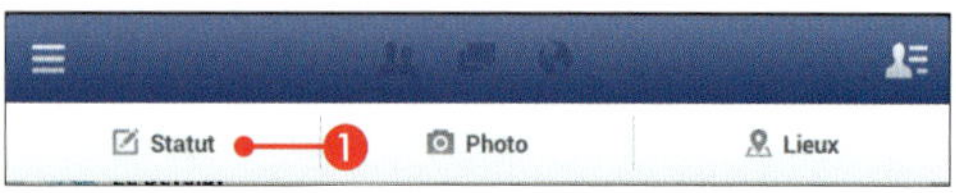

2. Saisissez le texte que vous souhaitez.

3. Pour indiquer que vous êtes avec une personne (l'un de vos amis) en particulier, touchez .

4. Pour indiquer le lieu où vous vous trouvez, touchez .

5. Pour ajouter une photo, touchez .

6. Pour indiquer qui peut voir votre statut, touchez .

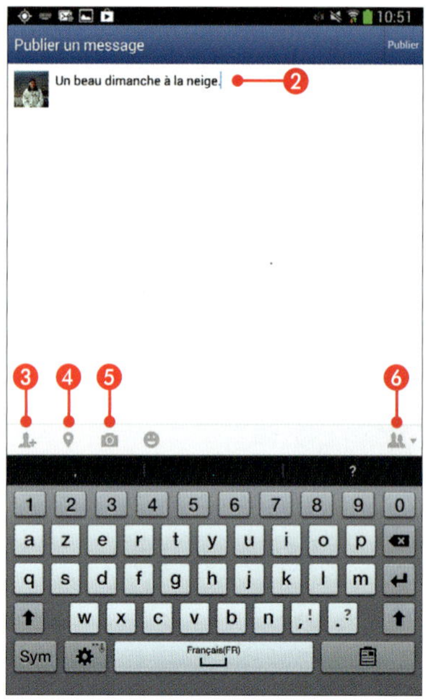

7. Choisissez qui peut voir votre statut.

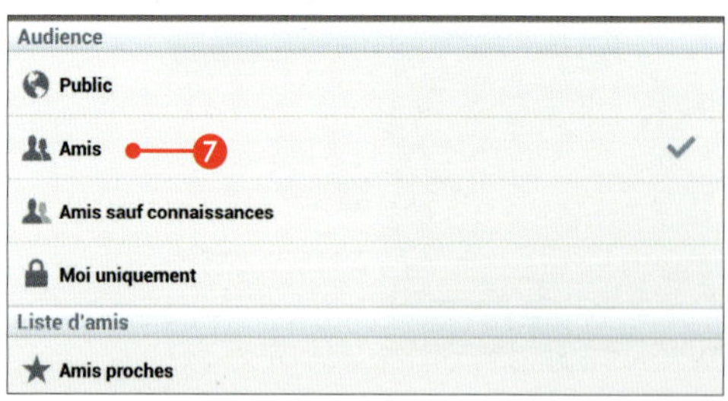

8 Lorsque vous avez terminé, touchez **Publier**.

> Consultez les sections suivantes sur la publication d'une photo et d'un lieu pour plus d'informations sur la manière d'ajouter une photo ou un lieu dans un statut. En effet, quel que soit le bouton que vous utilisez (Statut, Photo ou Lieux), vous retrouvez des procédures similaires.

Publier une photo

1 Touchez **Photo**.

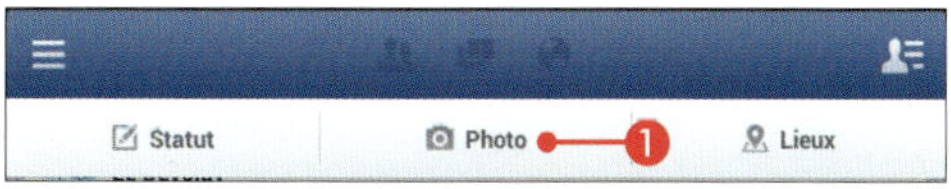

2 Les photos et les vidéos de votre galerie s'affichent.

3 Touchez la coche de la photo que vous souhaitez publier. Vous avez la possibilité de sélectionner plusieurs photos.

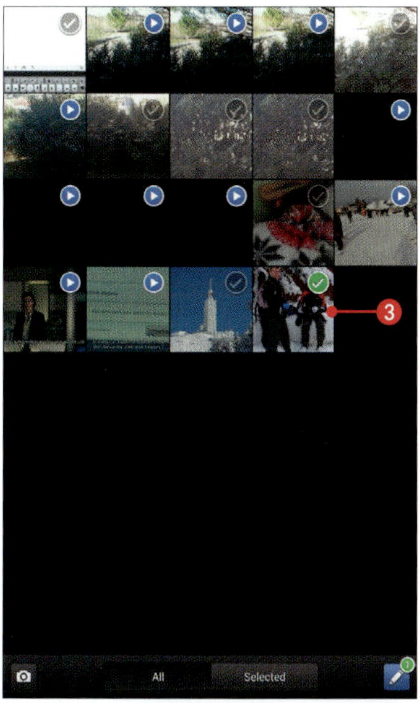

4 Si vous souhaitez identifier une personne sur la photo, touchez la photo pour l'afficher. Touchez ensuite le visage, pour faire apparaître une zone de saisie.

5 Saisissez le nom de la personne, puis touchez la proposition correspondante dans la liste qui s'affiche.

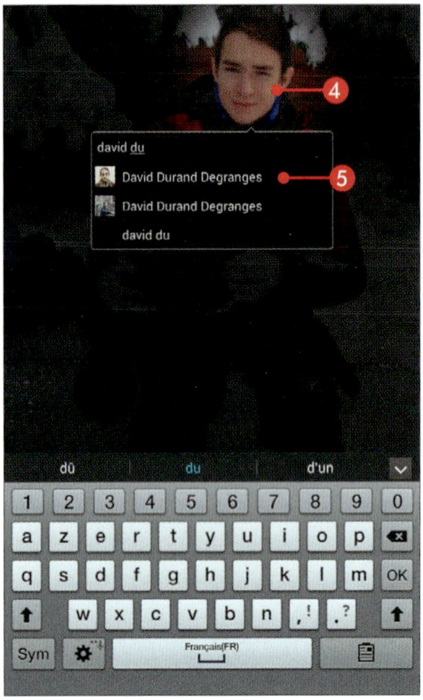

❻ Le nom apparaît sur la photo. Pour supprimer une identification, touchez **X** en regard du nom de la personne.

❼ Pour revenir aux photos de la galerie, touchez ▦.

❽ Pour modifier l'orientation de la photo, touchez ↺.

❾ Pour ajouter un commentaire à la photo, touchez ✎.

❿ Saisissez votre commentaire.

⓫ Notez que vous pouvez ajouter des photos et indiquer votre position géographique. Consultez la section précédente pour plus d'informations sur la publication d'un statut.

⓬ Lorsque vous avez terminé, touchez **Publier**.

Publier un lieu

❶ Touchez **Lieux**.

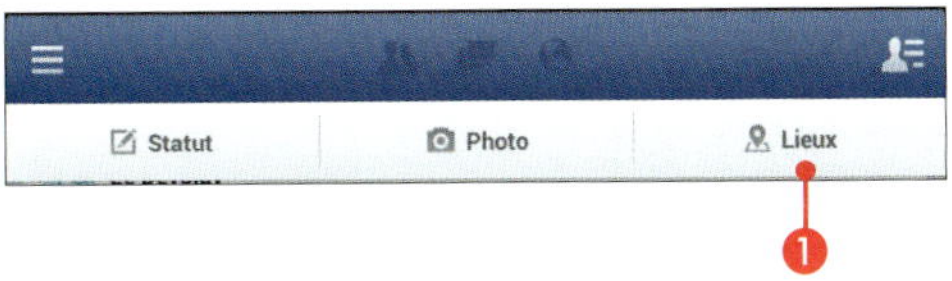

❷ Le point bleu sur le plan indique votre emplacement.

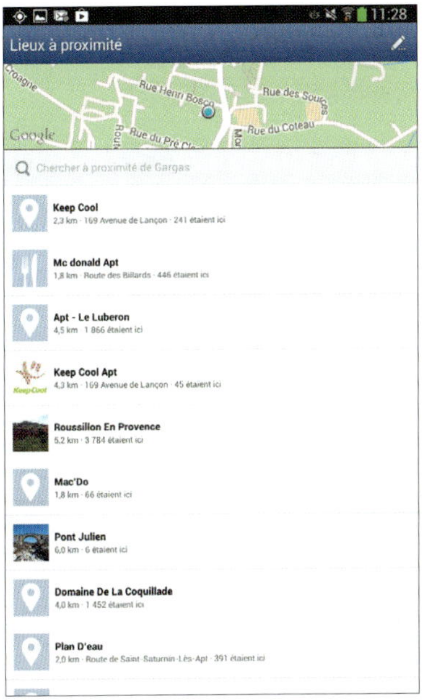

❸ Saisissez un nom de lieu pour indiquer où vous vous trouvez (le nom de la ville, le nom d'un magasin, d'un restaurant, d'un musée, *etc.*)

❹ Dans la liste qui s'affiche, touchez le lieu que vous souhaitez utiliser. Si le nom saisi n'apparaît pas, essayez avec un autre nom, proche de votre emplacement.

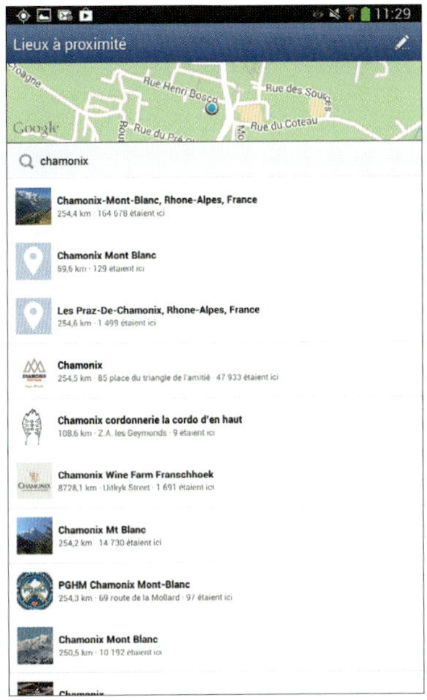

❺ Une fenêtre de statut s'affiche et vous trouvez le lieu que vous avez indiqué à l'Étape 4.

❻ Le point d'insertion est placé avant le lieu. Vous pouvez saisir un statut comme montré précédemment.

❼ Utilisez les boutons au bas de l'écran pour désigner des personnes qui se trouvent avec vous, pour insérer des photos et pour indiquer qui peut consulter votre statut.

Partager des informations avec d'autres applications

De nombreuses applications offrent la possibilité de partager des informations en utilisant Facebook. Voici deux exemples.

❶ Lorsque vous naviguez sur Internet et que vous trouvez une page que vous souhaitez partager sur Facebook, ouvrez le menu puis touchez **Partager page**.

❷ Dans la fenêtre qui s'affiche, touchez **Facebook**.

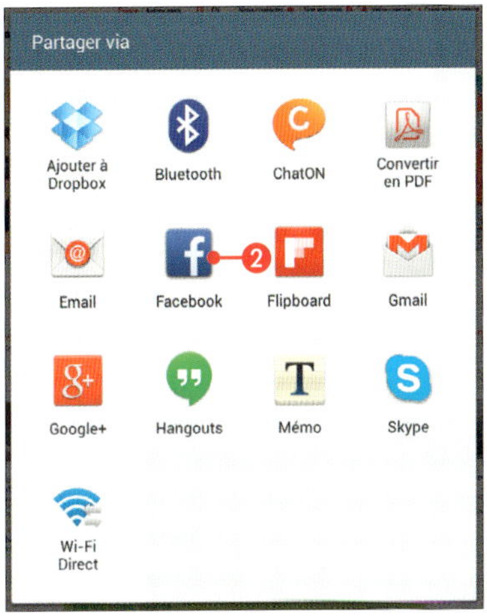

❸ Une fenêtre de statut s'ouvre dans l'application Facebook avec votre lien.

❹ Saisissez le statut, puis touchez **Partager**.

❺ Pour envoyer une photo que vous affichez dans Galerie, touchez le bouton **Partager** ( ).

❻ Dans la fenêtre qui s'affiche, touchez **Facebook**.

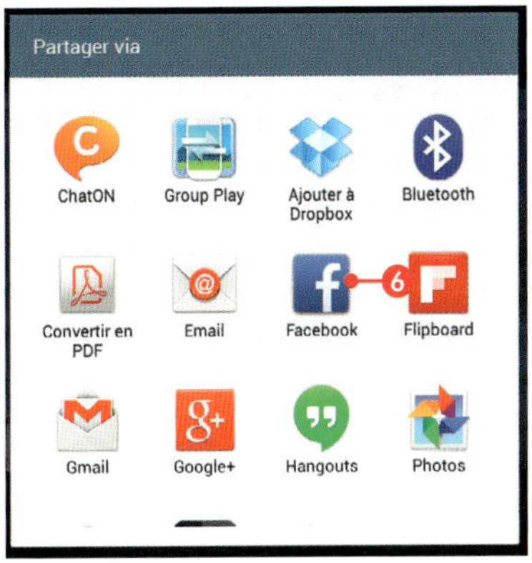

Installer Twitter et se connecter

Twitter est installé par défaut sur votre tablette. Il peut être nécessaire d'effectuer une mise à jour avant de pouvoir utiliser l'application. Lorsque l'application est opérationnelle, vous configurez votre compte.

> NOTE
>
> Vous pouvez démarrer Twitter directement à partir de la liste des applications. Si une mise à jour est nécessaire, une fenêtre s'ouvre et vous demande quelle application utiliser pour ouvrir Twitter. Sélectionnez Play Store puis allez à l'Étape 6 de la tâche suivante.

1. Affichez la liste des applications.
2. Touchez **Play Store**.

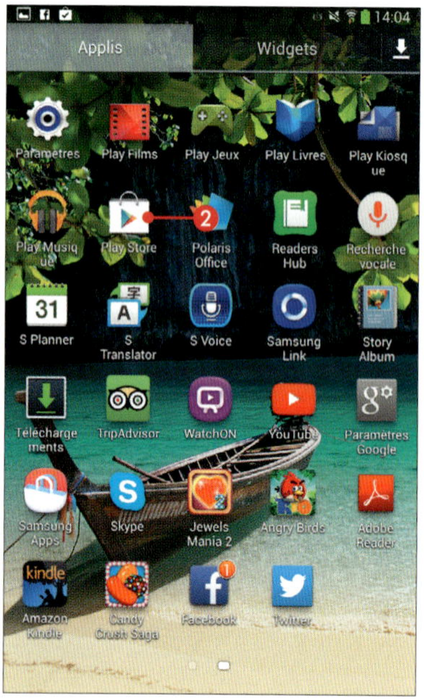

3. Utilisez l'outil de recherche et saisissez **Twitter**.
4. Touchez **Twitter** dans la liste.

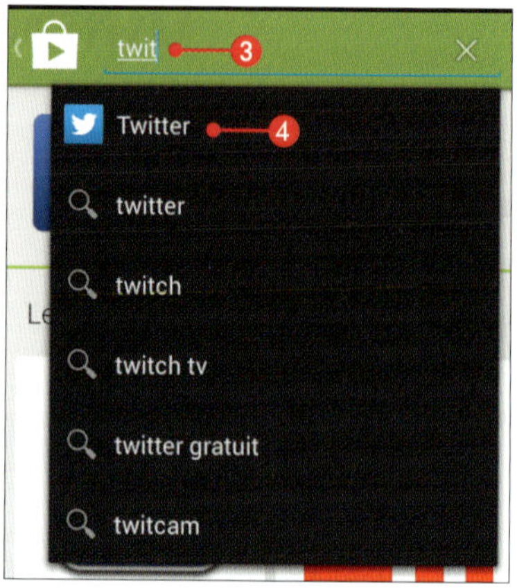

5. L'écran de présentation de l'application Twitter s'affiche.
6. Si le bouton **Mettre à jour** s'affiche, touchez-le.

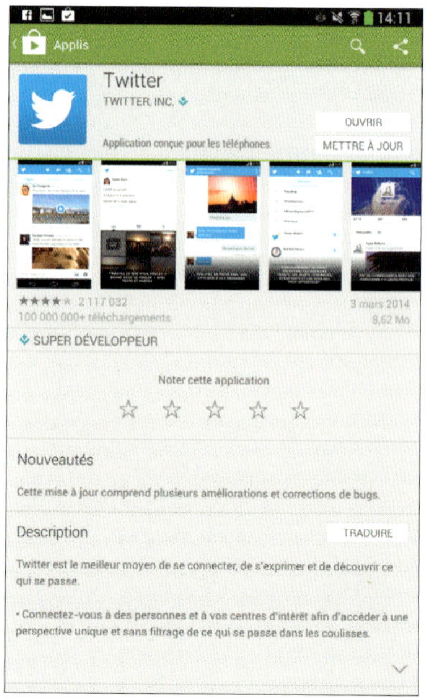

7 Une fois l'application mise à jour, touchez **Ouvrir** pour ouvrir Twitter ou affichez la liste des applications et touchez **Twitter**.

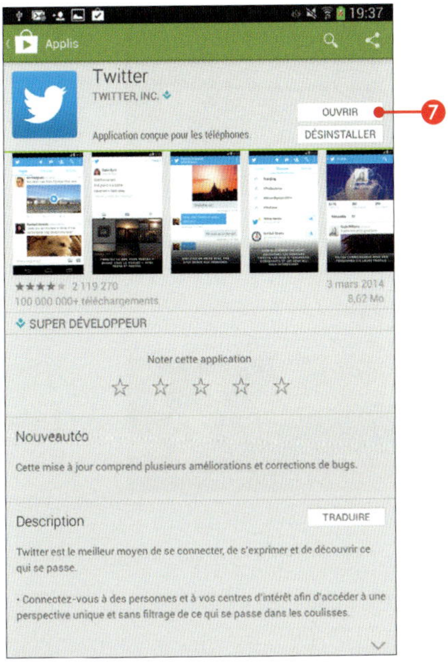

8 L'écran d'accueil de Twitter s'affiche. Si vous possédez déjà un compte, touchez **Connexion** (si vous ne possédez pas de compte, touchez **Sign up a different account** puis suivez les instructions pour la création de votre compte).

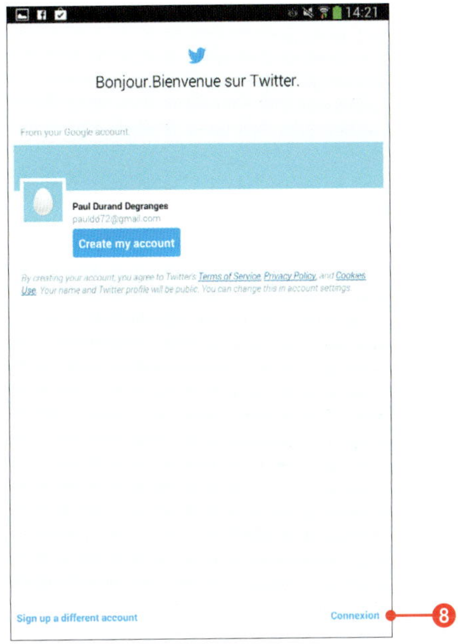

9 Saisissez votre identifiant et votre mot de passe, puis touchez **Connexion**.

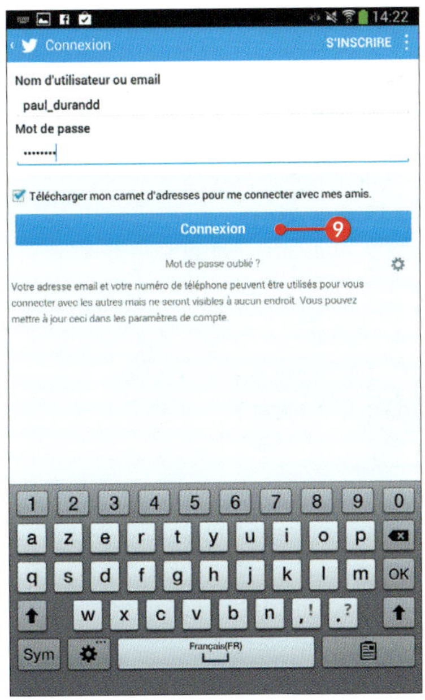

10 Des écrans peuvent s'afficher afin de terminer la configuration de votre compte.

11 La liste des tweets des personnes auxquelles vous êtes abonné s'affiche.

L'interface de Twitter

1 Touchez **Accueil** pour afficher la page d'accueil, celle qui contient la liste de tous les tweets.

2 Touchez **Découvrir** pour afficher des suggestions en fonction des abonnements que vous possédez.

3 Touchez **Activité** pour afficher l'activité des comptes que vous suivez ou des comptes suivis par les personnes que vous suivez.

4 Touchez pour afficher les notifications à propos d'événements sur votre compte.

5 Touchez pour envoyer un message privé.

6 Touchez pour rechercher des personnes que vous pouvez suivre.

7 Touchez la loupe pour afficher l'outil de recherche et effectuer une recherche sur Twitter.

8 Touchez pour accéder au menu de Twitter (vous pouvez également toucher le bouton **Menu** de la tablette).

Créer un tweet

❶ Affichez l'application Twitter.

❷ Touchez **Quoi de neuf ?** en bas de l'écran.

❸ Dans la nouvelle fenêtre qui s'affiche, saisissez votre tweet. N'oubliez pas que vous êtes limité à 140 caractères pour votre message.

❹ Pour prendre une photo avec votre tablette et la tweeter, touchez .

❺ Pour tweeter une photo placée dans la Galerie, touchez .

❻ Pour indiquer le lieu où vous vous trouvez, touchez .

❼ Pour faire référence à une personne dans votre tweet, touchez @ (ou tapez ce signe au clavier), puis saisissez le compte de la personne (par exemple @pauldurandd).

❽ Lorsque vous avez terminé, touchez **Tweeter**, en haut à droite. Notez le compteur de caractères restants à gauche du bouton Tweetter.

Tweeter à partir d'une application

Certaines applications permettent de partager des informations grâce à Twitter. C'est le cas, par exemple, de l'application Galerie qui permet de publier une photo rapidement sur Twitter.

❶ Ouvrez Galerie et affichez la photo que vous souhaitez publier sur Twitter.

❷ Touchez le bouton **Partager** .

3 Touchez **Twitter**.

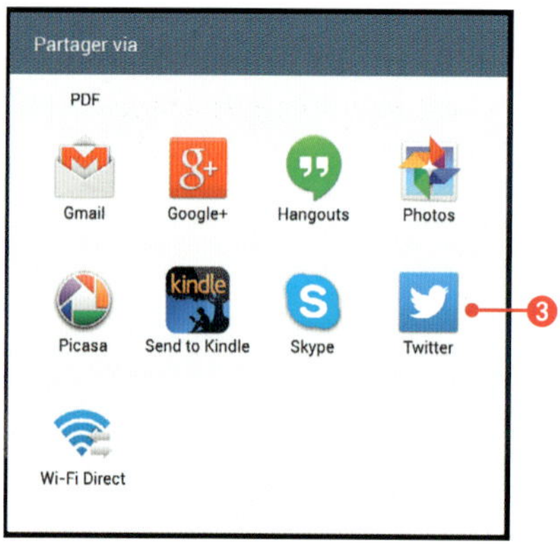

4 Une fenêtre s'ouvre et vous propose d'éditer la photo. Utilisez les boutons au bas de l'écran pour apporter d'éventuelles modifications à votre photo. Touchez **Terminé** pour continuer et tweeter la photo.

5 Une fenêtre de nouveau tweet s'affiche avec la photo, automatiquement insérée.

6 Ajoutez votre texte et tweetez votre photo.

Chapitre 17

Gérer les fichiers

Dans ce chapitre :

- Découvrir l'application Mes fichiers
- Monter une carte SD
- Démonter une carte SD
- Formater une carte SD
- Changer la destination des fichiers (appareil photo numérique)
- Créer un dossier
- Copier/Couper/Coller des fichiers
- Renommer un fichier
- Afficher les informations d'un fichier
- Supprimer des fichiers

Les photos que vous prenez, les séquences vidéo que vous filmez et tous les autres types de documents que vous créez sur votre tablette sont des fichiers. Dans ce chapitre, vous allez apprendre à les manipuler.

Découvrir l'application Mes fichiers

❶ Affichez la liste des applications.

❷ Touchez **Mes fichiers**.

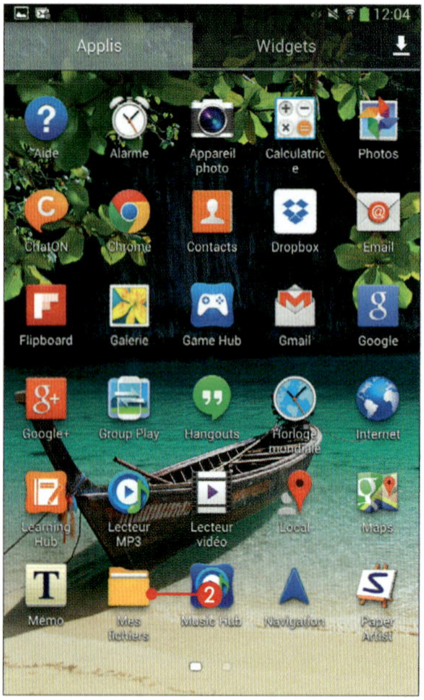

❸ L'application Mes fichiers s'ouvre.

❹ Vous trouvez un grand nombre d'autres dossiers, créés par défaut.

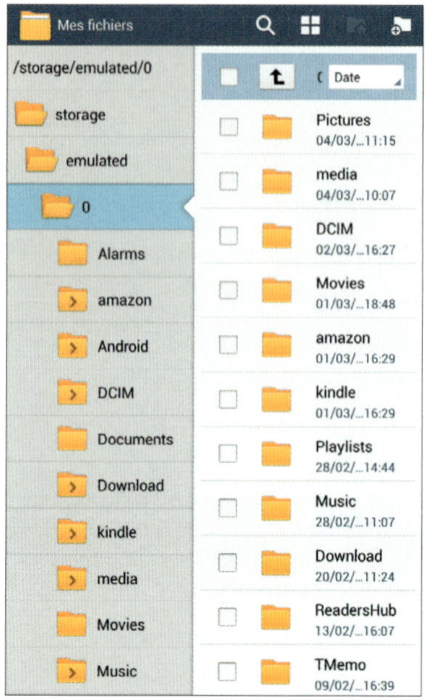

❺ Pour rechercher un fichier ou un dossier, touchez la loupe puis saisissez les termes de recherche.

❻ Pour changer de mode d'affichage et afficher des icônes, touchez ⊞. Le bouton devient ☰ qui permet de revenir au mode Liste.

❼ Touchez [icône] pour revenir au dossier de départ.

❽ Touchez [icône] pour créer un nouveau dossier.

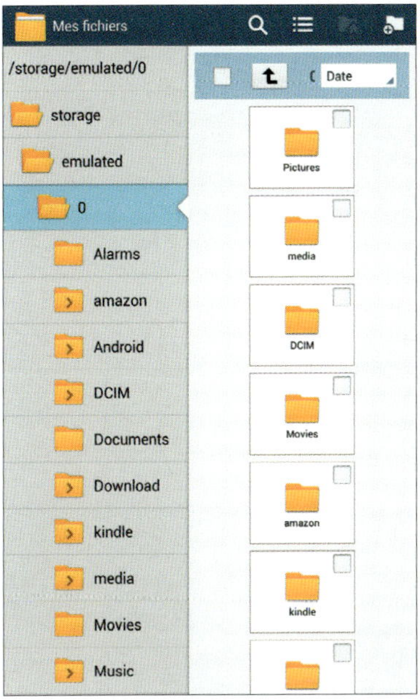

❾ Vous touchez le bouton sensible **Menu** pour ouvrir le menu et accéder aux paramètres de l'application.

❿ Sélectionnez dans le volet de gauche le dossier dont vous souhaitez afficher le contenu dans le volet de droite.

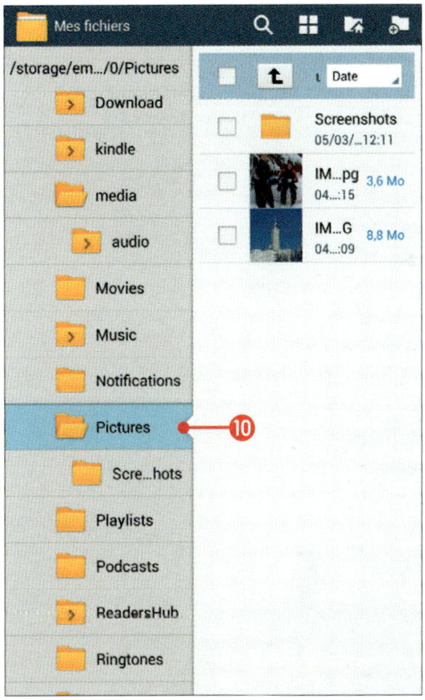

⓫ Pour ouvrir un dossier dans le volet de gauche, touchez-le. Vous repérez un dossier fermé à l'aide du signe > et de l'icône de dossier fermé.

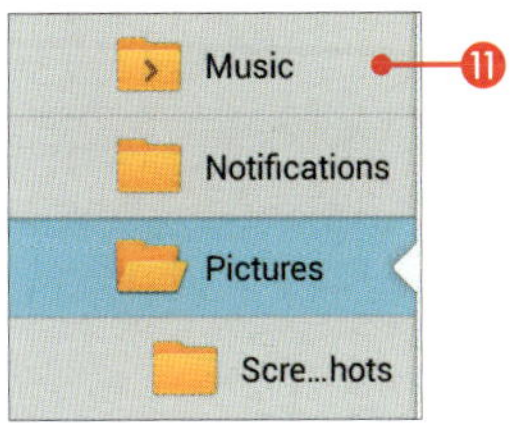

⓬ Touchez un dossier dans le volet de droite pour en afficher le contenu. Notez que les dossiers dans le volet de gauche se déploient également.

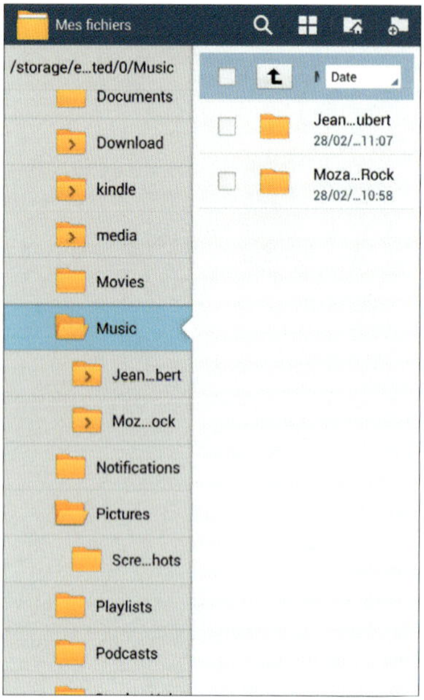

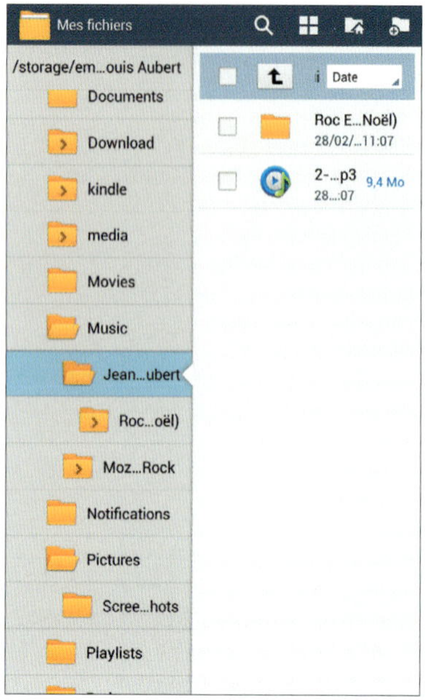

⓭ Touchez pour remonter d'un niveau, touchez pour changer l'ordre de tri des fichiers dans le volet de droite.

Monter une carte SD

❶ Insérez la carte SD dans le logement de la tablette prévu à cet effet.

❷ Un message s'affiche dans la barre d'état en haut de l'écran et vous indique que la tablette prépare la carte SD.

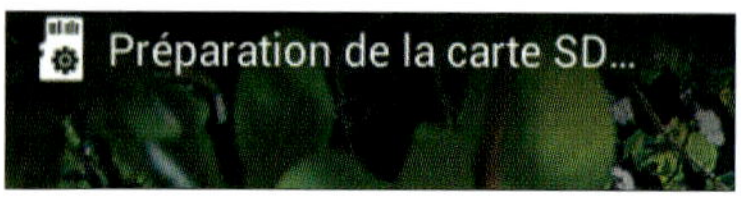

❸ Une fenêtre peut s'afficher et vous indiquer que l'application MTP doit redémarrer. Touchez **OK**.

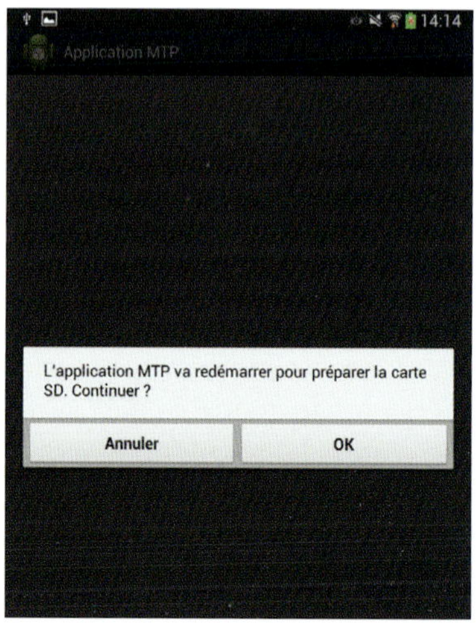

❹ Lorsque vous démarrez l'application Mes fichiers, vous avez la possibilité de parcourir le contenu interne de la tablette (Device Storage) ou de la carte SD (SD memory card).

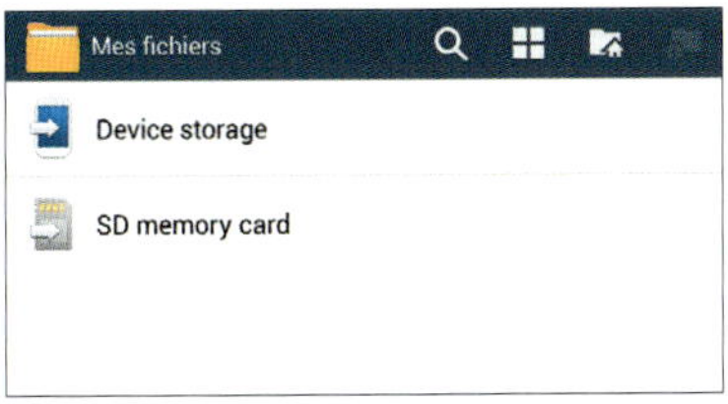

❺ Après avoir choisi l'une des deux options, vous obtenez l'arborescence des dossiers. Quel que soit le contenu choisi à l'Étape 4, vous accédez à l'arborescence complète de la mémoire interne et de la carte SD. Le dossier « emulated » correspond à la mémoire interne et le dossier « extSdCard » correspond à la carte SD.

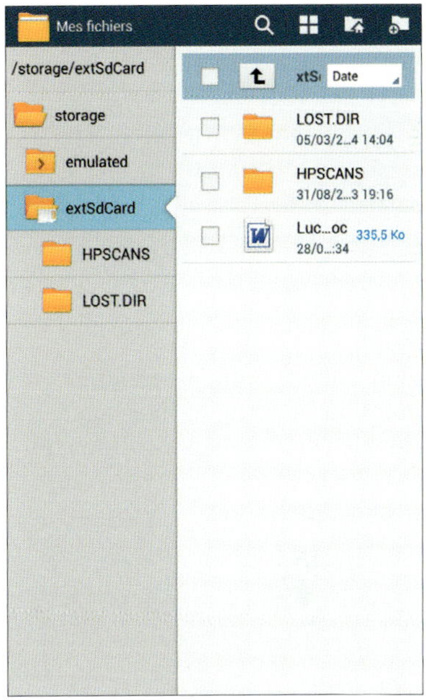

Démonter une carte SD

Pour ne pas risquer d'endommager les fichiers qui se trouvent sur votre carte SD, vous devez la démonter avant de la retirer de la tablette. Cela signifie que vous indiquez au système de la tablette de ne plus utiliser la carte puisque vous allez l'enlever.

❶ Affichez la liste des applications puis touchez **Paramètres** (ou touchez **Paramètres** dans le volet des notifications).

❷ Dans la section Périphérique du volet de gauche, touchez **Stockage**.

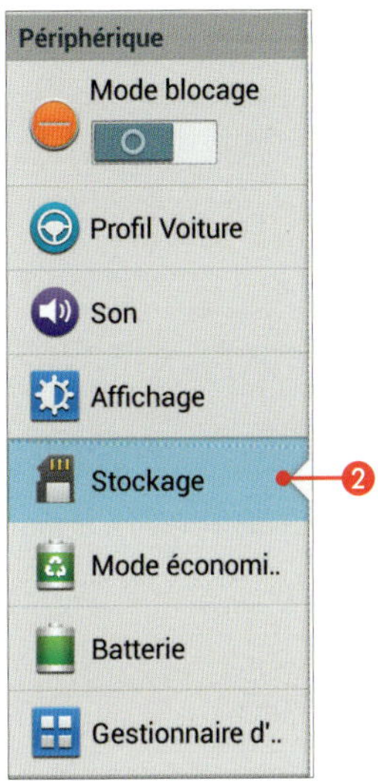

❸ Dans la section Carte SD du volet de droite, touchez **Démonter la carte SD**.

❹ Dans la fenêtre qui s'affiche, touchez **OK** pour démonter la carte. Le message vous indique que certaines applications qui utilisent des fichiers stockés sur votre carte ne pourront plus fonctionner.

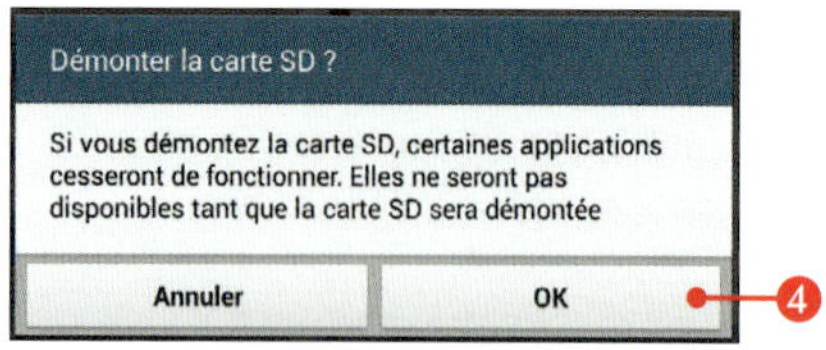

❺ La carte est démontée. Vous pouvez la retirer en toute sécurité de la tablette. Si vous changez d'avis, vous pouvez toucher **Monter la carte** pour la rendre de nouveau accessible (si vous retirez la carte, elle sera remontée lorsque vous l'insérerez à nouveau dans la tablette).

Formater une carte SD

Vous formatez une carte SD pour effacer la totalité de son contenu.

❶ Affichez la liste des applications puis touchez **Paramètres** (ou touchez **Paramètres** dans le volet des notifications).

❷ Dans la section Périphérique du volet de gauche, touchez **Stockage**.

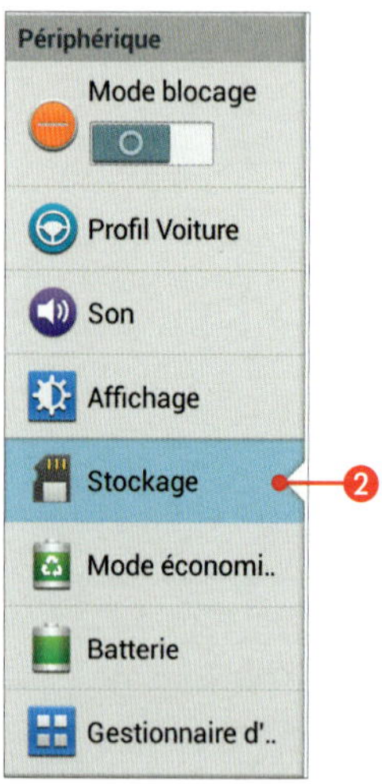

❸ Dans la section Carte SD du volet de droite, touchez **Formater la carte SD**.

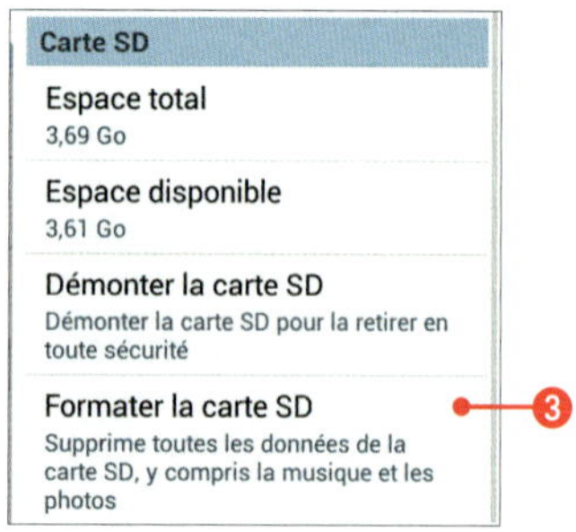

❹ Dans la fenêtre qui s'affiche, touchez **Formater la carte SD**. Notez bien le message, une fois la carte formatée, vous ne pourrez plus récupérer les données qu'elle contient.

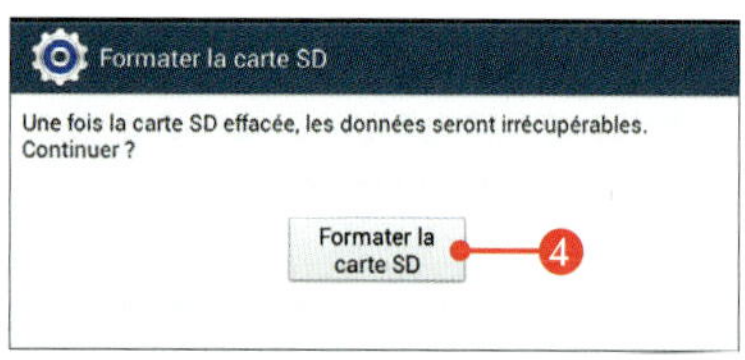

❺ Un nouveau message vous demande de confirmer que vous souhaitez supprimer toutes les données de votre carte. Touchez **Supprimer tout**.

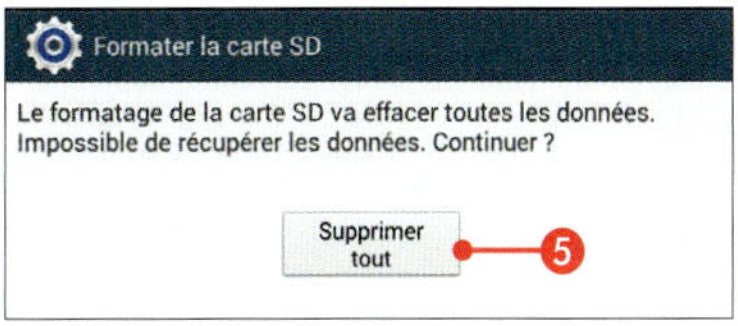

❻ Le système procède au formatage de la carte et la remonte sur votre tablette.

Changer la destination des fichiers

Lorsqu'une carte SD est insérée dans la tablette, certaines applications peuvent vous demander si vous souhaitez stocker les données sur cette carte plutôt que dans la mémoire interne. C'est par exemple le cas avec l'application Appareil photo.

❶ Insérez la carte SD dans la tablette.

❷ Démarrez l'application Appareil photo.

❸ Dans la fenêtre qui s'affiche, touchez **OK** pour utiliser la carte SD afin de stocker les photos et les vidéos.

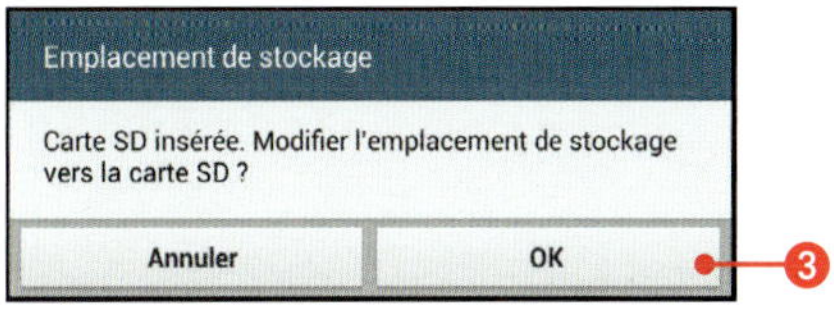

Créer un dossier

❶ Affichez la liste des applications.

❷ Touchez **Mes fichiers**.

❸ L'application Mes fichiers s'ouvre.

❹ Dans le volet de gauche, touchez le dossier dans lequel vous souhaitez placer votre nouveau dossier. Touchez **emulated** pour afficher le plus haut niveau de l'espace de stockage interne et **extSdCard** pour l'espace de stockage d'une carte SD que vous avez insérée dans la tablette.

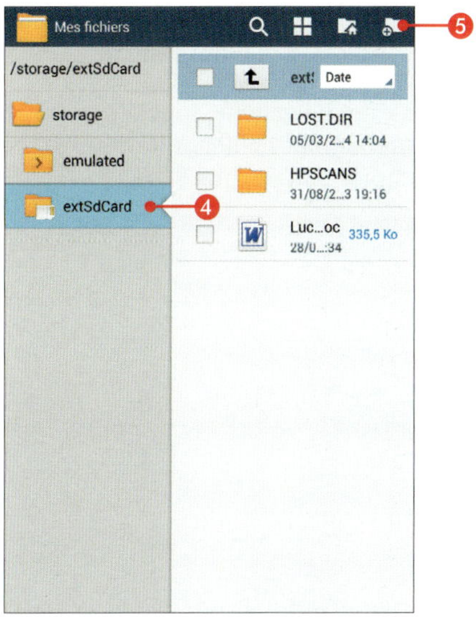

5 Touchez **Nouveau dossier** .

6 Dans la fenêtre qui s'affiche, saisissez le nom de votre dossier, puis touchez **Effectué**.

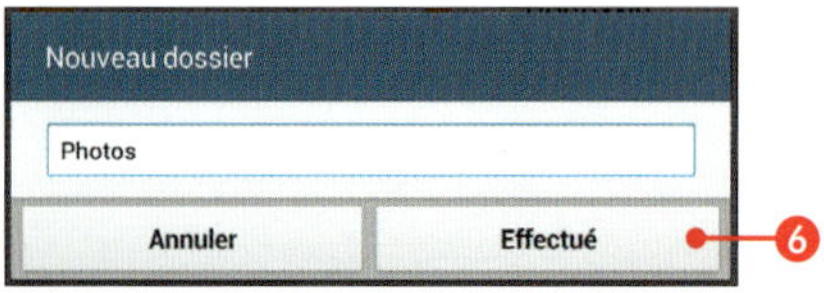

7 Le nouveau dossier apparaît dans la fenêtre Mes fichiers.

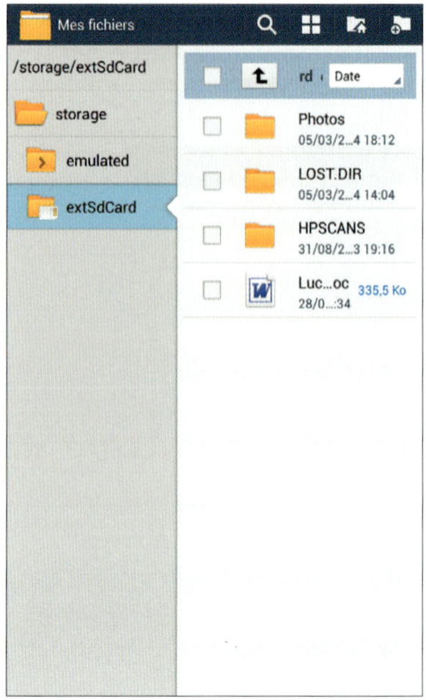

Copier/Couper/Coller des fichiers

1 Affichez la liste des applications.

2 Touchez **Mes fichiers**.

3 L'application Mes fichiers s'ouvre.

4 Dans le volet de gauche, touchez le dossier contenant les fichiers que vous souhaitez copier ou couper.

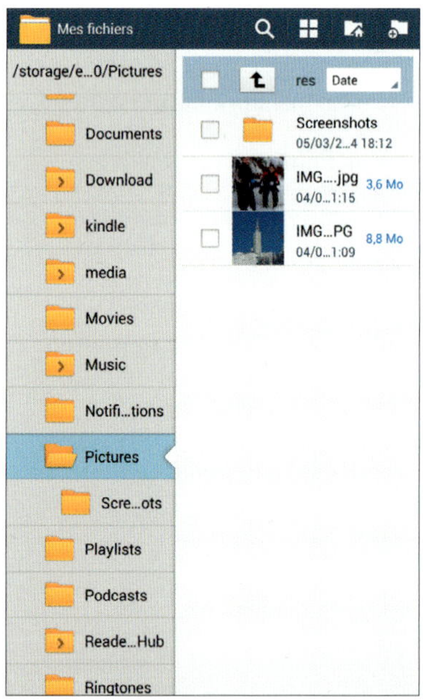

5 Touchez les cases en regard des fichiers que vous souhaitez copier ou coller. Pour sélectionner tous les fichiers du dossier, touchez la case dans la barre d'outils.

6 Touchez pour copier les fichiers ou pour les couper.

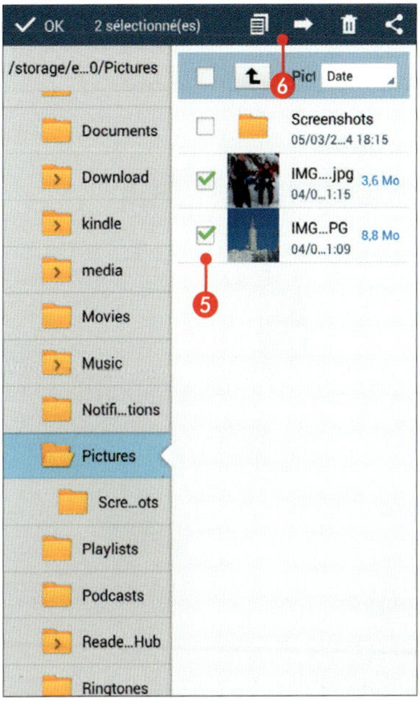

7 Afficher le contenu du dossier dans lequel vous souhaitez copier ou déplacer les fichiers.

8 Touchez pour coller les fichiers (et les copier ou les déplacer selon le choix à l'Étape 6).

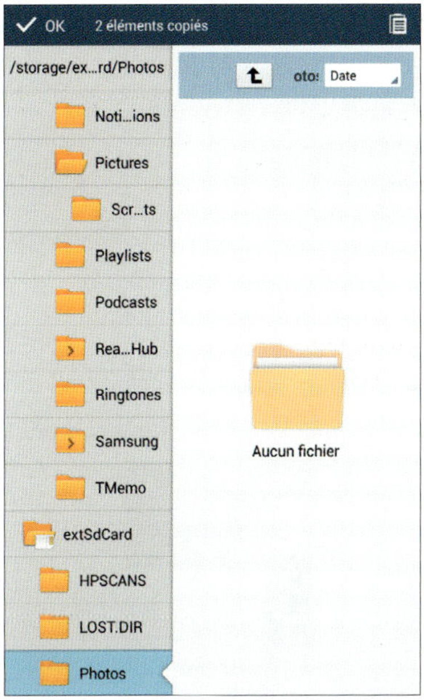

9 Les fichiers apparaissent dans le dossier sélectionné.

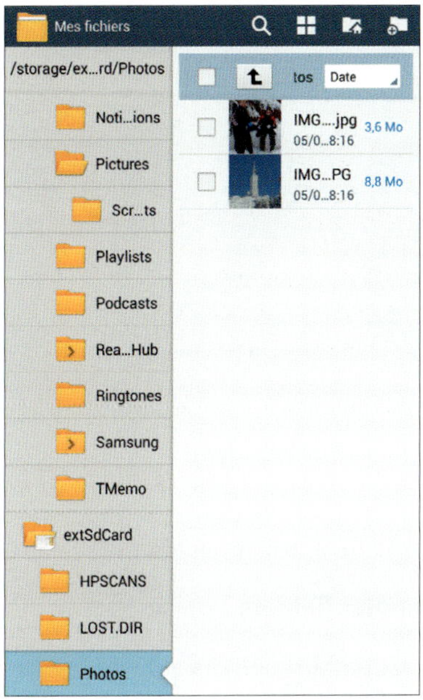

Renommer un fichier

1. Affichez la liste des applications.
2. Touchez **Mes fichiers**.
3. L'application Mes fichiers s'ouvre.
4. Dans le volet de gauche, touchez le dossier contenant le fichier à renommer.
5. Sélectionner le fichier à renommer.
6. Ouvrez le menu et touchez **Renommer**.

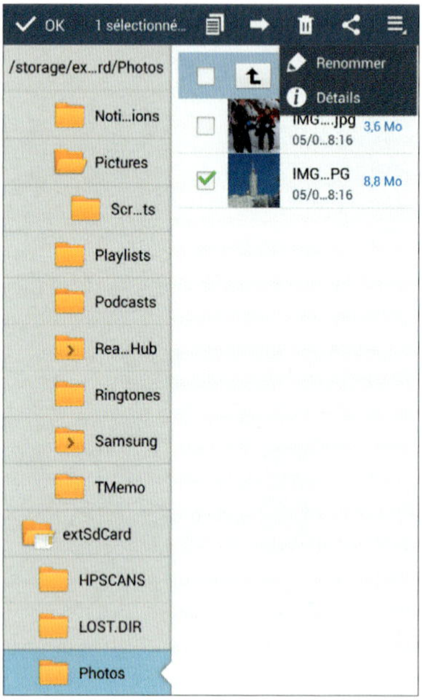

7. Saisissez le nouveau nom, puis touchez **Effectué**.

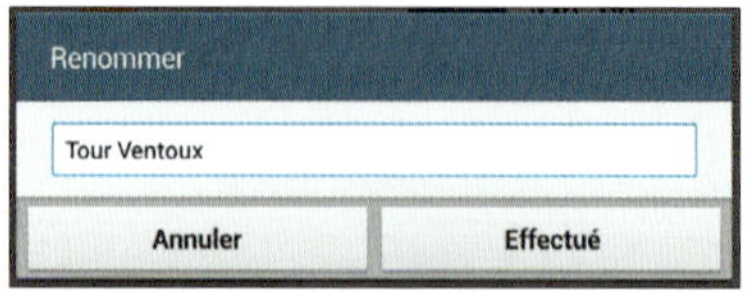

8. Le fichier est renommé.

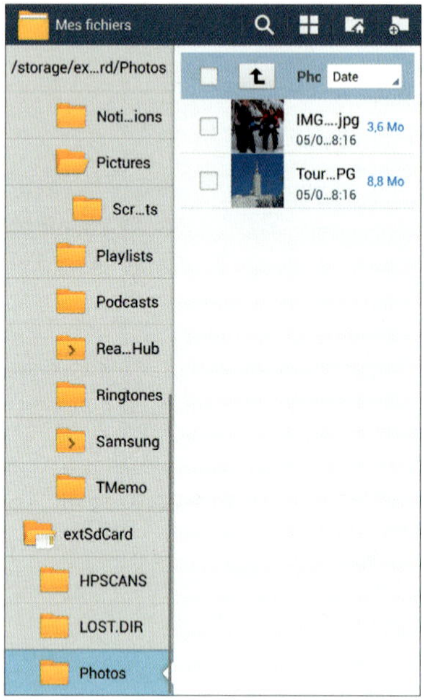

Afficher les informations d'un fichier

1. Affichez la liste des applications.
2. Touchez **Mes fichiers**.
3. L'application Mes fichiers s'ouvre.
4. Dans le volet de gauche, touchez le dossier contenant le fichier pour lequel vous souhaitez afficher des infos.
5. Sélectionner le fichier concerné.
6. Ouvrez le menu et touchez **Détails**.

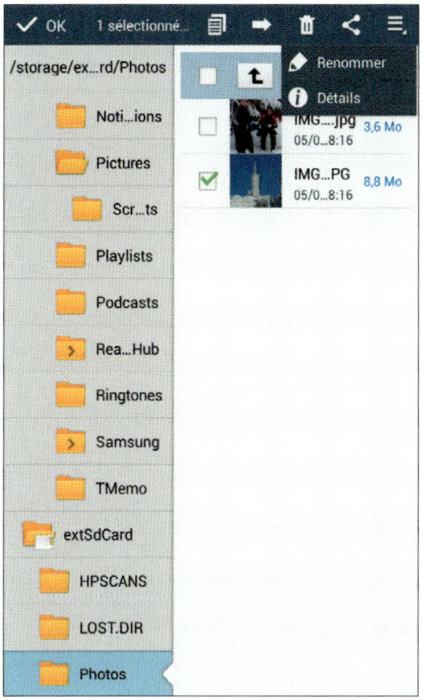

7. Les informations sur le fichier s'affichent.

8. Touchez **OK** pour fermer la fenêtre.

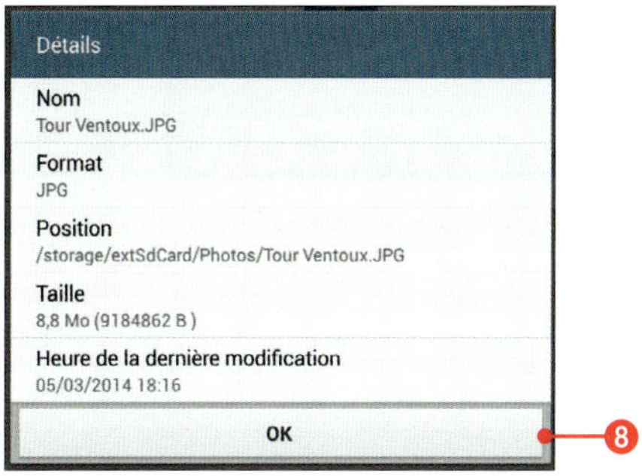

Supprimer des fichiers

1. Affichez la liste des applications.
2. Touchez **Mes fichiers**.
3. L'application Mes fichiers s'ouvre.
4. Dans le volet de gauche, touchez le dossier contenant les fichiers que vous souhaitez supprimer.
5. Sélcctionnez les fichiers concernés.
6. Touchez la corbeille.

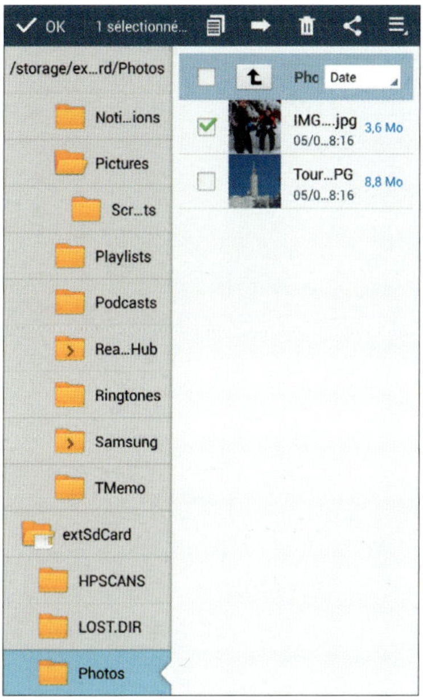

7 Dans la fenêtre qui s'affiche, touchez **Oui** pour confirmer la suppression.

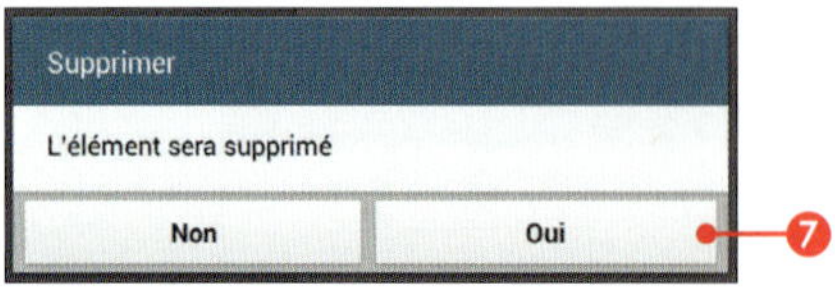

8 Les fichiers sélectionnés sont supprimés.

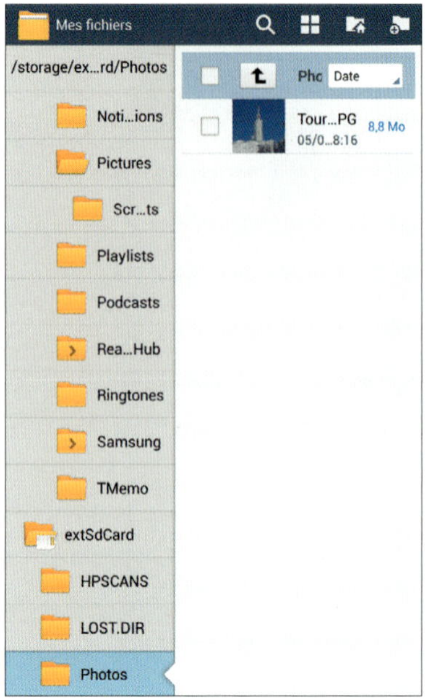

Chapitre 18

Connecter sa tablette à un ordinateur

Dans ce chapitre :

- Choisir le mode de connexion
- Connexion de la tablette à un PC Windows
- Connexion de la tablette à un Mac
- Installer Android File Transfer
- Installer Kies
- Utiliser Kies
- Transférer des fichiers par Bluetooth
- Transférer des fichiers par Wi-Fi Direct

Dans ce chapitre, vous allez apprendre à connecter votre tablette à un PC ou un Mac pour transférer des fichiers ou effectuer une sauvegarde de vos données. Vous allez également découvrir comment transférer des fichiers sans fil.

Choisir le mode de connexion

❶ Connectez la tablette à un ordinateur à l'aide du câble USB.

❷ Ouvrez le volet des notifications, puis touchez l'élément **Connecté en tant**.

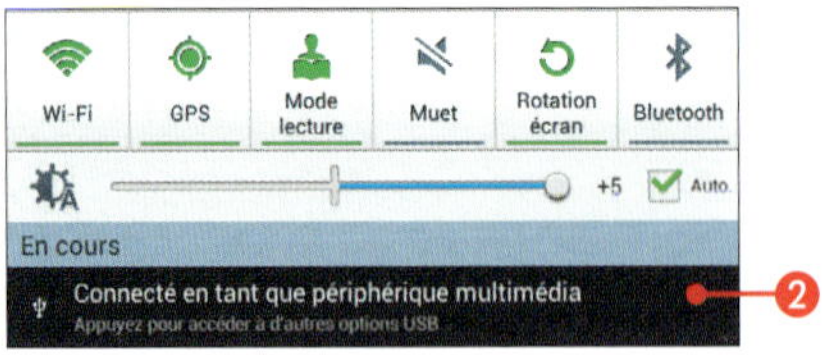

❸ L'application Paramètres s'ouvre directement sur l'élément Connexion USB.

❹ Dans le volet de droite, choisissez :

- **Périphérique multimédia**. Pour connecter votre tablette en tant que périphérique multimédia. Vous avez accès à l'ensemble des dossiers comme lorsque vous connectez une clé USB. Notez que le format utilisé, MTP, n'est pas pris en charge nativement par les Mac, vous devez installer un logiciel.
- **Appareil photo**. Choisissez ce format si votre ordinateur ne prend pas en charge le format MTP. Vous pouvez utiliser les logiciels de transfert de photo pour récupérer les photos se trouvant sur votre tablette.

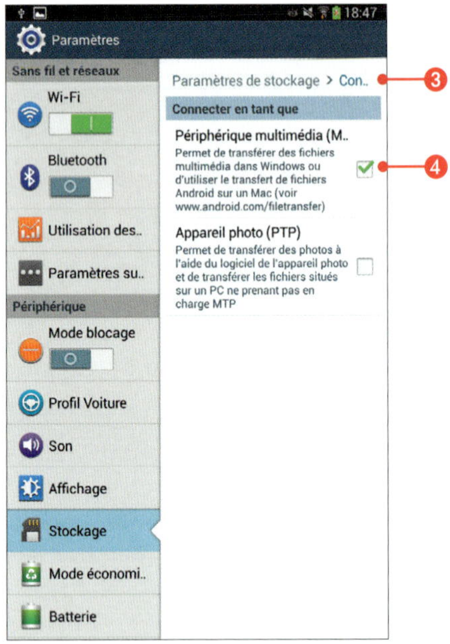

Connexion de la tablette à un PC Windows

La connexion à un PC fonctionnant avec Windows (7 ou 8) ne pose généralement pas de problème. Vous connectez votre tablette à l'ordinateur à l'aide du câble USB et les pilotes nécessaires s'installent automatiquement.

❶ Connectez la tablette à un ordinateur à l'aide du câble USB.

❷ Une fenêtre s'affiche dans Windows et vous demande de sélectionner l'action à entreprendre. Si vous avez choisi le mode de connexion Appareil photo, votre tablette est représentée par un appareil photo dans la fenêtre.

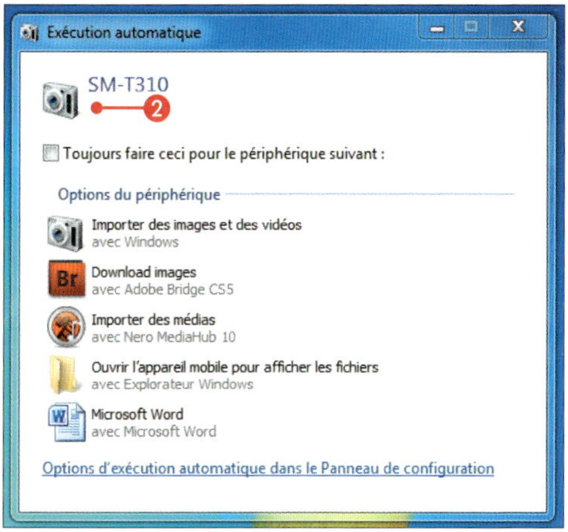

3 Si vous avez choisi le mode Périphérique multimédia, votre tablette est représentée par un baladeur.

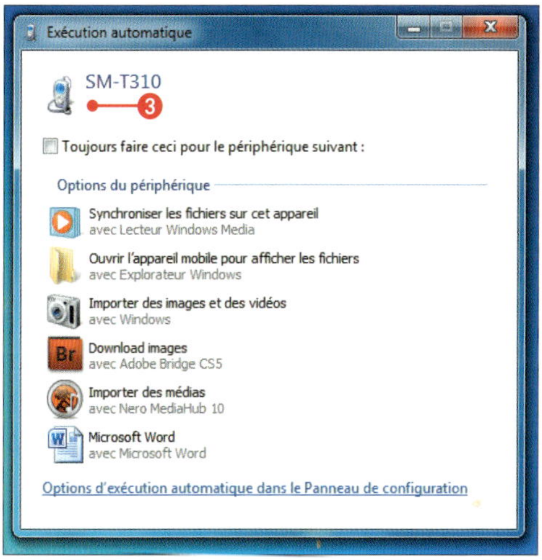

4 Plusieurs options d'importations et de synchronisations sont proposées en fonction des applications installées sur votre PC. Dans tous les cas, vous trouvez une option qui permet de parcourir les fichiers sur votre tablette.

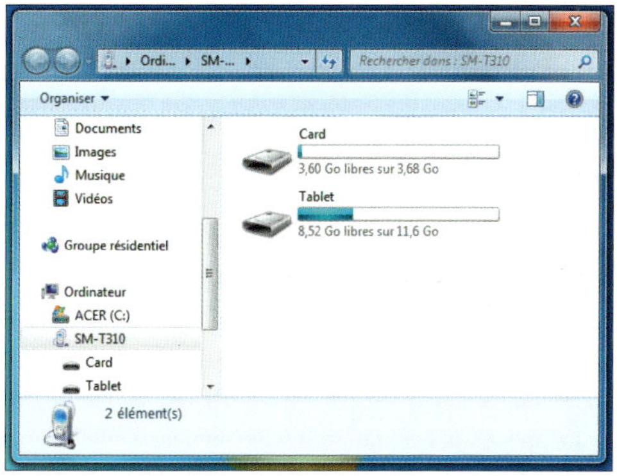

5 Lorsque vous affichez le contenu de la tablette, si celle-ci contient une carte SD, vous avez la possibilité de parcourir les fichiers se trouvant sur la tablette (Tablet) ou sur la carte SD (Card).

6 Gérez les fichiers dans la fenêtre Windows comme vous le faites avec tout autre fichier (en local ou sur une clé USB).

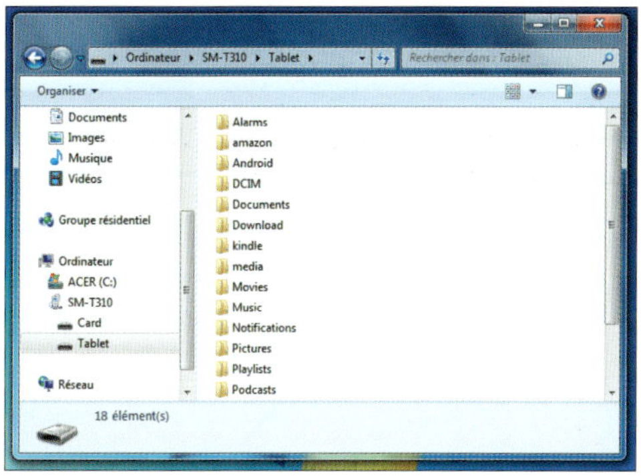

Connexion de la tablette à un Mac

Si vous connectez votre tablette à un Mac, celle-ci n'apparaîtra pas dans les lecteurs externes du Finder, même si vous êtes en mode Périphérique multimédia.

- **Mode Appareil photo**. Lorsque vous connectez la tablette à votre Mac en mode Appareil photo, celle-ci est reconnue comme étant un appareil photo et vous pouvez transférer les photos à l'aide d'applications telles que Transfert d'images ou iPhoto.
- **Mode Périphérique multimédia**. Pour accéder aux fichiers, vous devez installer Android File Transfer sur votre Mac. Consultez la section suivante pour plus d'informations.

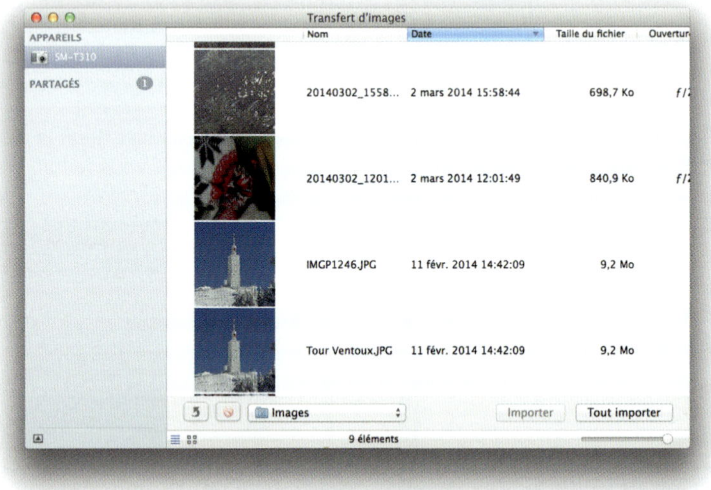

Installer Android File Transfer

❶ Affichez la page `www.android.com/filetransfer/`.

❷ Cliquez sur **Download Now** pour télécharger l'application.

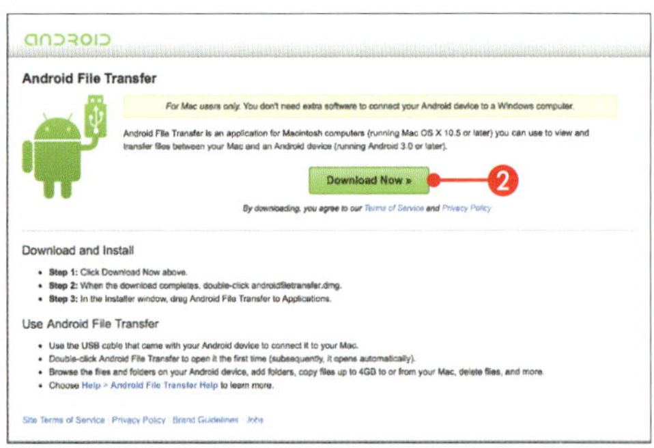

3 L'application est téléchargée dans le dossier Téléchargement. Affichez le contenu de ce dossier (accessible directement à partir du Dock) et cliquez sur **androidfiletransfer.dmg**.

4 Dans la fenêtre qui s'ouvre, faites glisser le logo de l'application sur le dossier Applications.

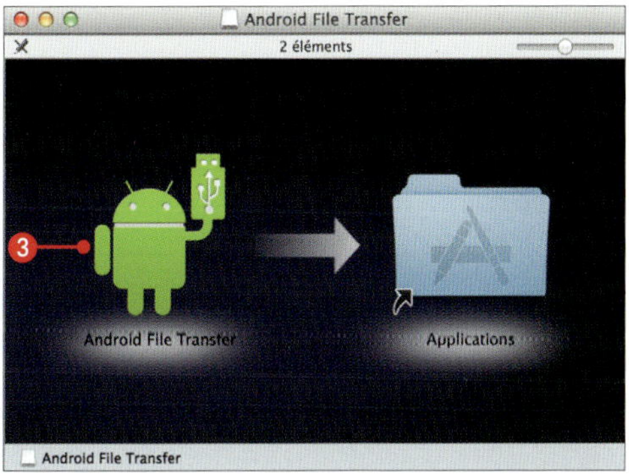

5 Vous devez démarrer manuellement l'application la première fois. Par la suite, elle s'ouvre automatiquement dès que vous connectez votre tablette en mode Périphérique multimédia. Pour cela, ouvrez le dossier Applications, puis double-cliquez sur **Android File Transfer**.

6 Connectez votre tablette à votre Mac si ce n'est pas déjà fait. La liste des dossiers de votre tablette s'affiche dans l'application Android File Transfer. Vous utilisez cette fenêtre pour copier les fichiers vers ou à partir d'une fenêtre du Finder.

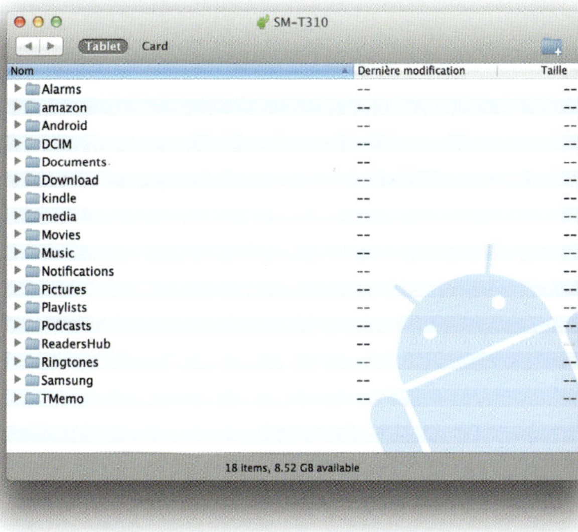

Installer Kies

❶ Sur votre PC ou votre Mac, utilisez votre navigateur Internet pour afficher la page `www.samsung.com/fr/kies`.

❷ Téléchargez la version adaptée à votre ordinateur puis installez-la.

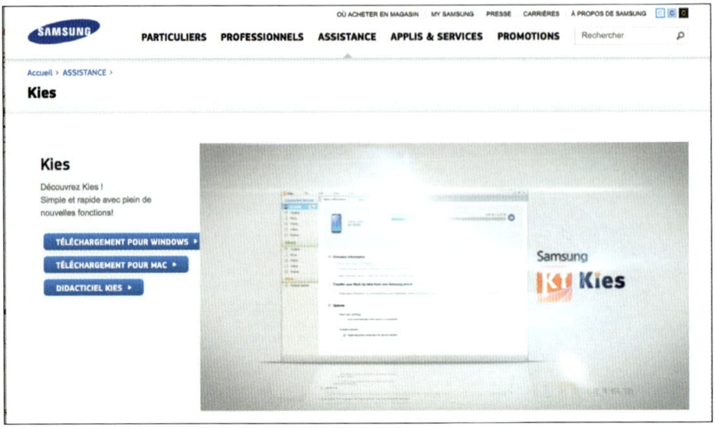

Utiliser Kies

❶ Démarrez Kies sur votre ordinateur puis connectez votre tablette à l'ordinateur à l'aide du câble USB.

❷ Kies détecte votre tablette et l'affiche dans la partie supérieure gauche.

❸ Dans la partie de droite, vous trouvez différents onglets. Le premier, **Informations de base**, donne des informations sur la tablette. Vous trouvez également des options pour activer la synchronisation automatique de la tablette avec les éléments de votre ordinateur.

❹ Dans l'onglet Sync, vous indiquez les éléments que vous souhaitez synchroniser entre votre ordinateur et votre tablette.

❺ Vous utilisez l'onglet Sauvegarde/Restauration pour sélectionner les données à sauvegarder et pour lancer la restauration. Si vous avez un problème avec votre tablette et que vous avez réinitialisé toutes ses données, vous utilisez cet onglet pour effectuer la restauration des données.

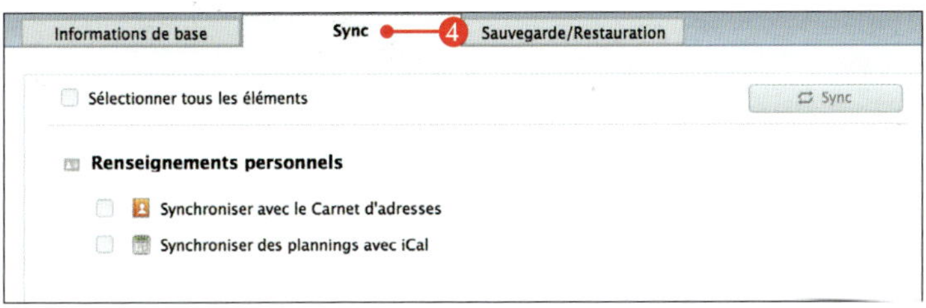

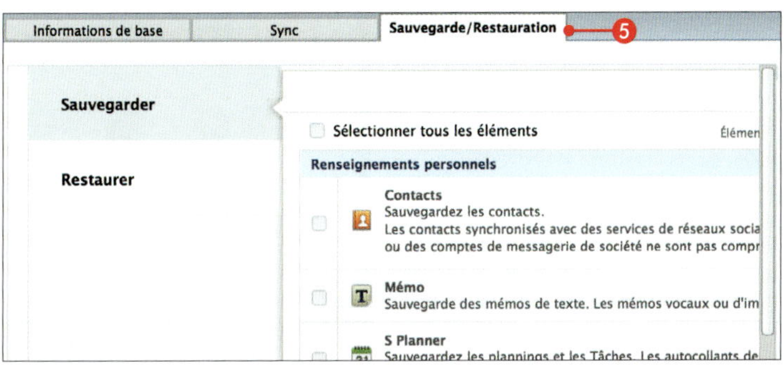

Transférer des fichiers par Bluetooth

❶ Si nécessaire, appairez votre tablette avec le périphérique sur lequel vous souhaitez envoyer le fichier. Pour cela, affichez l'élément Bluetooth dans les paramètres et touchez l'appareil que vous souhaitez appairer.

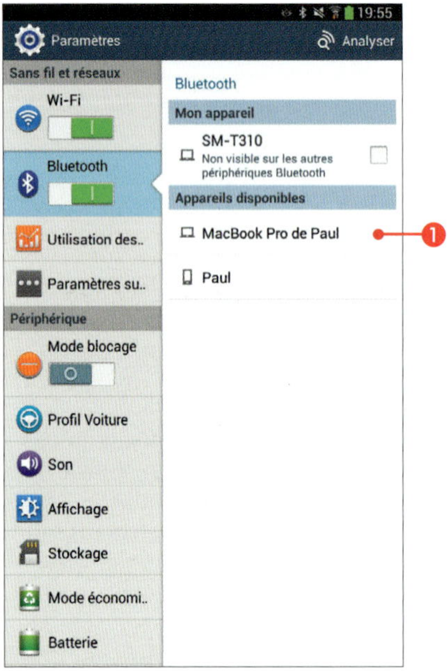

❷ Suivez les instructions à l'écran pour appairer les appareils. Vous effectuez cette étape une seule fois.

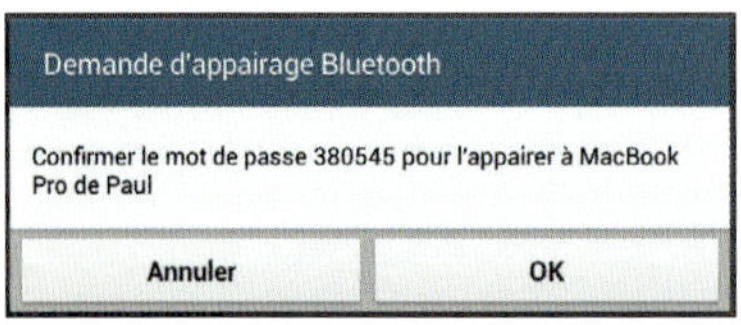

❸ Affichez la liste des applications, puis ouvrez Mes fichiers. Sélectionnez le fichier à transférer, puis touchez le bouton **Partage**.

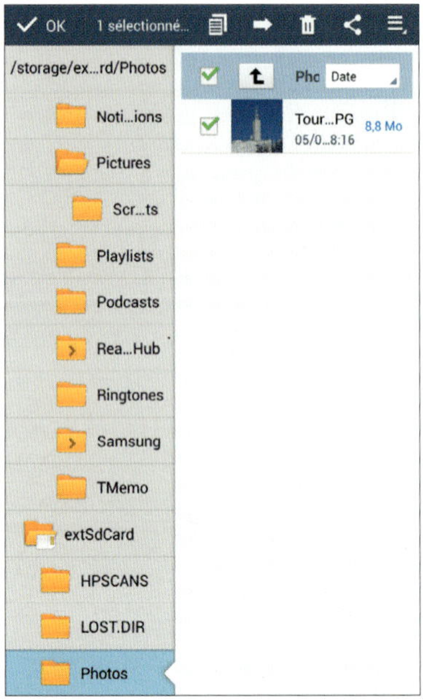

❹ Dans la fenêtre qui s'affiche, touchez **Bluetooth**.

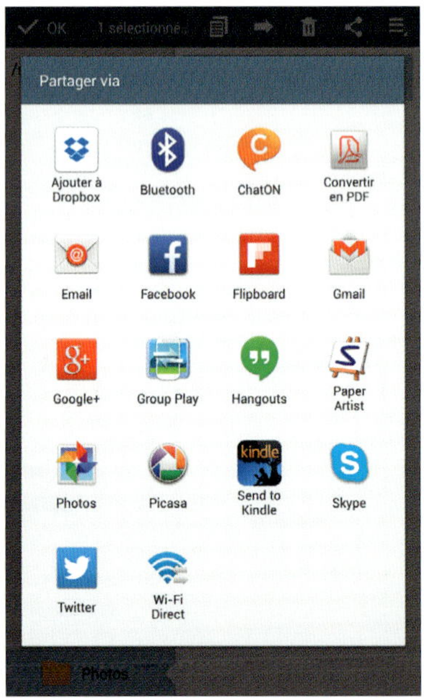

5 La liste des périphériques disponibles s'affiche.

6 Touchez celui sur lequel vous souhaitez envoyer les fichiers sélectionnés.

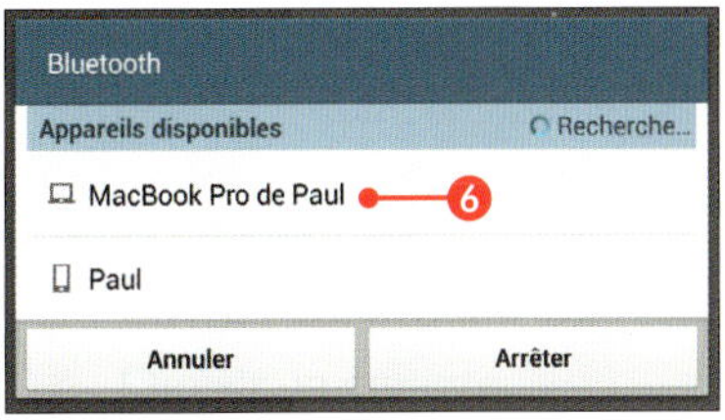

7 Vérifiez l'appareil sur lequel vous envoyez des fichiers. Il est souvent nécessaire d'accepter les fichiers pour initier le transfert.

Transférer des fichiers par Wi-Fi Direct

Vous pouvez utiliser le Wi-Fi Direct pour transférer des fichiers d'un appareil à l'autre. Toutefois, vous devez posséder deux appareils compatibles pour profiter de cette technique.

1 Affichez la liste des applications, puis ouvrez Mes fichiers. Sélectionnez le fichier à transférer, puis touchez le bouton **Partage**.

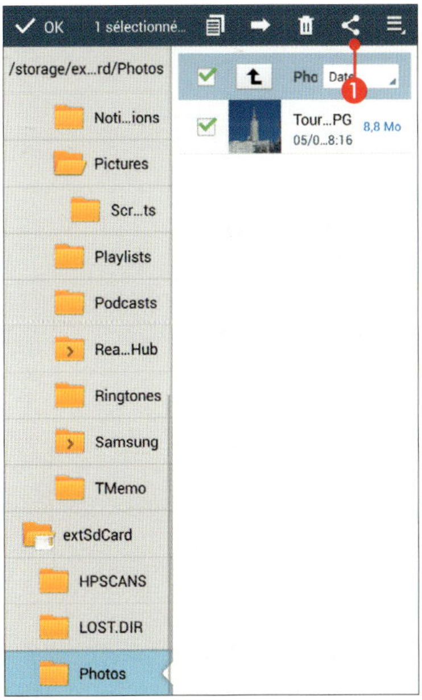

2 Dans la fenêtre qui s'affiche, touchez **Wi-Fi Direct**.

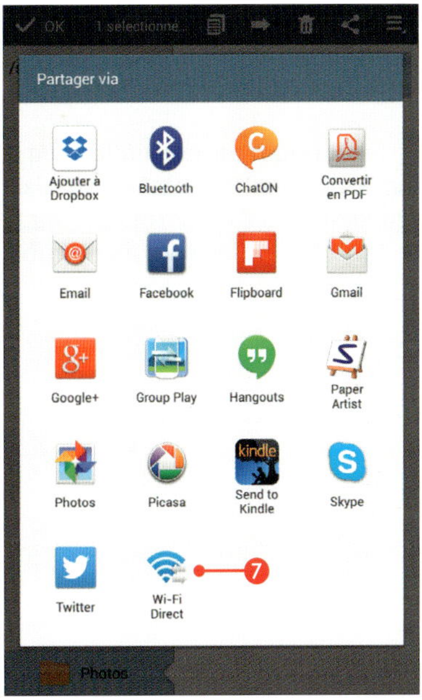

3 Suivez les instructions pour la connexion des deux appareils et le transfert de fichiers.

Ouvrir l'application Contacts

❶ Affichez la liste des applications.

❷ Touchez **Contacts**.

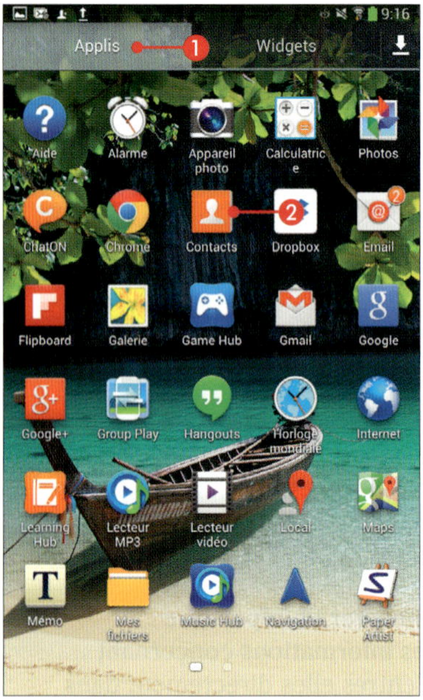

❸ L'application Contacts s'ouvre. Si vous avez configuré des comptes tels que Skype ou Facebook, les contacts de ces comptes peuvent s'afficher. L'icône de l'application en regard du contact permet de savoir d'où proviennent les informations.

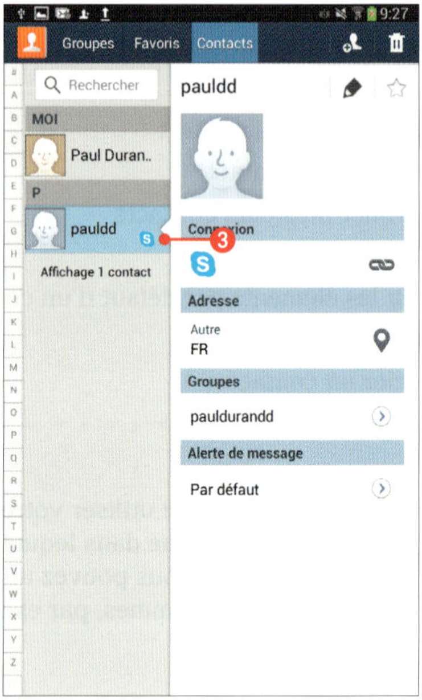

Choisir un compte

Lorsque vous avez configuré plusieurs comptes sur votre tablette, vous pouvez choisir ceux que vous affichez dans l'application Contacts. Par exemple, si vous possédez un compte Gmail, vous pouvez afficher uniquement les contacts de Gmail.

❶ Dans l'application Contacts, ouvrez le menu, puis touchez **Contacts à afficher**.

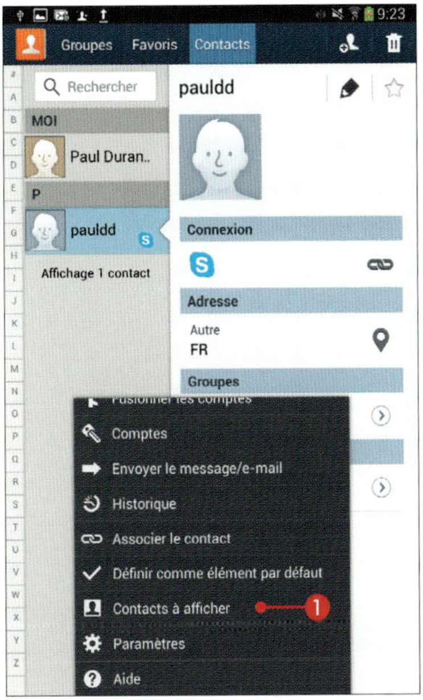

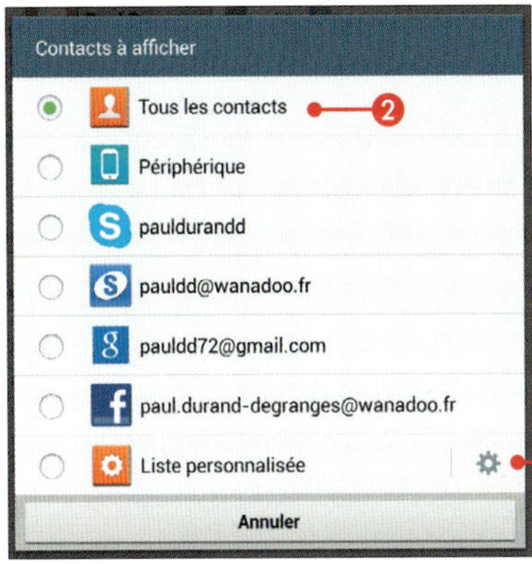

2 Dans la fenêtre qui apparaît, choisissez le compte contenant les contacts à afficher. Pour afficher les contacts de tous les comptes, touchez **Tous les contacts**.

3 Si vous souhaitez sélectionner plusieurs comptes, touchez la roue dentée en regard de Liste personnalisée avant de toucher l'élément **Liste personnalisée** lui-même.

4 Touchez les comptes puis décochez les éléments que vous ne souhaitez pas afficher. Touchez **OK** lorsque vous avez terminé.

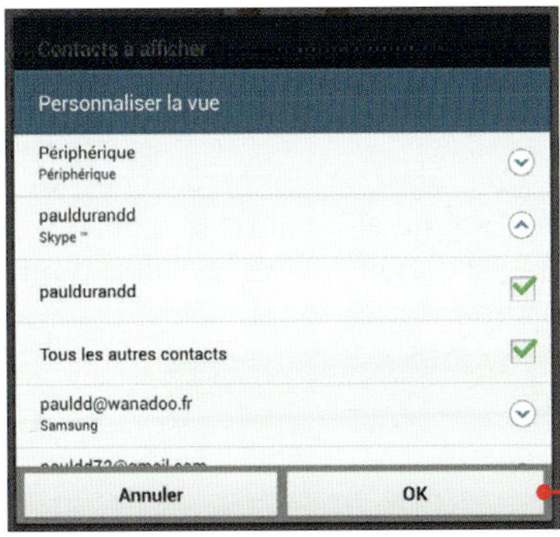

Créer un nouveau contact

1 Touchez [icône] dans la barre d'outils.

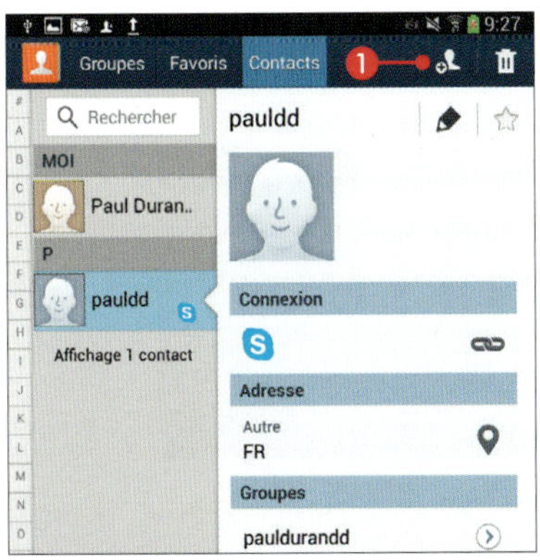

❷ Dans la fenêtre qui s'affiche, indiquez dans quel compte vous souhaitez créer le contact. Si vous choisissez **Périphérique,** le contact est créé sur votre tablette. Si vous décidez de créer le contact sur un compte tel que **Google**, vous pouvez accéder au contact sur votre tablette, mais aussi en vous connectant sur votre compte Google à partir de n'importe quel appareil proposant un navigateur Web ou sur lequel vous avez configuré votre compte Google (un Smartphone par exemple).

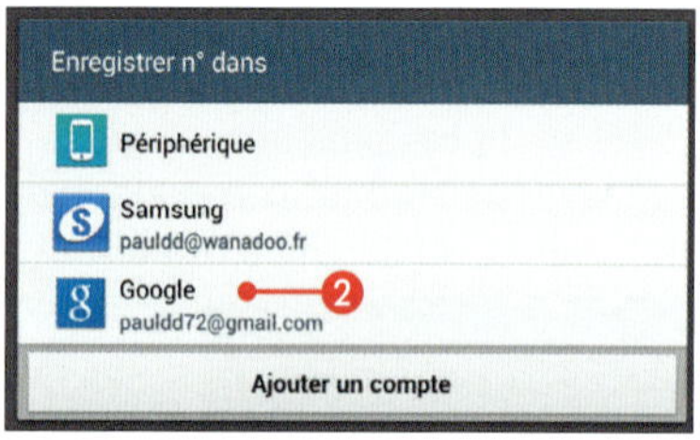

❸ La fiche du contact s'affiche. Le compte sélectionné s'affiche en haut de la fenêtre. Si vous changez d'avis, ouvrez le menu pour changer de compte.

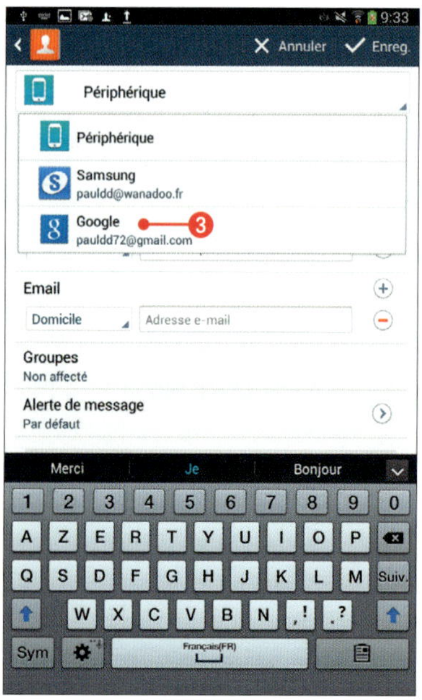

❹ Saisissez le nom de votre contact.

❺ Pour plus d'options dans la saisie du nom, touchez la flèche vers le bas en regard de l'élément **Nom**.

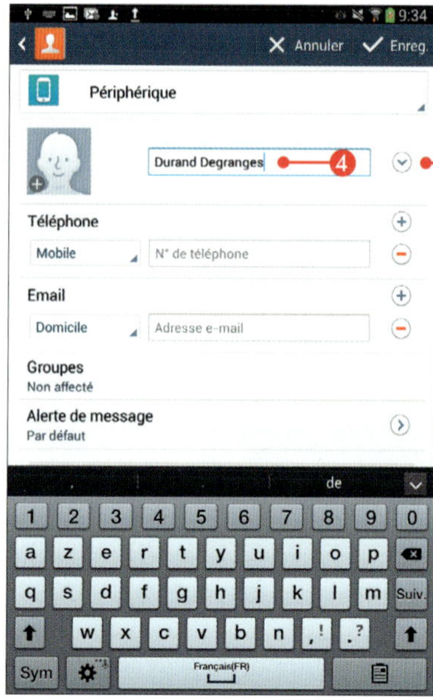

❻ Saisissez les informations sur le contact.

❼ Pour ajouter une photo pour le contact, touchez la photo puis, dans la fenêtre qui apparaît, indiquez si vous souhaitez utiliser une photo présente sur votre tablette ou si vous souhaitez utiliser l'appareil photo de la tablette pour prendre une photo.

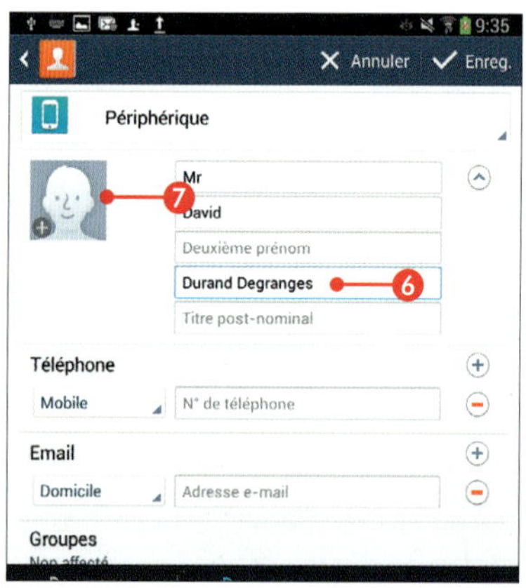

8 Dans la section Téléphone, touchez éventuellement le menu pour choisir un autre libellé.

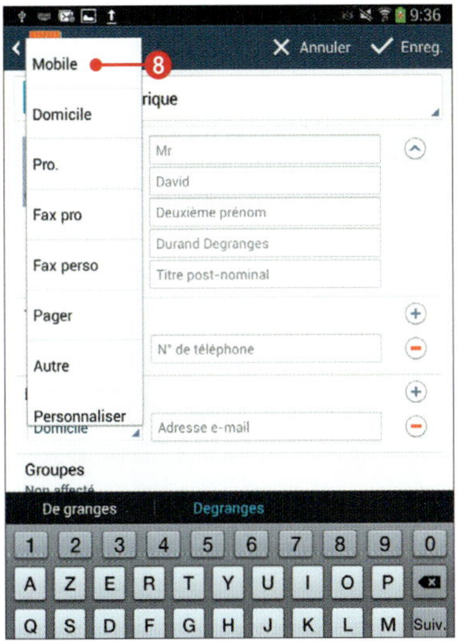

9 Saisissez le numéro de téléphone.

10 Pour ajouter un numéro de téléphone pour le contact, touchez + en regard du Téléphone.

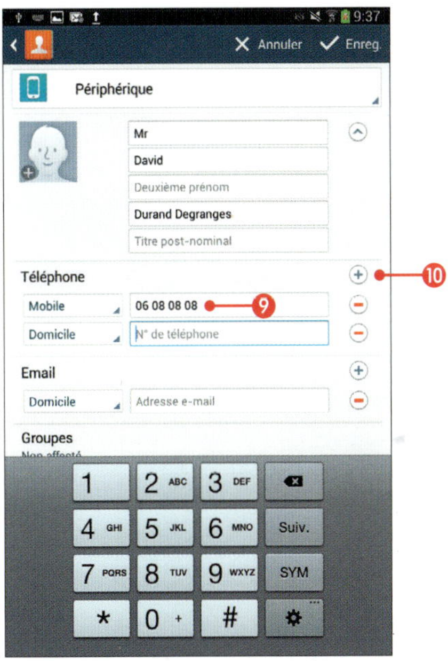

11 Une nouvelle ligne permettant la saisie du numéro de téléphone s'affiche. Répétez les Étapes **7** à **9**.

12 Pour supprimer une ligne, touchez - en regard de la ligne concernée.

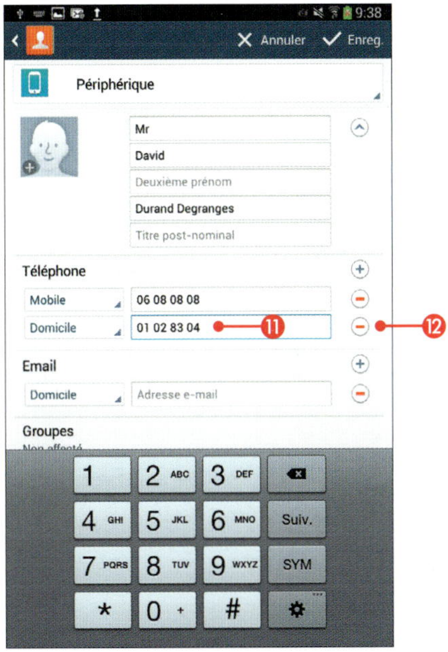

13 En utilisant le même principe que pour le numéro de téléphone, saisissez les informations dans la section E-Mail.

14 Pour placer le contact dans un groupe, touchez l'élément **Groupes**.

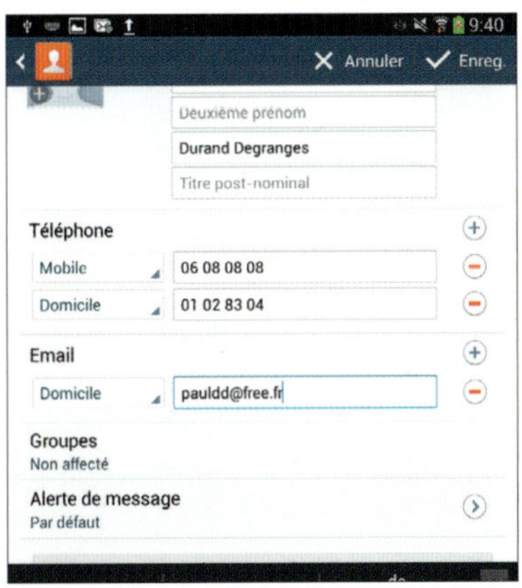

⓯ Cochez les groupes dans lesquels vous souhaitez placer le contact. Touchez **Créer groupe** si vous souhaitez ajouter un nouveau groupe à la liste.

⓰ Lorsque vous avez coché les groupes souhaités, touchez **Enreg.** pour retourner à la fiche du contact.

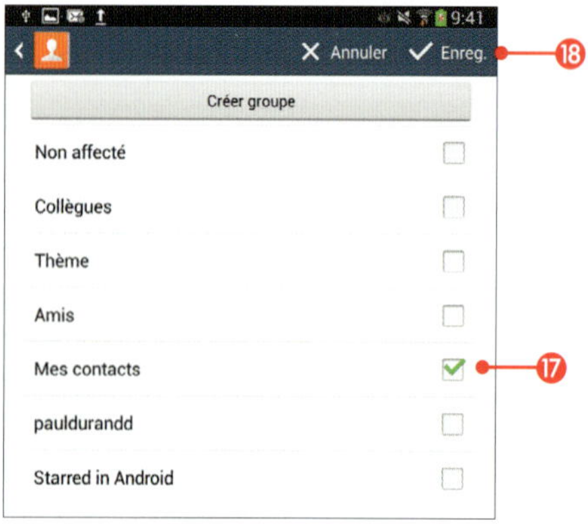

⓱ Si vous souhaitez ajouter des informations dans la fiche du contact, touchez **Aj. un autre champ**.

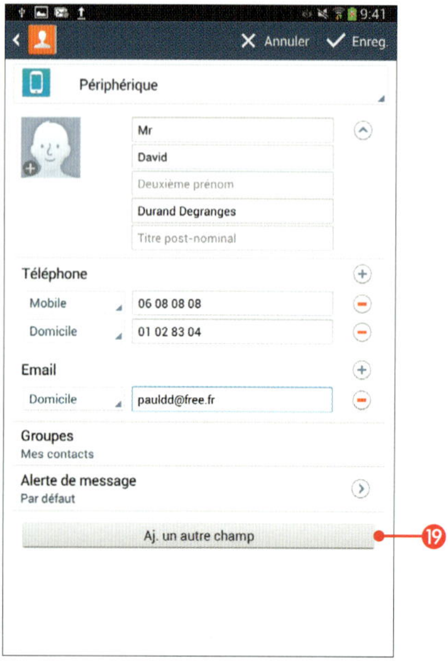

⓲ Dans la fenêtre qui s'affiche, touchez le champ souhaité, puis saisissez les informations dans le nouveau champ qui apparaît dans la fiche.

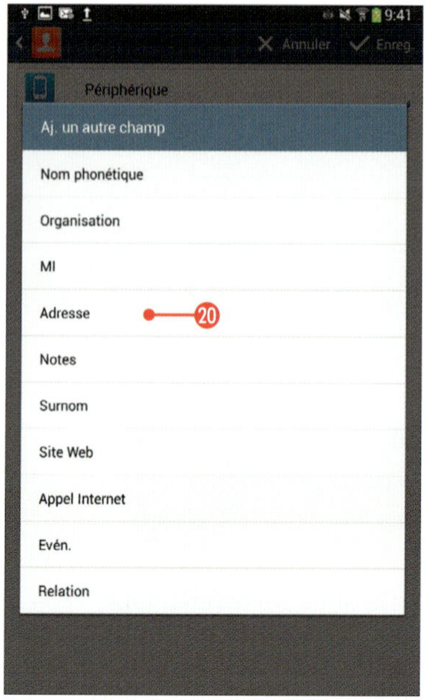

⓳ Lorsque vous avez terminé de saisir la fiche, touchez **Enreg**.

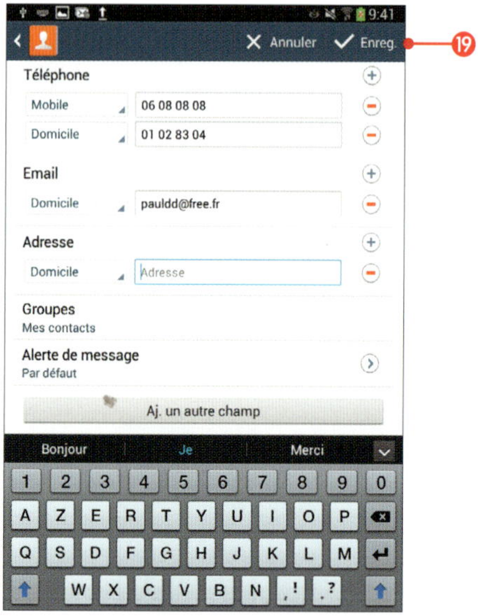

⑳ La fiche apparaît dans l'application Contacts.

Supprimer un contact

❶ Affichez le contact que vous souhaitez supprimer.

❷ Touchez la corbeille.

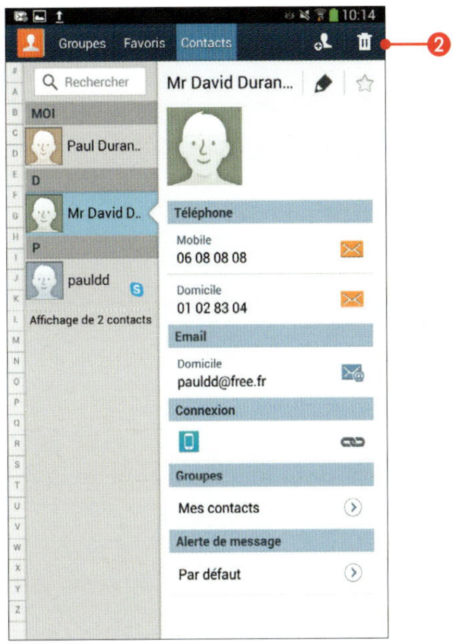

❸ Dans la fenêtre qui s'affiche, confirmez la suppression du contact. Notez que lorsque vous supprimez un contact qui se trouve sur un compte (ailleurs que sur l'appareil), lors de la synchronisation de la tablette et du compte, le contact sera supprimé du compte.

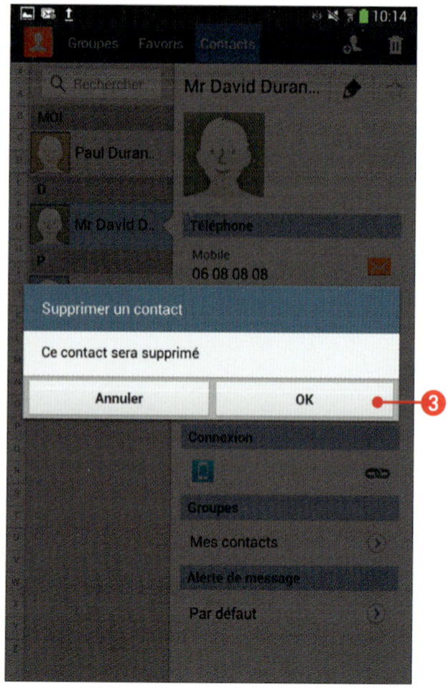

NOTE

Vous ne pouvez pas supprimer les contacts en lecture seule. Il s'agit, par exemple, des contacts de Facebook. L'application Contacts peut afficher les informations de vos contacts sur Facebook, mais elle ne permet pas de les modifier ou de les supprimer.

Supprimer plusieurs contacts

❶ Ouvrez le menu puis touchez **Supprimer des contacts**.

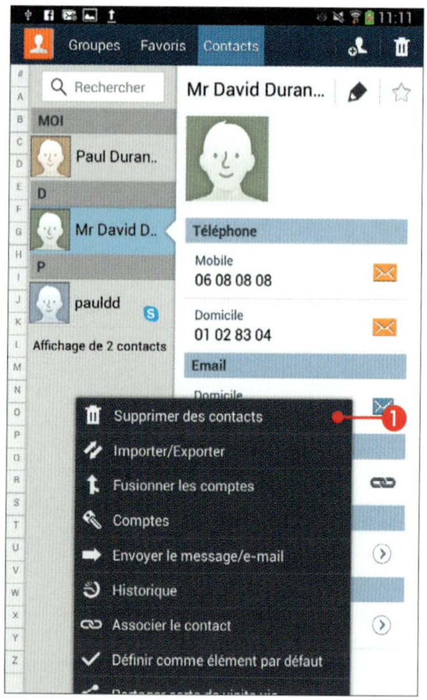

❷ Dans la fenêtre qui s'affiche, cochez les contacts à supprimer.

❸ Touchez **Supprimer**.

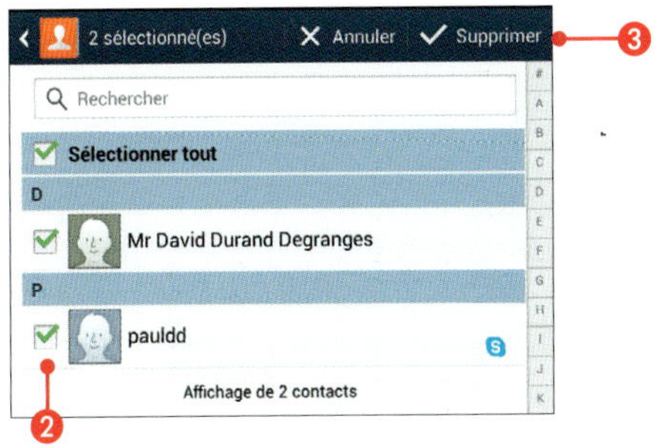

Modifier un contact

❶ Affichez le contact à modifier.

❷ Touchez ✎.

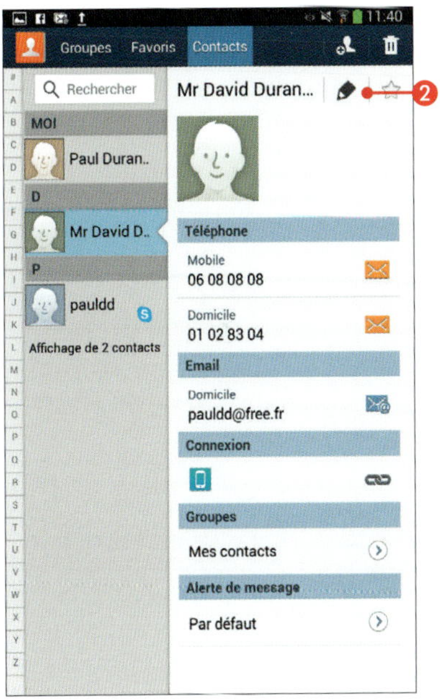

❸ La fiche du contact apparaît, procédez aux modifications en utilisant les différents champs, comme indiqué lors de la création de la fiche.

❹ Lorsque vous avez terminé les modifications, touchez **Enreg**.

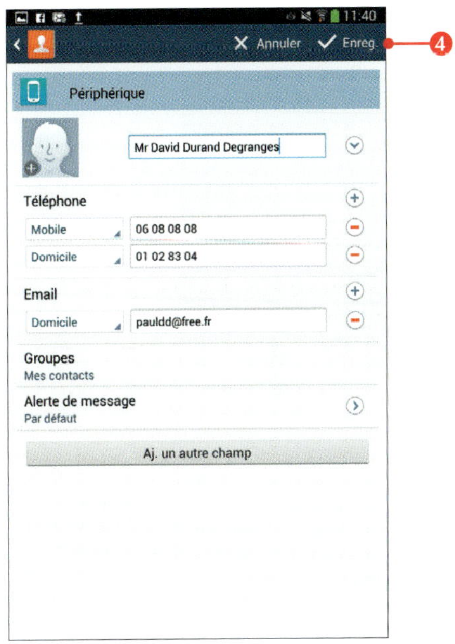

Définir les éléments par défaut d'un contact

❶ Affichez le contact à utiliser comme contact principal.

❷ Ouvrez le menu, puis touchez **Définir comme élément par défaut**.

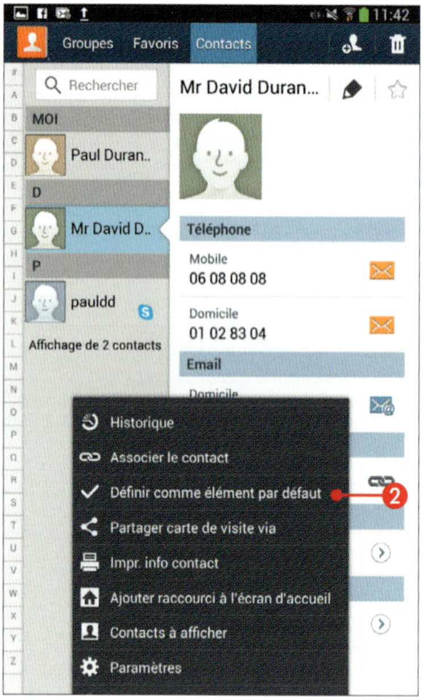

❸ Dans la fenêtre qui s'affiche, touchez les éléments à définir par défaut pour le contact.

❹ Lorsque vous avez terminé, touchez **OK**.

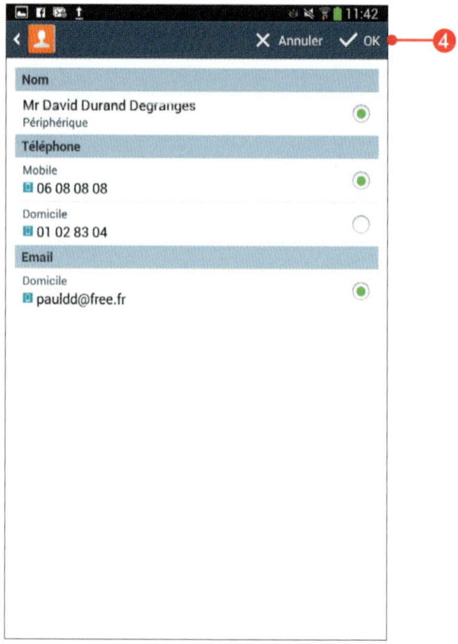

Partager une carte de visite

Vous envoyez les informations d'un contact à une autre personne en partageant une carte de visite.

❶ Affichez le contact dont vous souhaitez partager la carte de visite.

❷ Ouvrez le menu et choisissez **Partager carte de visite *via***.

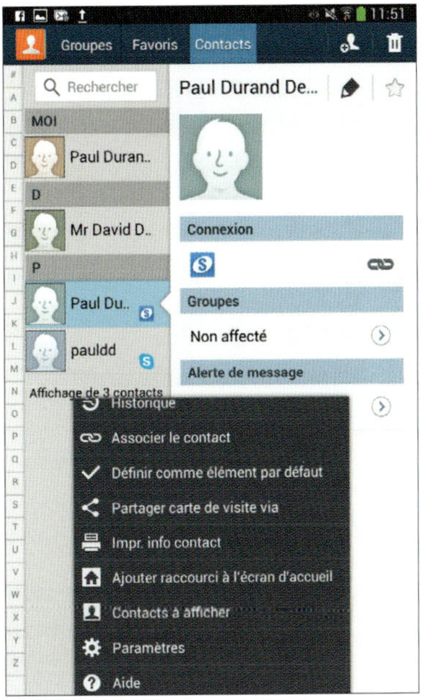

❸ Dans la fenêtre qui s'affiche, choisissez la méthode de partage de la carte de visite.

Associer un contact

Vous associez plusieurs fiches entre elles pour un même contact.

❶ Affichez le contact à associer.

❷ Ouvrez le menu puis touchez **Associer le contact**.

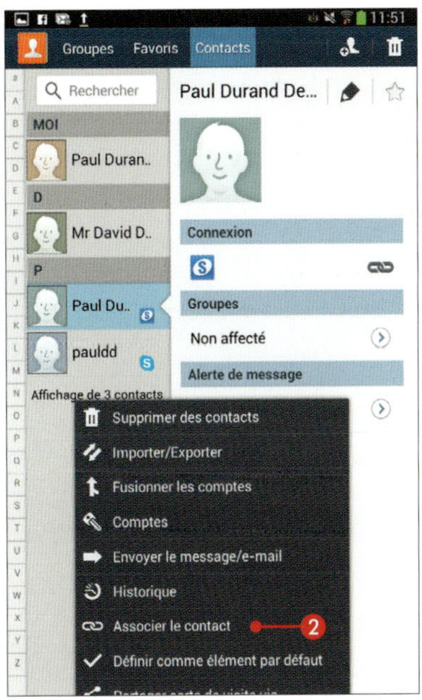

❸ Dans l'écran qui s'affiche, touchez le compte à associer au contact.

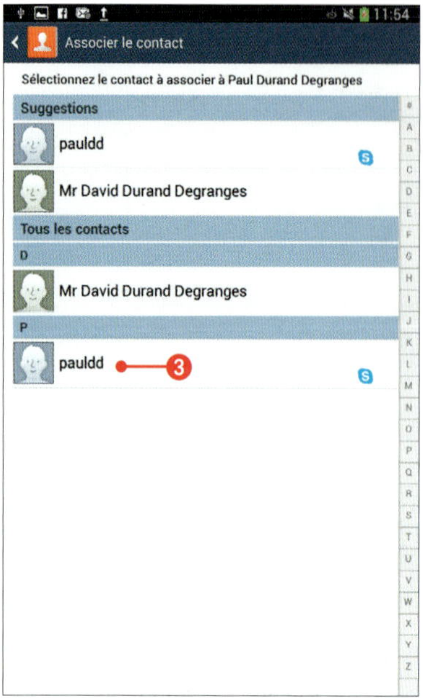

❹ Le compte ajouté apparaît dans la section Connexion du contact.

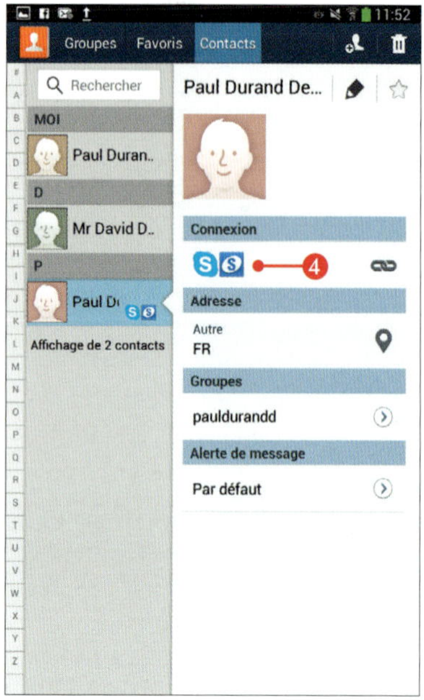

Chapitre 20

Gérer son emploi du temps

Dans ce chapitre :

- Démarrer l'application S Planner
- Créer un nouvel événement
- Créer une nouvelle tâche
- Modifier un événement ou une tâche
- Supprimer un événement ou une tâche

Vous utilisez votre tablette pour gérer votre emploi du temps. Pour cela, vous créez des événements (par exemple, une réunion ou un rendez-vous) ou vous saisissez les tâches que vous devez faire. Votre tablette vous rappellera l'imminence d'un rendez-vous ou de la date butoir pour la réalisation d'une tâche.

Démarrer l'application S Planner

❶ Affichez la liste des applications.

❷ Touchez **S Planner**.

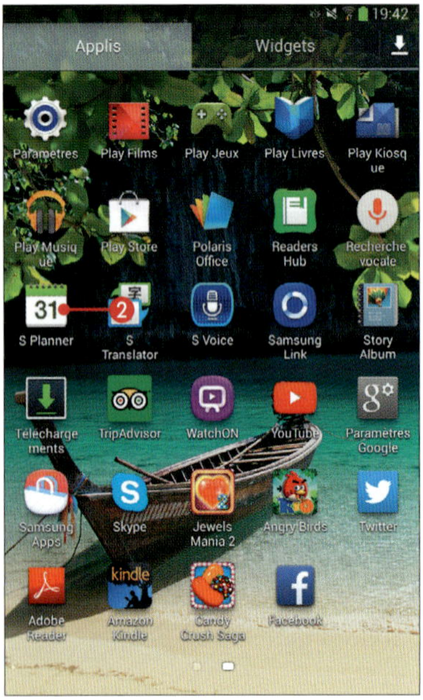

❸ L'application S Planner s'ouvre.

❹ Pour changer de mode d'affichage, ouvrez le menu en haut à gauche puis sélectionnez la période que vous souhaitez afficher.

❺ Pour sélectionner les calendriers que vous affichez, touchez le bouton **Calendriers**.

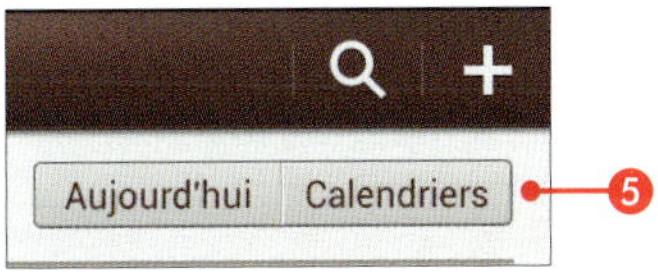

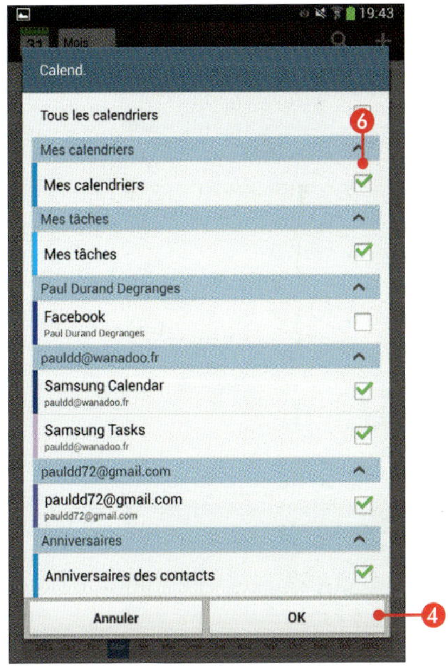

❻ Décochez les calendriers que vous ne souhaitez pas afficher.

❼ Touchez **OK** pour valider vos modifications.

Créer un nouvel événement

❶ Afficher le calendrier.

❷ Touchez + dans la barre d'outils.

❸ Si nécessaire, touchez **Ajouter un événement** dans le menu.

❹ Pour changer de calendrier, touchez la liste en regard de **Calendrier** puis touchez le calendrier à utiliser.

❺ Nommez l'événement dans la zone **Titre**.

❻ Si vous souhaitez ajouter un logo, touchez le bouton à droite du titre de l'événement.

❼ Choisissez une icône dans la fenêtre qui s'affiche.

8 Touchez les boutons des sections **De** et **Au** pour indiquer le jour et l'heure de début et de fin.

9 Si vous le souhaitez, indiquez le fuseau horaire pour automatiquement adapter l'heure de rendez-vous.

10 Si l'événement dure toute la journée, cochez la case **Journée entière**. Dans ce cas, vous précisez uniquement le jour de début et le jour de fin.

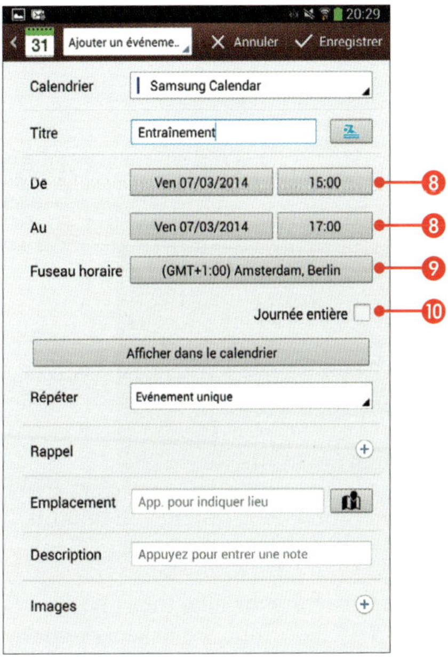

11 Pour programmer une récurrence, ouvrez le menu en regard de **Répéter**, puis choisissez une fréquence.

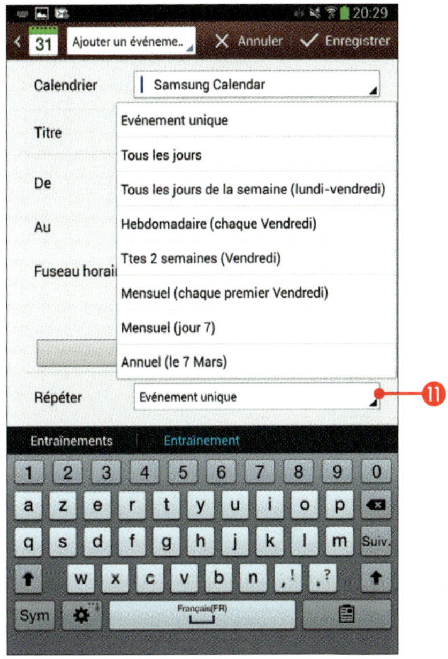

12 Pour être averti de l'imminence de l'événement, touchez + en regard de **Rappel**.

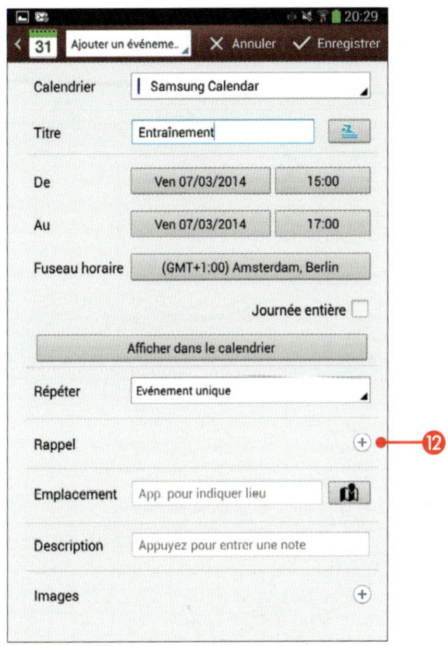

13 Ouvrez la liste et indiquez quand vous souhaitez être rappelé de l'événement.

14 Ouvrez la liste et indiquez le type de notification souhaité.

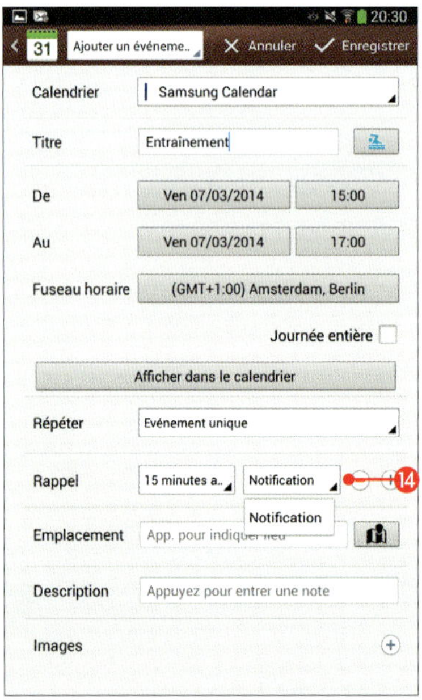

15 Si vous souhaitez créer un rappel à une autre période, touchez + et répétez les Étapes 13 et 14.

16 Dans la section Emplacement, saisissez le lieu de l'événement.

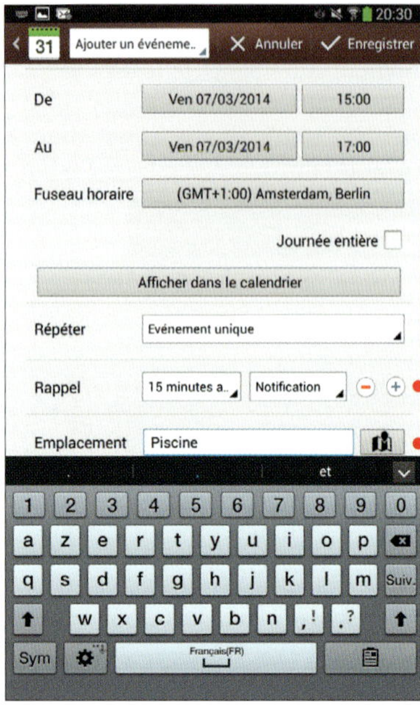

17 Si vous le souhaitez, touchez le bouton **Maps** en regard de l'élément Emplacement.

18 Utilisez la carte pour effectuer une recherche d'un lieu. Touchez le repère sur la carte ou **OK** pour valider le lieu.

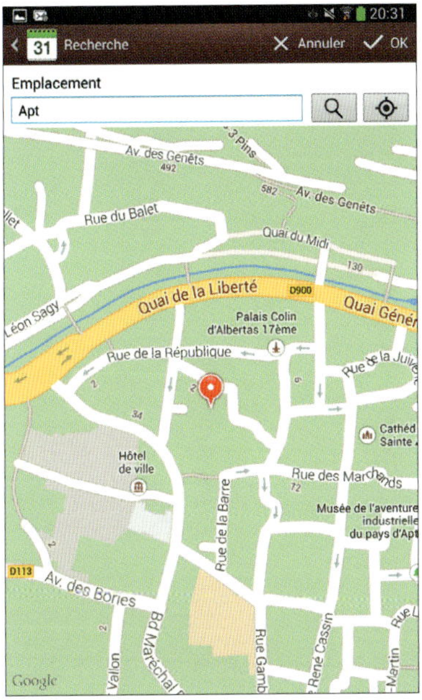

⓳ Si vous le souhaitez, saisissez des informations dans la zone Description.

⓴ Dans la zone Participants, indiquez l'adresse de courriel des personnes qui participent à l'événement. Vous pouvez toucher le bouton **Contacts** pour afficher vos contacts et sélectionner ceux qui sont concernés. Lorsque vous ajoutez des participants, ceux-ci reçoivent par courriel une invitation à l'événement.

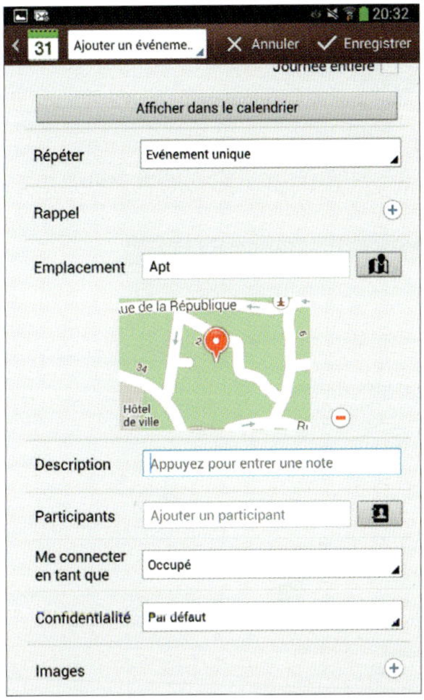

㉑ Dans la section Me connecter en tant que, indiquez si à cause de l'événement vous devez apparaître comme occupé ou si vous êtes toujours disponible.

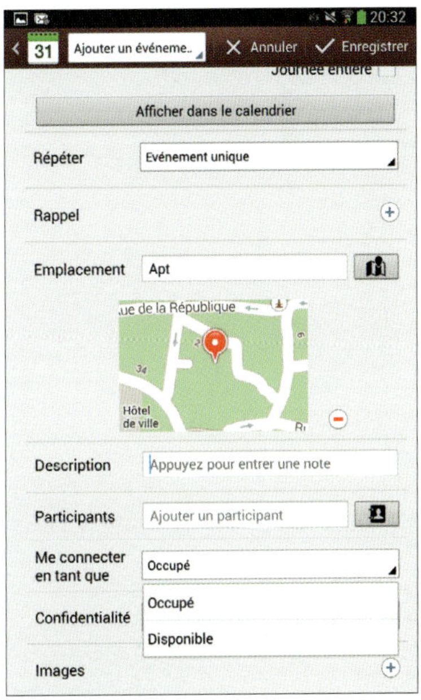

22 Dans la section Confidentialité, indiquez le niveau de confidentialité de l'événement que vous créez.

23 Si vous souhaitez ajouter des notes ou des images, touchez + dans les zones respectives.

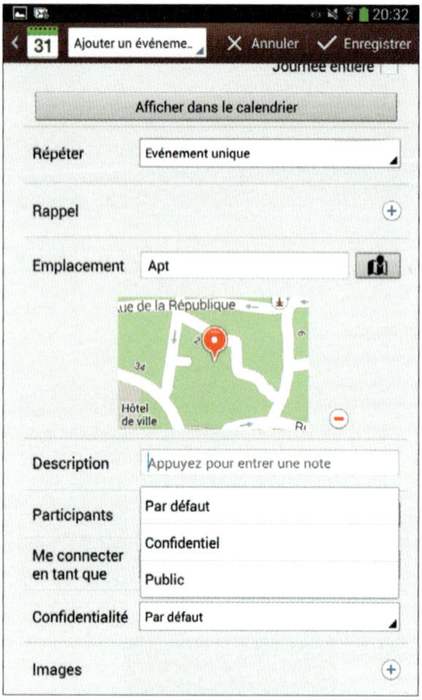

24 Touchez **Enregistrer** pour créer l'événement.

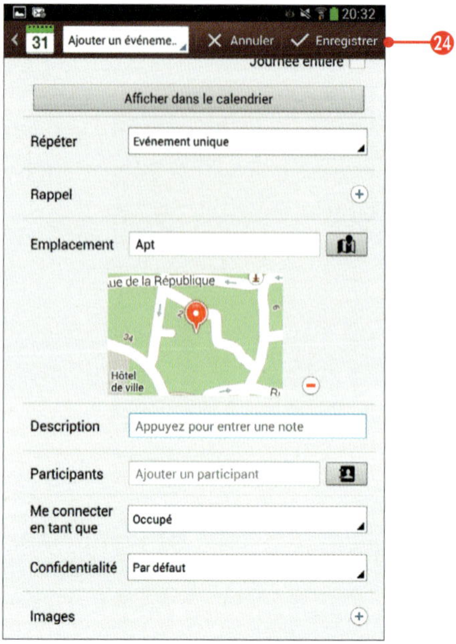

25 L'événement apparaît dans le calendrier.

Créer une nouvelle tâche

1. Affichez le calendrier.

2. Touchez + dans la barre d'outils.

3. Sélectionnez **Ajouter une tâche** dans le menu.

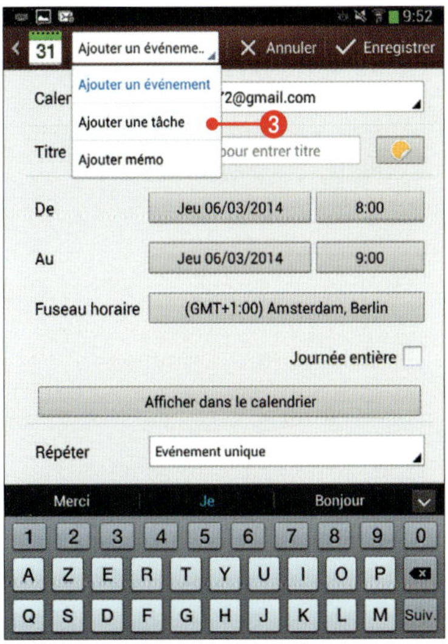

4. Dans la section Tâche, indiquez le compte à utiliser pour la tâche.

5. Dans la section Titre, nommez votre tâche.

6. Touchez le bouton **Date d'échéance** puis indiquez la date d'échéance.

7. Si vous ne souhaitez pas de date d'échéance, cochez **Aucune date d'échéance**.

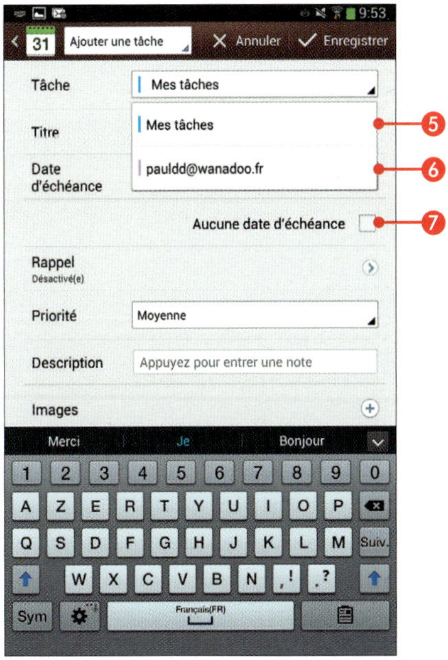

8. Si vous souhaitez un rappel, touchez la flèche en regard de Rappel, puis dans la fenêtre qui s'affiche, indiquez le type de rappel que vous souhaitez.

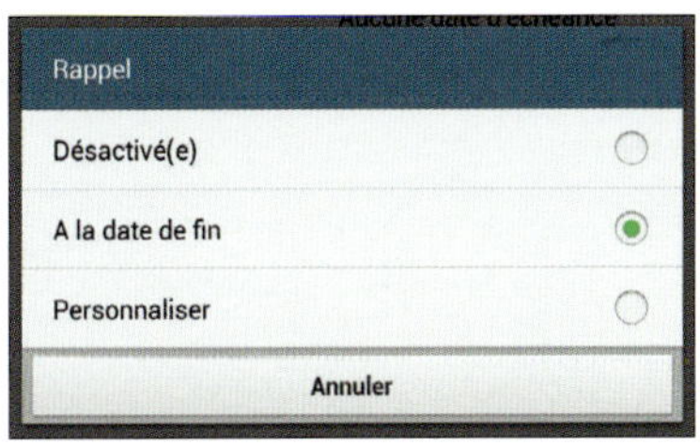

9 Si nécessaire, modifiez les derniers éléments de la tâche.

10 Touchez **Enregistrer** pour créer la tâche.

11 La tâche s'affiche dans le calendrier.

Modifier un événement ou une tâche

1 Affichez le calendrier.

2 Affichez l'événement ou la tâche.

3 Affichez le jour de l'événement ou de la tâche à modifier (en mode Mois, touchez le jour dans le calendrier).

4 L'événement ou la tâche apparaît dans la liste des événements au bas de l'écran.

5 Touchez l'événement ou la tâche dans la liste des événements.

6 Ouvrez le menu en haut à droite de la fenêtre qui s'affiche.

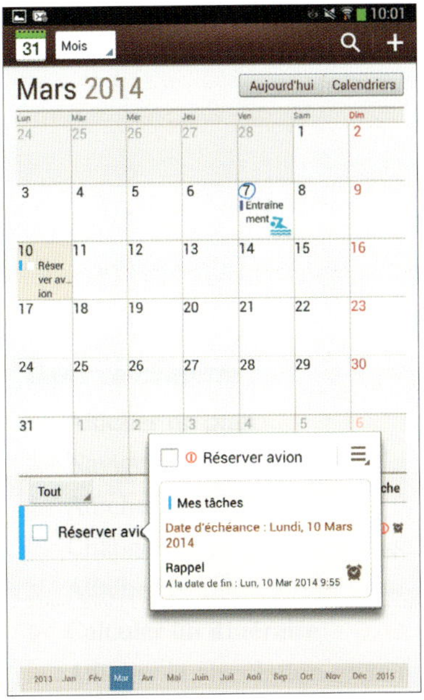

❼ Pour supprimer l'événement ou la tâche, touchez **Supprimer**, puis confirmez la suppression.

❽ Pour modifier l'événement ou la tâche, touchez **Modifier.**

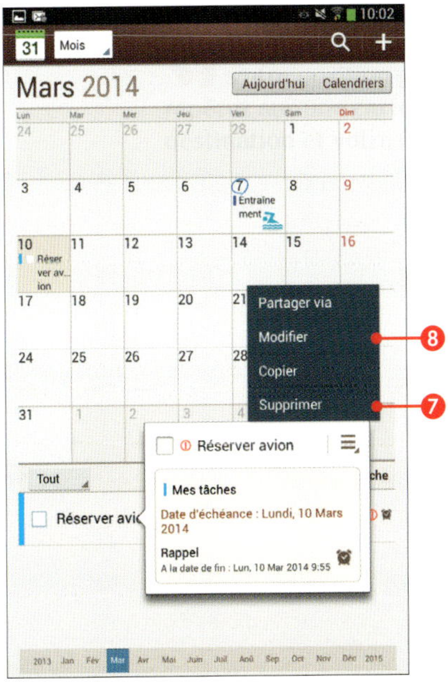

❾ Modifiez les éléments de l'événement ou de la tâche, puis touchez **Enregistrer**.

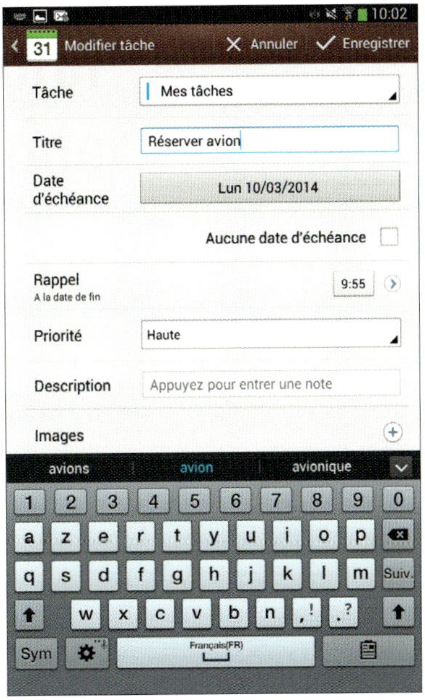

Afficher un plan

Pour afficher une carte centrée sur votre position géographique, vous utilisez l'application Maps.

❶ Affichez la liste des applications.

❷ Touchez **Maps**.

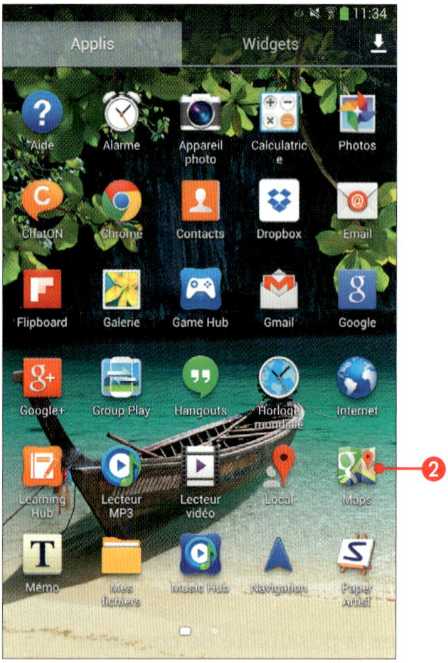

❸ Le plan s'affiche, avec votre position représentée par un point bleu.

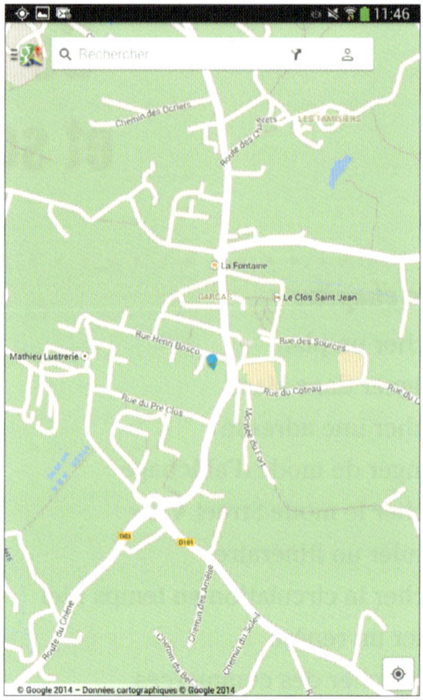

❹ La flèche sur le point bleu indique l'orientation de la tablette.

❺ En haut à droite, une boussole vous aide à vous orienter.

❻ Touchez le bouton en bas à droite ou la boussole, en haut à droite, pour changer de mode de vue, avec ou sans boussole, et centrer votre emplacement à l'écran.

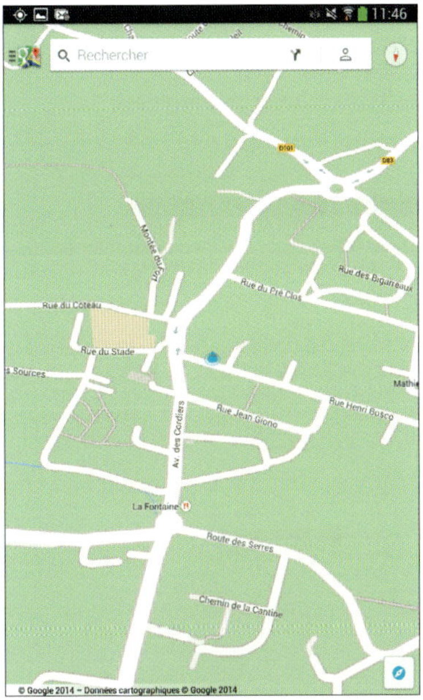

7 Lorsque vous vous déplacez, la flèche bleue se déplace pour indiquer votre nouvelle position.

Naviguer dans Maps

Pour déplacer le plan, posez votre doigt sur l'écran et faites-le glisser dans la direction dans laquelle vous souhaitez faire glisser le plan lui-même. Par exemple, pour afficher la partie qui se trouve en bas à gauche, posez votre doigt sur l'écran et faites-le glisser vers le haut à droite.

Pour effectuer un zoom sur une partie du plan, vous pouvez écarter le pouce et l'index sur la zone qui vous intéresse, mais vous pouvez également double-taper la zone. Double-tapez autant de fois que nécessaire pour obtenir le niveau de zoom souhaité (ou jusqu'à atteindre le niveau maximum).

Pour effectuer un zoom arrière en revanche, il n'existe qu'un seul mouvement : vous pincez l'écran avec votre pouce et votre index.

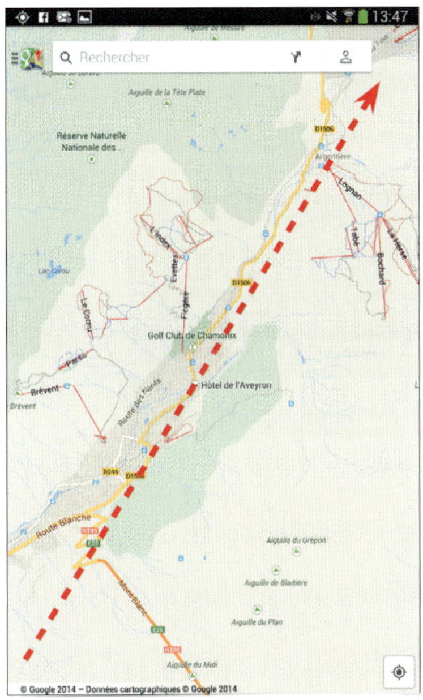

Afficher une adresse

Vous pouvez rechercher une adresse précise ou un lieu célèbre.

❶ Touchez la zone **Rechercher**, en haut à gauche.

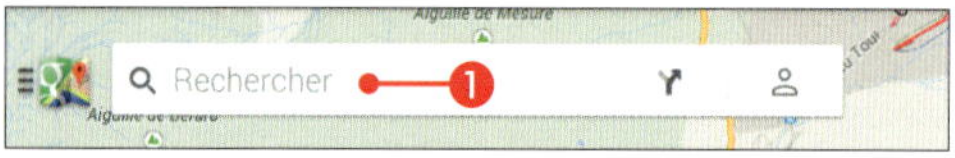

❷ Saisissez une adresse ou le nom d'un monument (vous pouvez aussi toucher le micro et dicter ce que vous recherchez). Une liste de propositions s'affiche. Si ce que vous cherchez s'y trouve, touchez l'élément correspondant, sinon touchez la loupe au clavier.

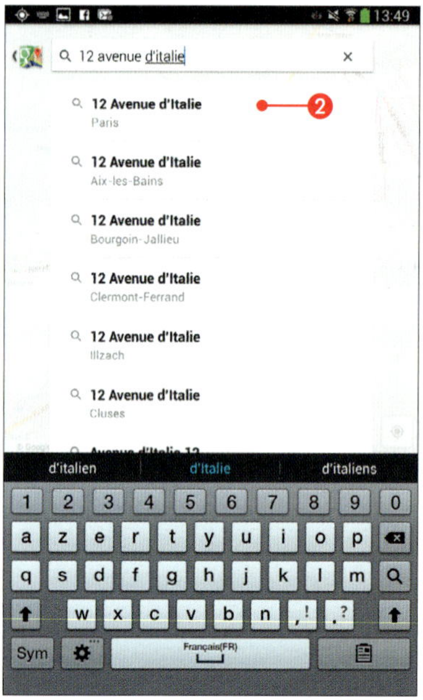

❸ Lorsque Maps a trouvé l'adresse recherchée, une épinglette se positionne sur le plan.

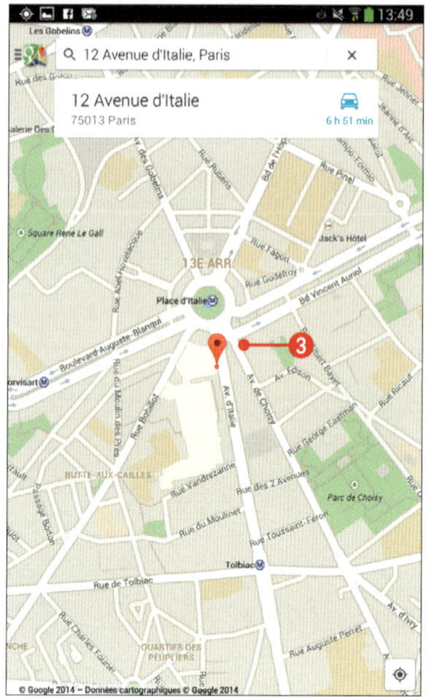

Changer de mode d'affichage

Par défaut, Maps affiche les rues, comme sur une carte routière. Il est possible de changer de mode d'affichage.

❶ Affichez un plan.

❷ Ouvrez le menu et touchez **Satellite**.

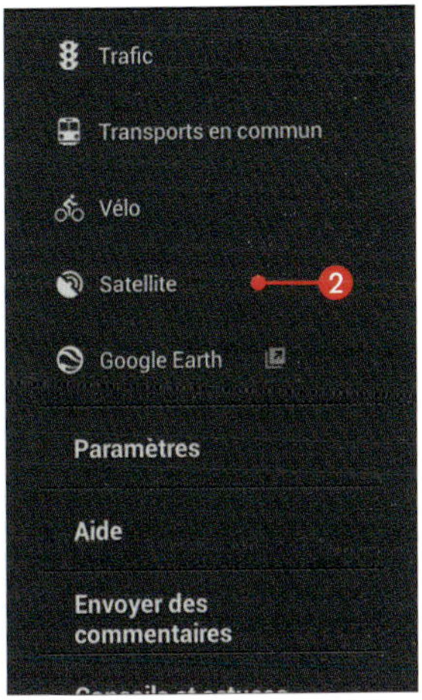

❸ La vue satellite s'ajoute au plan.

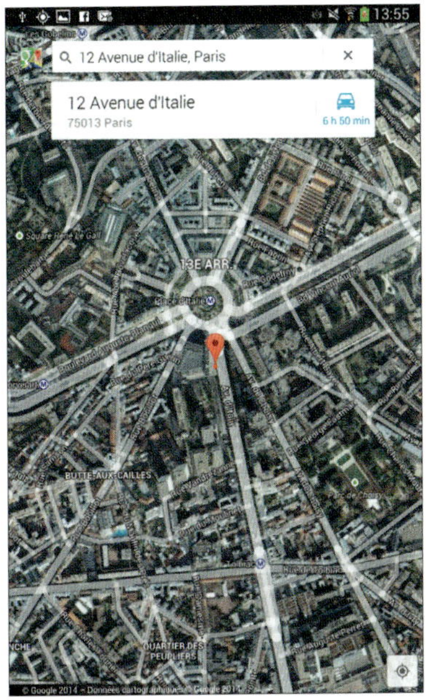

❹ Pour revenir à la carte routière, ouvrez de nouveau le menu puis touchez **Satellite** pour désactiver la fonction.

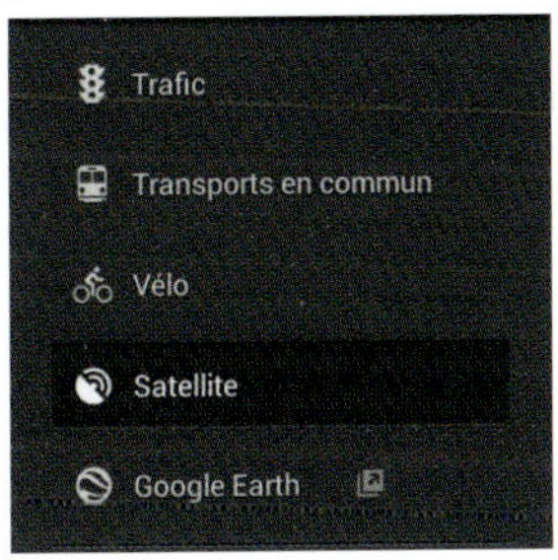

Afficher le mode Street View

Maps permet d'afficher des photos panoramiques des rues grâce à **Google Street View**.

❶ Affichez un plan.

❷ Effectuez éventuellement une recherche ou touchez un point du plan pour faire apparaître une épingle.

❸ Touchez le cadre dans lequel s'affiche l'adresse ainsi que le temps de trajet en voiture.

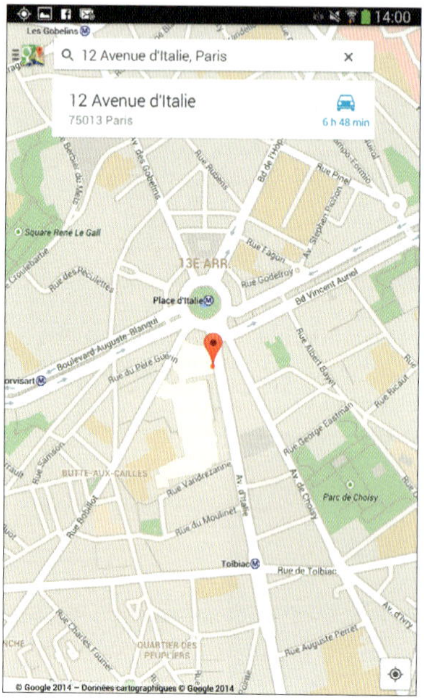

❹ Dans la fenêtre qui s'affiche, touchez **Street View** (la photo affichée).

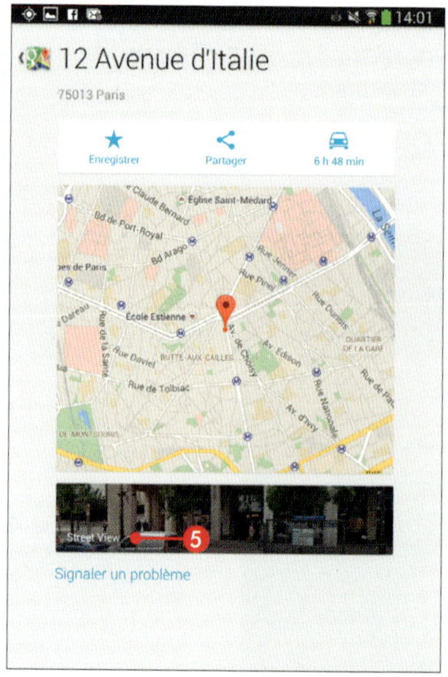

❺ L'image de la rue s'affiche comme si vous étiez au milieu de celle-ci. Vous pouvez regarder tout autour de vous en faisant glisser l'image avec votre doigt.

6 Lorsque la rue est affichée, touchez les flèches pour avancer ou reculer dans la rue.

7 Pour revenir à l'affichage de l'Étape 4, touchez le bouton sensible **Retour**, puis touchez de nouveau **Retour** pour revenir au plan.

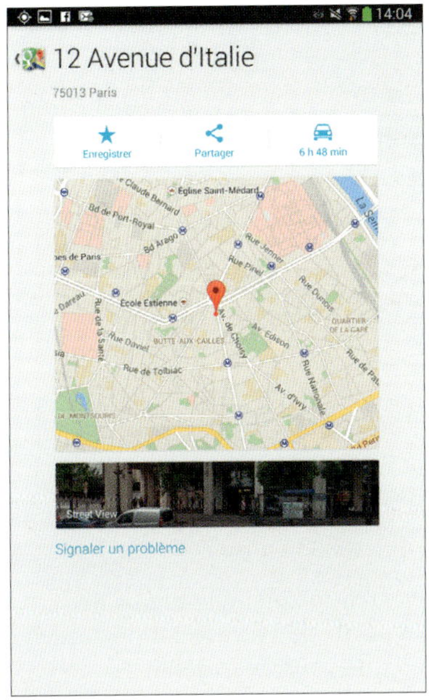

Calculer un itinéraire

L'application Maps vous permet également de calculer un itinéraire. Attention, il ne s'agit toutefois pas d'un guidage vocal (pour cela, consultez la section sur l'application Navigation, par la suite).

1 Effectuez une recherche du lieu d'arrivée.

2 Touchez le temps de trajet en voiture affiché dans la partie supérieure de l'écran.

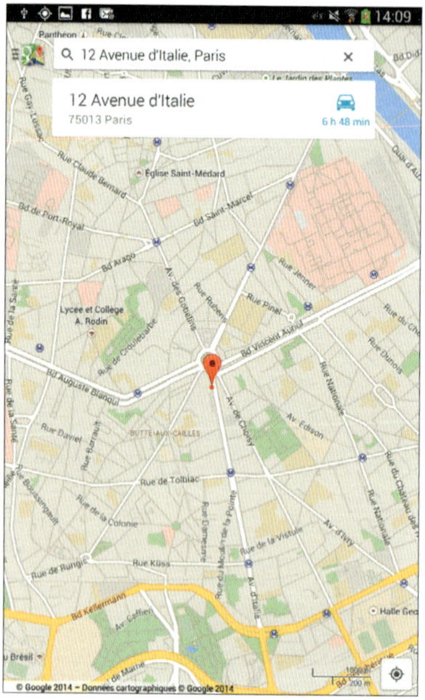

2 Un nouvel écran affiche le temps de circulation à partir de votre position actuelle jusqu'au lieu que vous avez défini.

4 Pour inverser les lieux de départ et d'arrivée de l'itinéraire, touchez les deux flèches en regard de Ma position et du lieu d'arrivée.

5 Si nécessaire, indiquez le mode de transport souhaité.

6 Si nécessaire, touchez **Options d'itinéraire**.

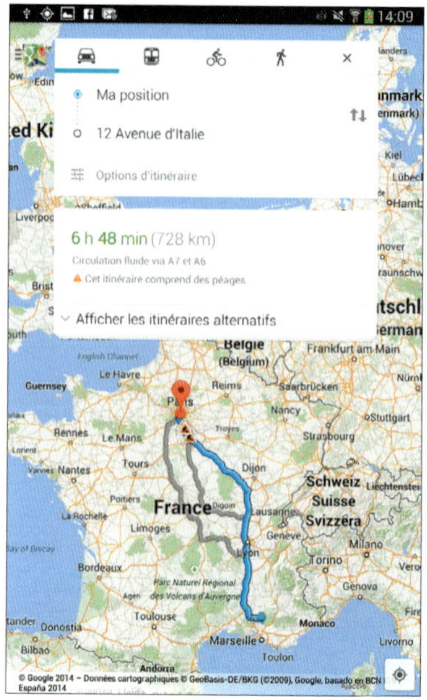

7 Dans la fenêtre qui s'affiche, cochez ou décochez les cases souhaitées, puis touchez **OK**.

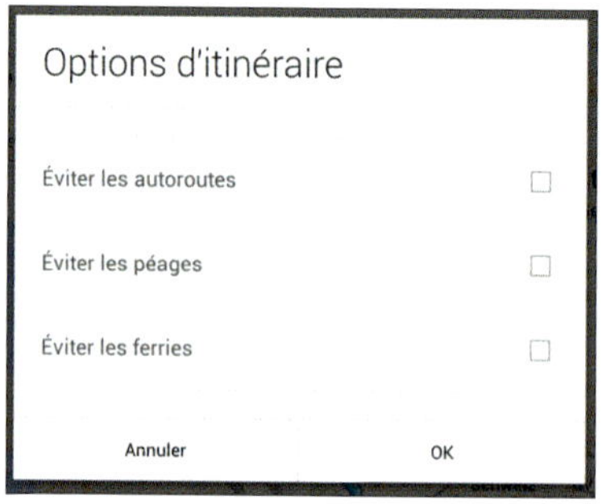

8 Si nécessaire, touchez **Afficher les itinéraires alternatifs**.

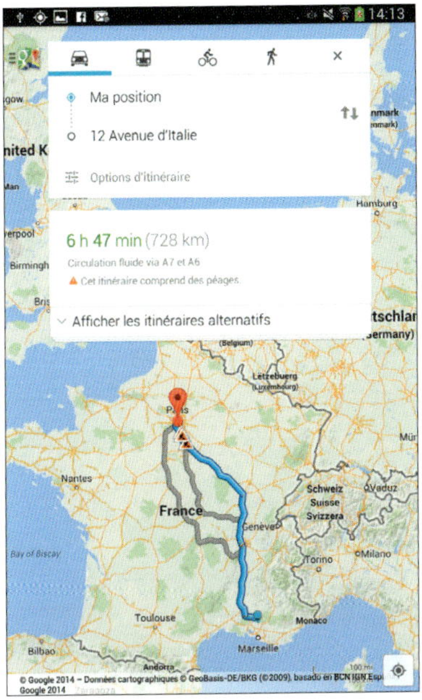

❾ Les autres itinéraires s'affichent.

❿ Touchez celui que vous souhaitez utiliser.

⓫ L'itinéraire détaillé s'affiche. Faites défiler les instructions. Si vous souhaitez un guidage vocal, touchez **Départ** pour démarrer l'application Navigation (cette dernière est présentée à la fin de ce chapitre).

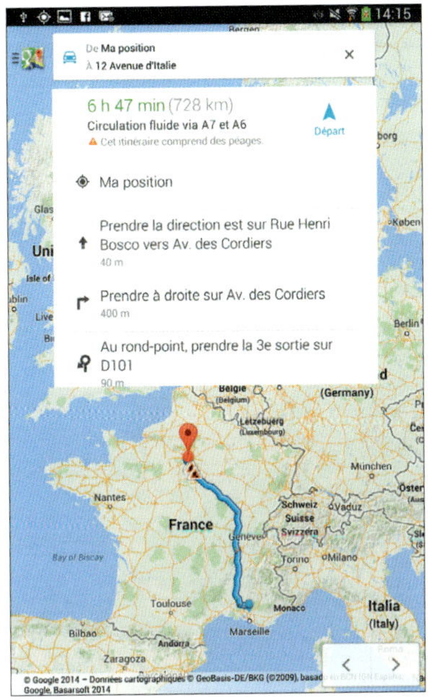

Afficher la circulation en temps réel

Maps peut indiquer la circulation en temps réel pour les grandes villes et les grands axes.

❶ Affichez la zone pour laquelle vous souhaitez connaître l'état de la circulation.

❷ Ouvrez le menu, puis touchez **Trafic**.

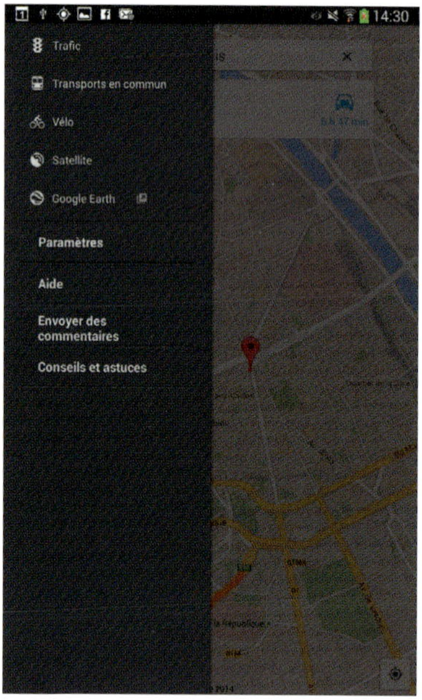

❸ L'état de la circulation s'affiche sur le plan grâce aux couleurs verte, orange et rouge. Les axes marqués en rouge sont, bien entendu, ceux sur lesquels la circulation est très difficile.

❹ Pour revenir à l'affichage sans les informations sur le trafic, ouvrez le menu puis touchez de nouveau **Trafic** pour désactiver la fonction.

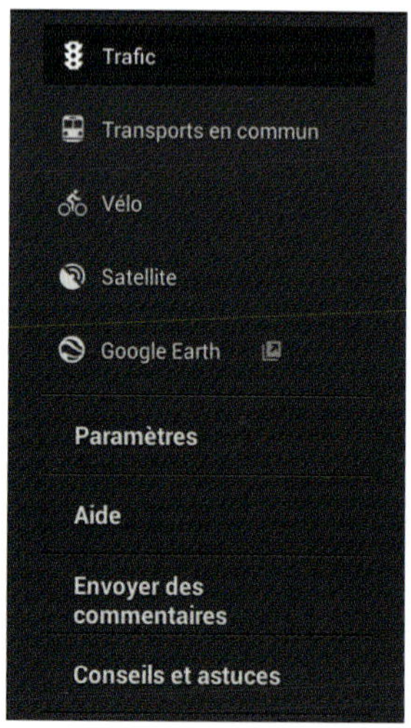

Placer un repère

❶ Pour placer un repère sur le plan, touchez le plan jusqu'à ce qu'une épinglette s'affiche.

❷ Des informations sur le lieu s'affichent dans le cadre en haut du plan.

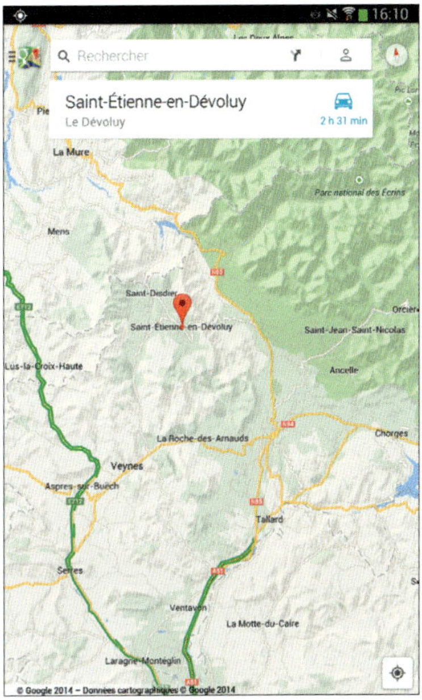

Rechercher des commerces

Maps permet de rechercher des commerces autour de vous. Vous pouvez aussi afficher des commerces ou points d'intérêt autour de vous, ou dans un lieu spécifique.

❶ Touchez **Rechercher** en haut de l'écran.

❷ Dans la fenêtre qui s'affiche, vous avez la possibilité de chercher un type de commerce ou de service précis.

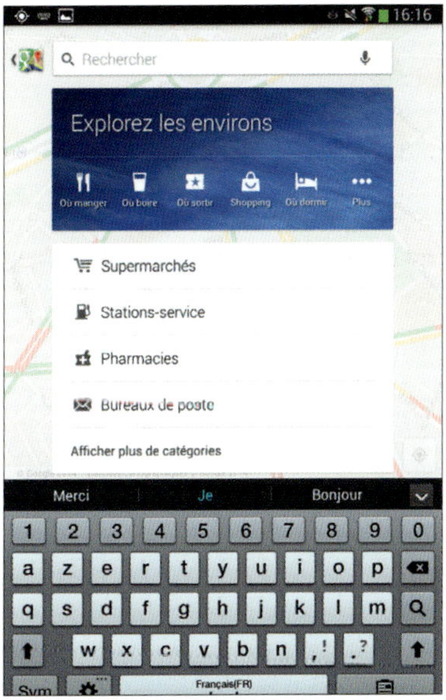

3 Si vous le souhaitez, touchez l'icône correspondant au service souhaité.

4 Par exemple, en touchant **Où manger**, vous obtenez la liste des restaurants à proximité de votre emplacement géographique, de la dernière adresse saisie ou du dernier repère que vous avez placé.

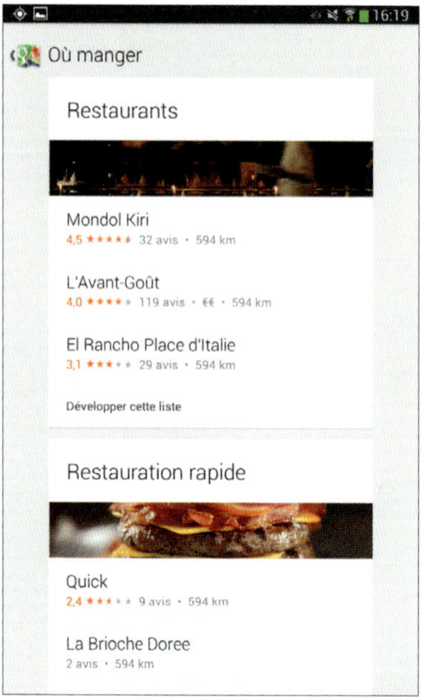

5 Vous pouvez également saisir un type de commerce ou le nom d'une boutique, enseigne, marque.

6 Une liste de lieux ou de commerces correspondant à votre recherche s'affiche.

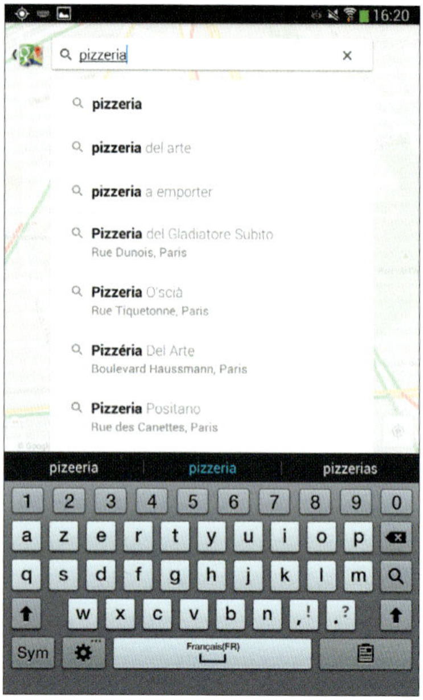

7 Touchez un des éléments dans la liste ou touchez la loupe dans le clavier.

8 Un résultat s'affiche.

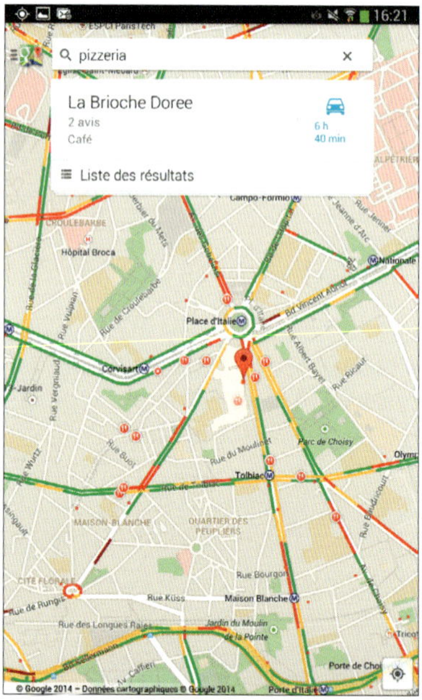

9 Touchez **Liste des résultats** pour afficher tous les résultats correspondants à la recherche.

10 Touchez le résultat souhaité pour afficher des informations détaillées.

Partager un emplacement

1 Pour partager un emplacement géographique, commencez par placer une épinglette (en posant une marque ou en effectuant une recherche).

2 Touchez le cadre indiquant le lieu pour ouvrir une fenêtre.

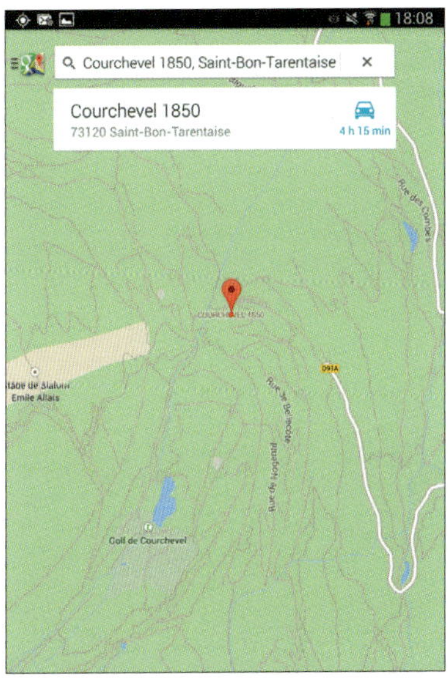

❸ Dans la nouvelle fenêtre qui s'affiche, touchez **Partager**.

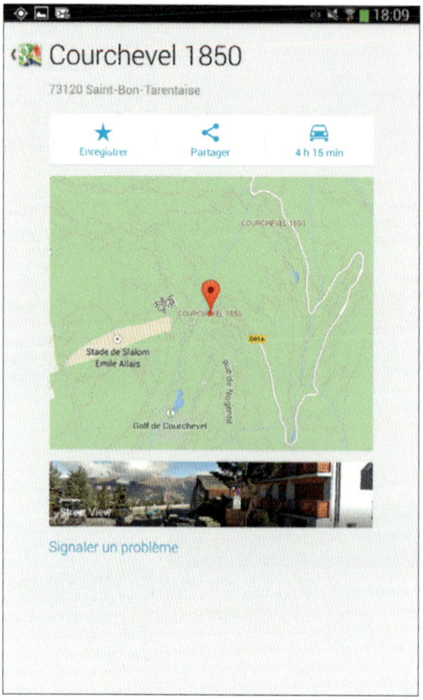

❹ Choisissez le service avec lequel vous souhaitez partager cette adresse, puis suivez la procédure du service pour l'envoi.

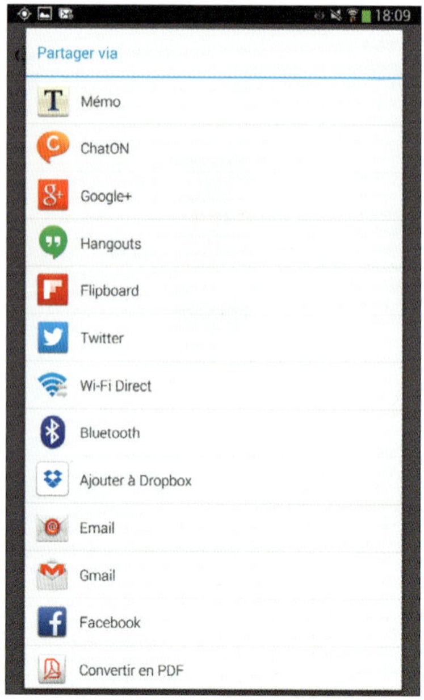

Utiliser l'application Navigation

❶ Affichez la liste des applications.

❷ Touchez **Navigation**.

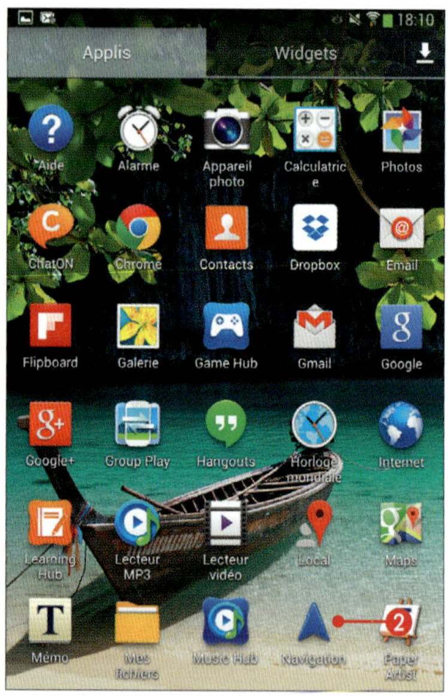

3 L'application Navigation démarre (il s'agit de la partie Navigation de Google Maps).

4 Choisissez le moyen de transport pour vous rendre à destination.

5 Par défaut, le lieu de départ est votre position actuelle. Pour calculer l'itinéraire à partir d'un autre lieu, touchez **Ma position** puis saisissez l'emplacement.

6 Touchez **Choisissez une destination** et indiquez le lieu d'arrivée.

7 Une nouvelle fenêtre s'affiche et montre l'itinéraire sur la carte.

8 Pour inverser les lieux de départ et d'arrivée de l'itinéraire, touchez les deux flèches en regard de Ma position et du lieu d'arrivée.

9 Si nécessaire, touchez **Options d'itinéraire**.

10 Dans la fenêtre qui s'affiche, cochez ou décochez les cases souhaitées, puis touchez **OK**.

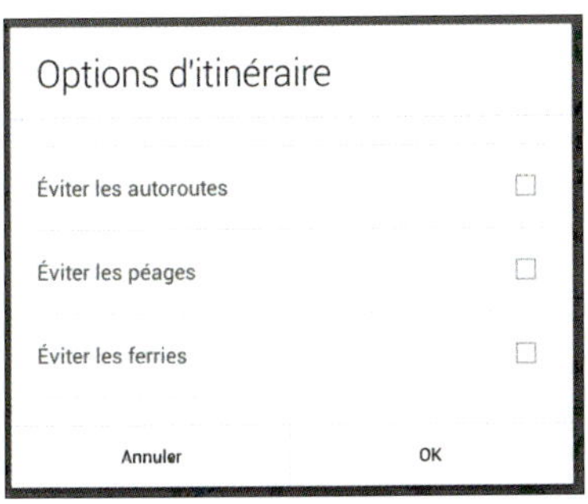

11 Si nécessaire, touchez **Afficher les itinéraires alternatifs**.

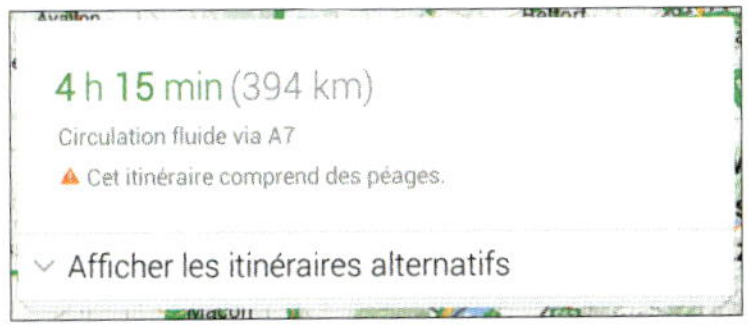

12 Les autres itinéraires s'affichent.

13 Touchez celui que vous souhaitez utiliser.

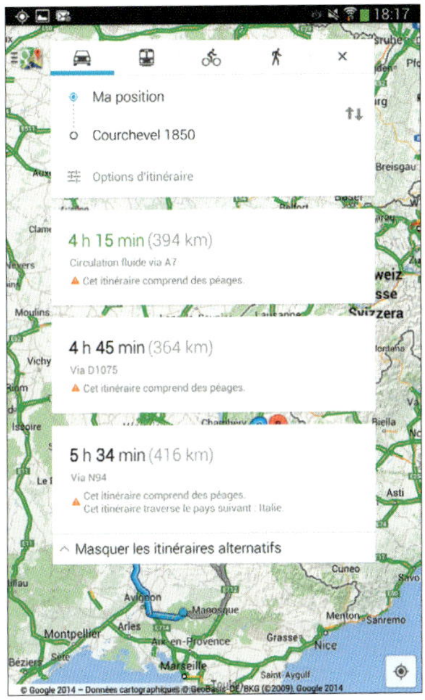

14 L'itinéraire détaillé s'affiche. Faites défiler les instructions dans la fenêtre.

15 Pour obtenir un guidage vocal, touchez **Départ**.

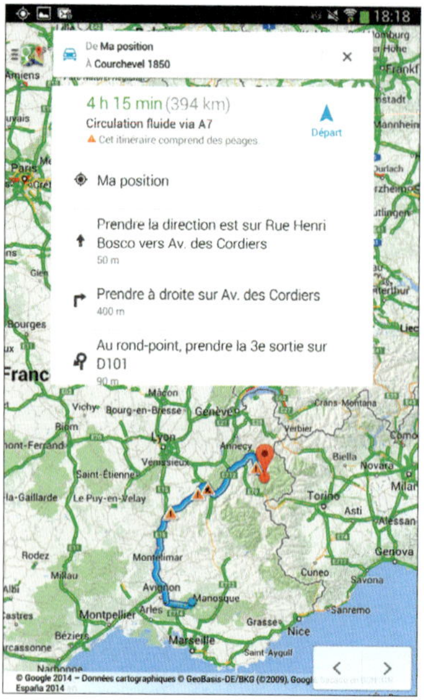

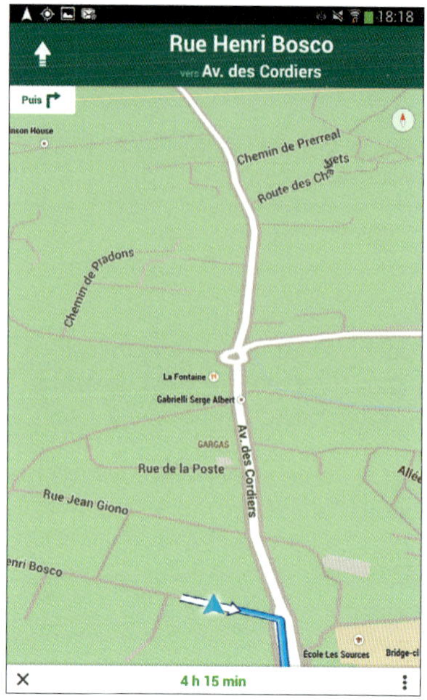

⓰ L'itinéraire s'affiche et une voix synthétique vous donne les instructions de navigation.

Chapitre 22

Sécuriser sa tablette

Dans ce chapitre :

- Configurer l'écran de verrouillage
- Localiser l'appareil à distance
- Sauvegarder les données sur le Cloud

Dans ce chapitre, je vous présente quelques informations sur la protection de votre tablette : entre autres, protéger la sortie de veille pour éviter que tout le monde accède à vos données.

Configurer l'écran de verrouillage

Par défaut, vous quittez l'écran de verrouillage en faisant glisser votre doigt sur l'écran. Pour plus de sécurité et empêcher l'utilisation non autorisée de votre tablette, vous optez pour un déverrouillage plus complexe.

1. Affichez la liste des applications.

2. Touchez **Paramètres**.

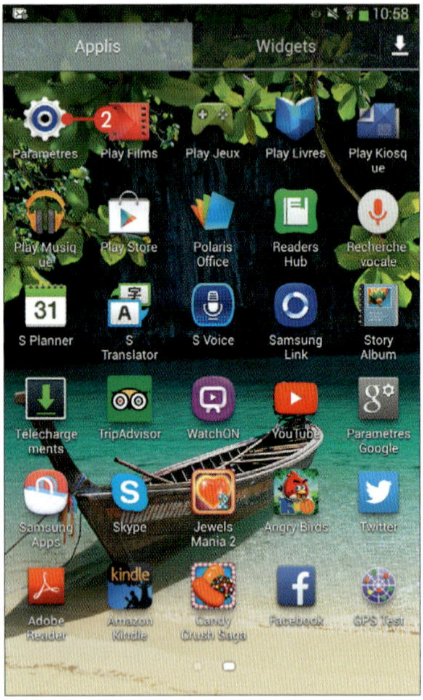

3. Dans la section Personnel, touchez **Écran de verrouillage**.

4. Dans le volet de droite, touchez **Déverrouillage de l'écran**.

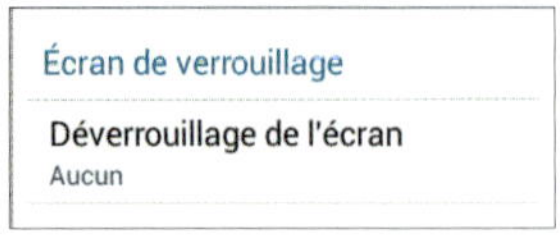

5. Dans le nouvel écran, choisissez une méthode de déverrouillage.

- **Glissement**. Il s'agit de la méthode de déverrouillage par défaut.
- **Déverrouillage visage**. La tablette utilise la caméra frontale pour enregistrer votre visage. Pour déverrouiller la tablette, vous présentez votre visage. Notez qu'une personne qui vous ressemble peut déverrouiller la tablette. Touchez cette option, puis suivez les instructions à l'écran pour enregistrer votre visage.

- **Déverrouillage visage et voix**. En plus de la photo de votre visage, la tablette utilise votre voix. Après avoir réalisé la photo de votre visage, vous enregistrez une commande vocale permettant le déverrouillage.
- **Modèle**. Vous créez un modèle de déverrouillage sur un pavé de neuf cercles. Pour cela, vous faites glisser votre doigt sur les cases.

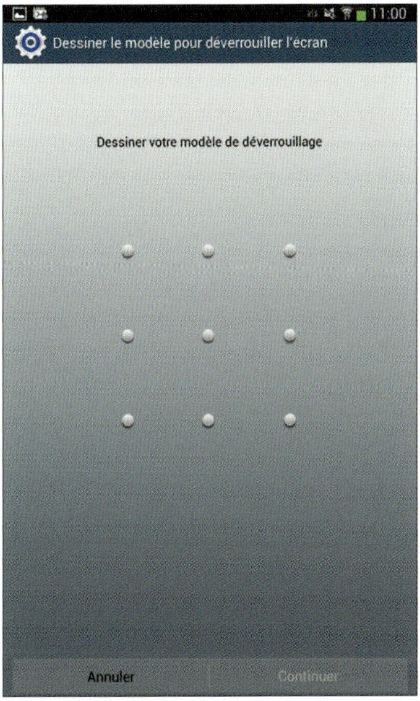

- **Code PIN**. Vous saisissez un code numérique en utilisant jusqu'à seize chiffres.

- **Mot de passe**. Saisissez un mot de passe contenant des chiffres et des lettres. En combinant les majuscules, les minuscules, les chiffres et les lettres, vous pouvez obtenir une protection maximale.

- **Aucun**. En choisissant cette option, vous ne protégez pas du tout l'accès à votre tablette et vous supprimez l'écran de verrouillage. Dès que vous appuyez sur le bouton pour sortir de veille ou pour démarrer la tablette, vous arrivez directement sur la dernière application utilisée ou sur l'écran d'accueil.

6 En dessous de la section Sécurité écran, vous trouvez une nouvelle section dont le nom change en fonction du type de déverrouillage choisi. Cette section ne s'affiche donc pas si vous avez sélectionné Aucun dans Déverrouillage écran.

7 Touchez **Widget écran verrouill.** pour personnaliser l'horloge et le message qui s'affiche sur l'écran de verrouillage.

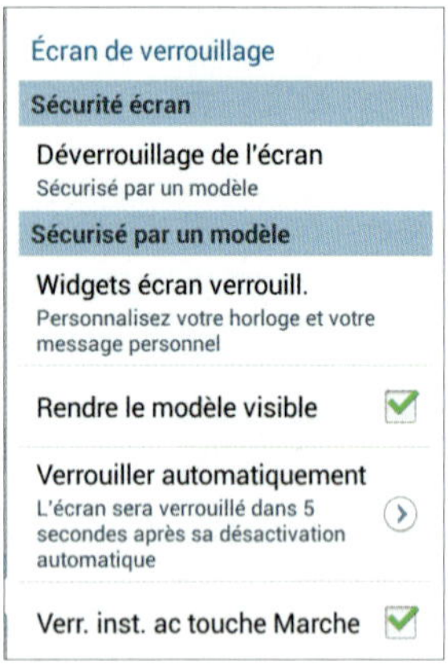

8 Touchez **Horloge ou mesg personnel** puis indiquez si vous souhaitez afficher l'horloge ou un message personnel sur l'écran de verrouillage.

9 Si vous avez choisi l'horloge, dans la section Options du widget Horloge, configurez la taille de l'horloge.

10 Indiquez si vous souhaitez afficher la date.

11 Touchez **Infos propriétaire** puis, dans la fenêtre qui s'affiche, saisissez un texte à afficher sur l'écran de verrouillage.

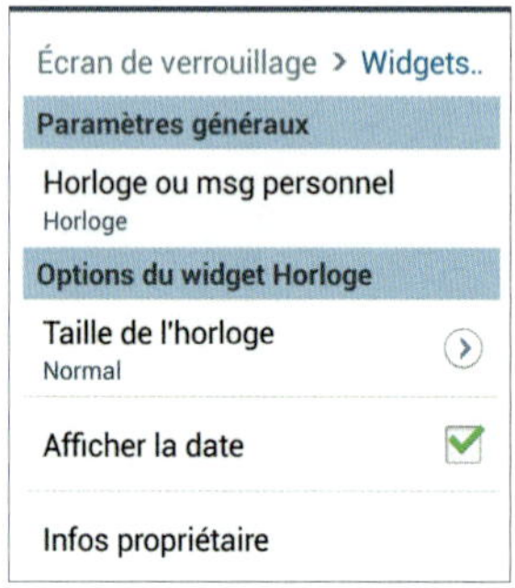

Localiser l'appareil à distance

Si vous égarez votre tablette, vous avez la possibilité de la localiser à partir de n'importe quel appareil équipé d'un navigateur Web.

1 Affichez la liste des applications.

2 Touchez **Paramètres**.

3 Dans la section Personnel, touchez **Sécurité**.

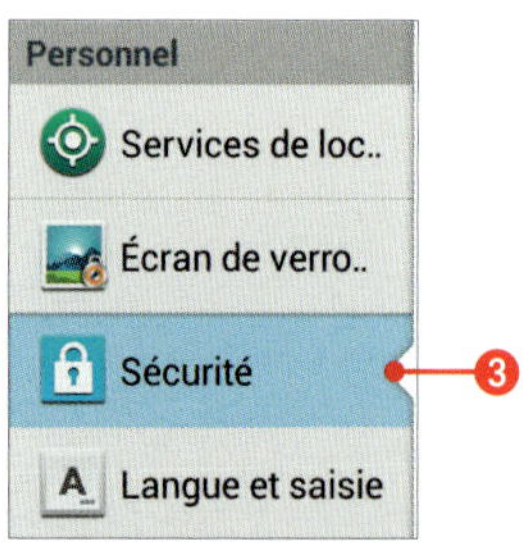

4 Dans la section Localiser appareil mobile du volet de droite, touchez **Contrôle à distance**.

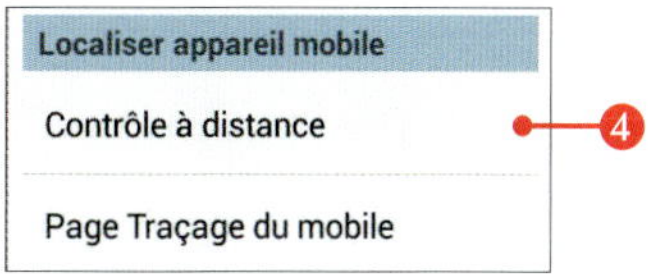

5 Saisissez le mot de passe de votre compte Samsung (si vous ne possédez pas de compte Samsung, vous devez en créer un). Touchez **OK**.

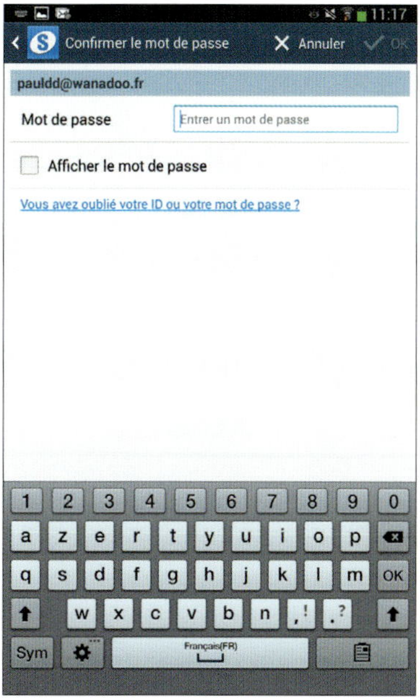

6 Un message de présentation s'affiche, touchez **OK**.

7 Cochez **Utiliser réseau sans fil** pour activer la localisation de votre tablette.

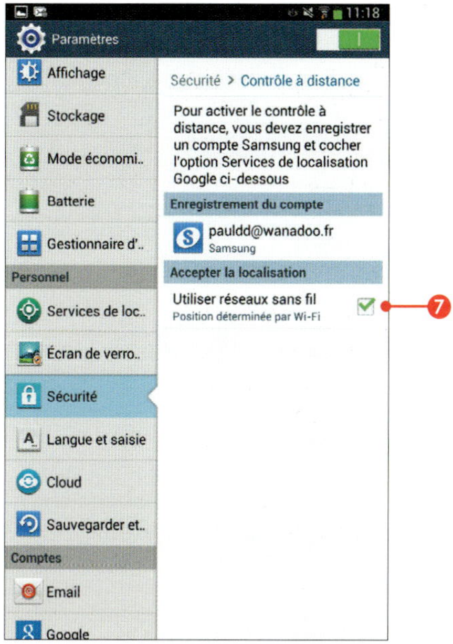

8 Pour accéder à votre tablette à distance, utilisez un navigateur Web sur une autre tablette ou sur un ordinateur et rendez-vous à l'adresse `www.samsungdive.com`. Si votre tablette est connectée au réseau, vous pourrez obtenir des informations.

9 Cliquez sur **Locate My Mobile** pour afficher votre tablette sur une carte.

❿ Cliquez sur **Lock My Mobile** pour verrouiller votre tablette. Dans la page qui s'affiche, saisissez un message à afficher sur la tablette ainsi qu'un code PIN à quatre caractères. Cliquez ensuite sur **Lock**.

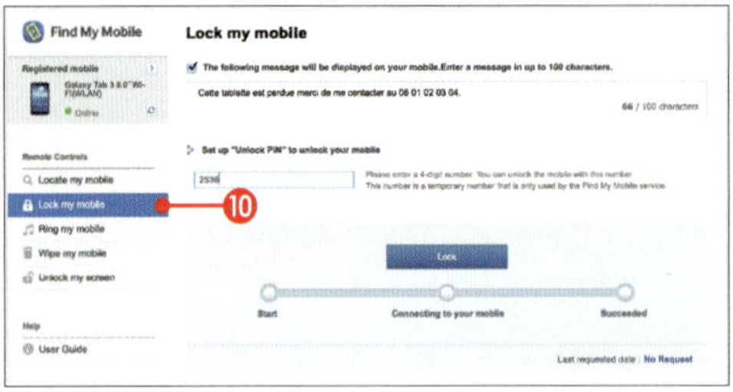

⓫ Cliquez sur **Ring My Mobile** pour faire sonner votre tablette. Si vous le souhaitez, vous pouvez afficher un message sur la tablette pendant qu'elle sonne. Cliquez sur **Ring**.

⓬ Cliquez sur **Wipe Out My Mobile** pour effacer votre tablette. Vous avez la possibilité d'effacer la carte SD de la tablette si elle en contient une ou de restaurer les paramètres d'usine. Notez que si vous optez pour cette deuxième solution, vous ne pourrez plus accéder à distance à votre tablette.

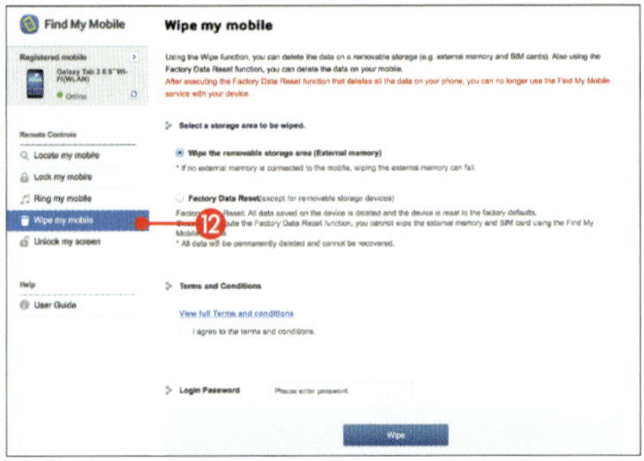

⓭ Cliquez sur **Unlock My Screen** pour déverrouiller à distance votre tablette.

Sauvegarder les données sur le Cloud

Vous sauvegardez les données sur le Cloud Samsung afin de pouvoir y accéder à partir d'autres appareils Samsung.

❶ Affichez la liste des applications.

❷ Touchez **Paramètres**.

❸ Dans la section Personnel, touchez **Cloud**.

4 Dans le volet de droite, touchez **Paramètres sync** pour synchroniser manuellement le calendrier, les contacts, les signets Internet et les mémos.

5 Dans le nouvel écran qui s'affiche, vous activez la synchronisation automatique des données que vous souhaitez.

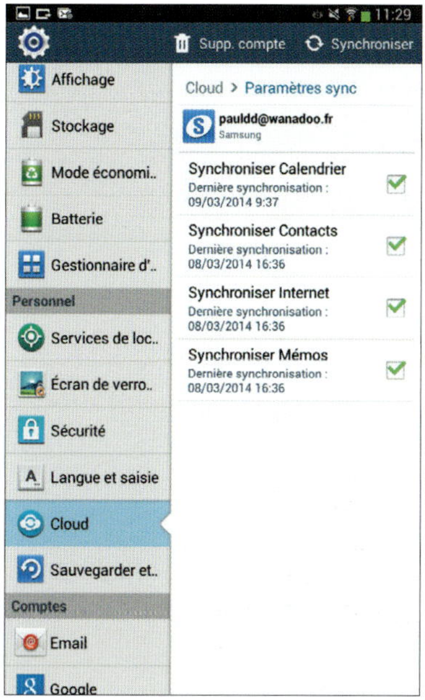

Chapitre 23

Téléphoner

Dans ce chapitre :

- Passer et recevoir un appel téléphonique
- Rejeter un appel avec un SMS
- Téléphoner à un deuxième correspondant
- Passer un appel vidéo
- Ajouter un numéro au carnet d'adresses
- Envoyer un SMS ou un MMS
- Lire un SMS ou un MMS
- Joindre une photo ou tout autre document
- Recevoir un SMS ou un MMS
- Enregistrer la pièce jointe d'un MMS
- Transférer un message

Si vous avez opté pour le modèle pouvant recevoir une carte SIM, vous avez la possibilité d'utiliser votre Galaxy pour téléphoner (si votre formule d'abonnement le permet), mais aussi pour envoyer des SMS.

Téléphoner avec sa tablette

Pour accéder aux fonctions de téléphonie de votre tablette, utilisez l'icône Téléphone qui se trouve dans la barre de lancement rapide au bas de n'importe quelle page d'accueil. Touchez l'icône pour ouvrir l'application.

Effectuer un appel téléphonique

Malgré sa taille, vous utilisez votre tablette comme un (gros) Smartphone pour téléphoner.

> NOTE
> Si vous trouvez un peu étrange de coller la tablette contre votre oreille, utilisez un casque/micro ou une oreillette Bluetooth.

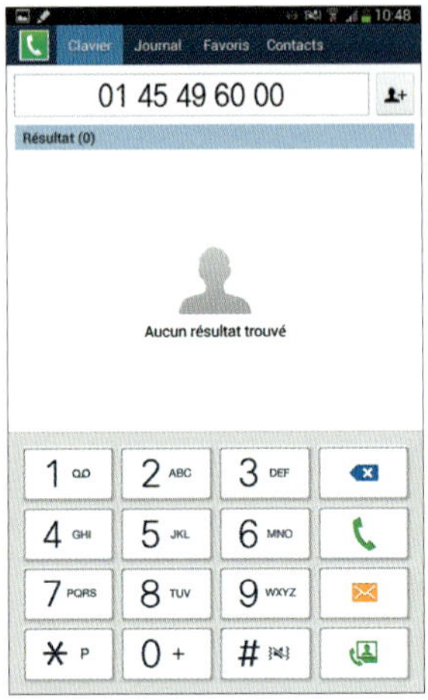

❶ Affichez la page d'accueil et touchez l'icône du téléphone. Le clavier de composition d'un numéro s'affiche (sauf si vous avez déjà utilisé l'application et que vous avez affiché un autre onglet).

❷ Composez le numéro à appeler en tapant sur les chiffres. Le numéro s'affiche dans la partie supérieure de l'écran. S'il correspond à un contact de votre carnet d'adresses, ce contact s'affiche au centre de l'écran. Pour corriger un numéro, tapez la touche **Retour arrière** placée à droite de la touche 3.

❸ Tapez la touche avec l'icône verte d'un téléphone pour initier l'appel.

❹ Lorsque la communication est établie, le clavier s'affiche. Pour masquer le clavier, tapez la touche **Masquer**. Utilisez les touches en bas de l'écran pour activer le haut-parleur, augmenter le son, désactiver le micro et connecter/déconnecter un casque Bluetooth.

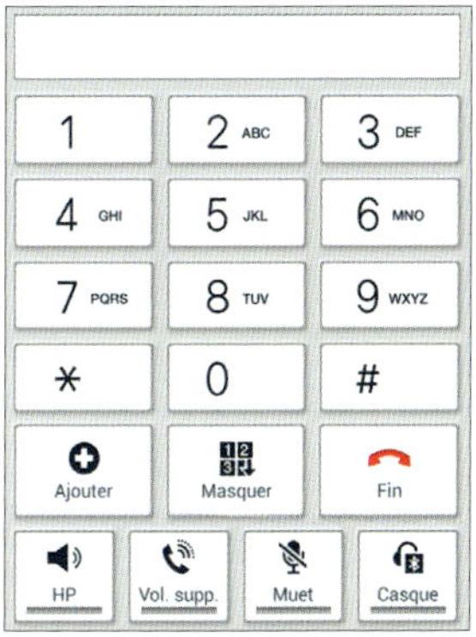

5 Pour mettre fin à l'appel, tapez sur la touche **Fin** (avec l'icône rouge d'un téléphone).

Effectuer un appel d'urgence

Lorsque vous démarrez votre tablette après l'avoir totalement éteinte, si votre formule d'abonnement ne vous permet pas de passer des appels téléphoniques ou si vous n'avez pas inséré de carte SIM dans votre tablette, vous avez la possibilité de passer des appels d'urgence (si vous être en zone de couverture). Partout en Europe, vous composez le 112 pour accéder aux services d'urgence.

Répondre à un appel

Si votre tablette n'est pas complètement éteinte, vous avez la possibilité de recevoir des appels.

1 Lorsque le téléphone sonne, l'écran s'allume s'il était en veille et le numéro du correspondant (ou sa fiche s'il est dans vos contacts) s'affiche.

2 Faites glisser l'icône verte vers la droite pour prendre l'appel. Faites glisser l'icône rouge vers la gauche pour rejeter l'appel (et envoyer le correspondant sur votre messagerie).

> Si vous utilisez un kit mains libres (écouteurs avec télécommande et micro ou oreillette Bluetooth), vous pouvez vous servir des boutons de ce dernier pour accepter ou rejeter l'appel.

3 Lorsque vous avez accepté l'appel, un écran s'affiche et offre différentes commandes :

- Touchez le haut-parleur en haut à gauche pour régler le son.
- Touchez le bouton **Attente** pour mettre le correspondant en attente (vous ne l'entendez plus et il ne vous entend plus).
- Touchez **Ajouter** pour l'ajouter aux contacts.
- Touchez **Clavier** pour faire apparaître le clavier numérique.
- Touchez **Fin** pour raccrocher.
- Touchez **HP** pour activer ou désactiver le haut-parleur de la tablette.
- Touchez **Vol. supp.** pour activer ou désactiver le volume supplémentaire.
- Touchez **Muet** pour désactiver ou activer le micro.
- Touchez **Casque** pour activer ou désactiver le casque Bluetooth.

Rejeter un appel avec un SMS

Vous avez la possibilité de refuser un appel en envoyant un SMS pour expliquer la raison de votre refus.

1 Lorsque le téléphone sonne, faites glisser vers le haut l'élément **Rejeter l'appel avec message**, placé au bas de l'écran.

2 Une liste de messages s'affiche. Touchez l'enveloppe en regard du texte que vous souhaitez envoyer à votre correspondant. L'appel est rejeté, votre correspondant est transféré sur la messagerie et le message que vous avez sélectionné est envoyé par SMS.

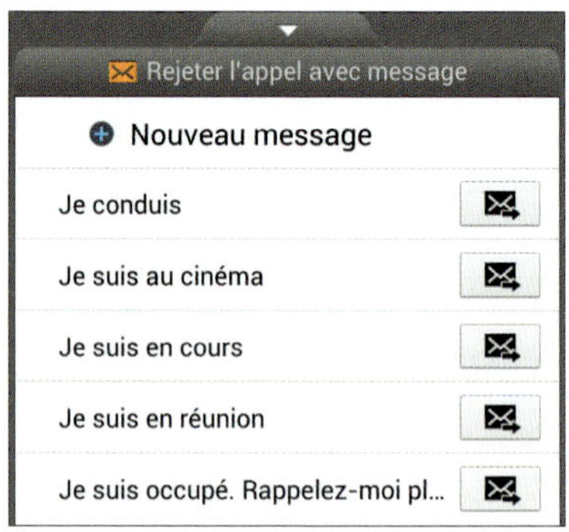

Modifier les messages de rejet

Vous pouvez avoir six messages préétablis, vous avez donc la possibilité d'en ajouter un, mais aussi de modifier les messages existants.

1. Ouvrez la page du téléphone.

2. Touchez la touche sensible **Menu** (en bas à gauche de l'écran).

3. Touchez **Paramètres d'appel**.

4. Dans la page qui s'ouvre, touchez **Définir les messages de rejet**.

5. Touchez le signe + pour créer un sixième message ou bien touchez un message existant pour en modifier le contenu.

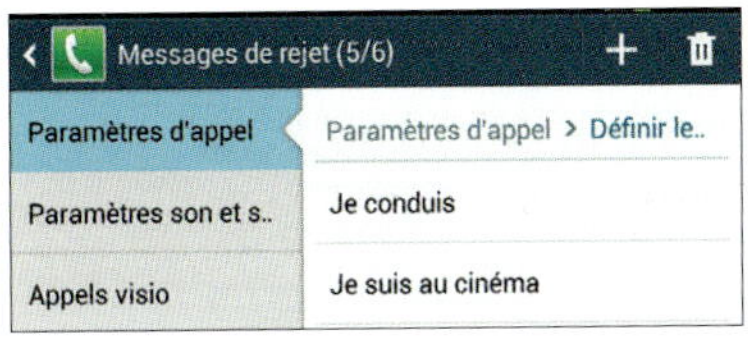

6. Saisissez votre réponse ou modifiez une réponse existante dans la page qui s'affiche.

7. Touchez **Enreg.** en haut à droite pour enregistrer le message.

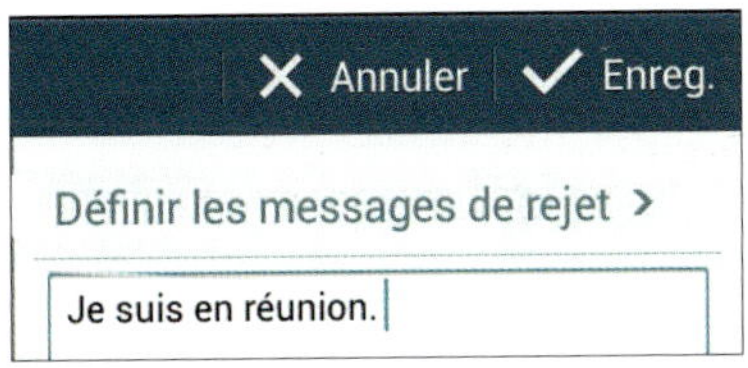

> Pour supprimer un message, faites un appui long dessus puis touchez **Supprimer** dans la fenêtre qui s'affiche.

Passer un deuxième appel

Lorsque vous êtes en conversation avec un correspondant, vous avez la possibilité d'en appeler un deuxième.

1. Lorsque vous êtes en conversation, appuyez sur le bouton **Ajouter**.

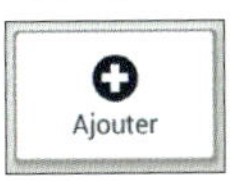

2. Le correspondant est mis en attente. Tapez le numéro de la deuxième personne que vous souhaitez joindre et établissez la communication.

3. Pour passer d'un interlocuteur à l'autre, touchez le bouton **Permuter**.

4. Pour parler avec les deux interlocuteurs en même temps et établir une sorte de conférence, touchez le bouton **Fusionner** (si l'opérateur le permet).

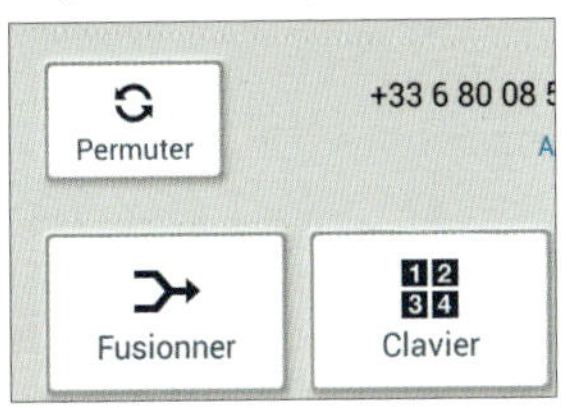

Répondre à un deuxième appel

Si votre opérateur le permet, vous pouvez accepter plusieurs appels.

❶ Si vous êtes en communication avec une personne et que vous recevez un nouvel appel, faites glisser le bouton vert pour répondre.

❷ Dans la fenêtre qui s'affiche, indiquez si vous souhaitez prendre le nouvel appel en mettant en attente ou en terminant le premier.

❸ Si vous avez mis le premier appel en attente, utilisez le bouton **Permuter** pour passer d'un correspondant à l'autre. Si l'opérateur le permet, vous pouvez établir une conversation à trois en touchant le bouton **Fusionner**.

Afficher le journal des appels

Vous affichez le journal des appels pour retrouver un numéro que vous avez appelé ou celui d'une personne qui vous a appelé.

❶ Ouvrez l'application Téléphone.

❷ Dans la partie supérieure de l'écran, touchez l'onglet **Journal**.

❸ Le journal s'affiche. Dans le volet de gauche, touchez un élément pour afficher le détail. Faites défiler la liste pour trouver le jour qui vous intéresse.

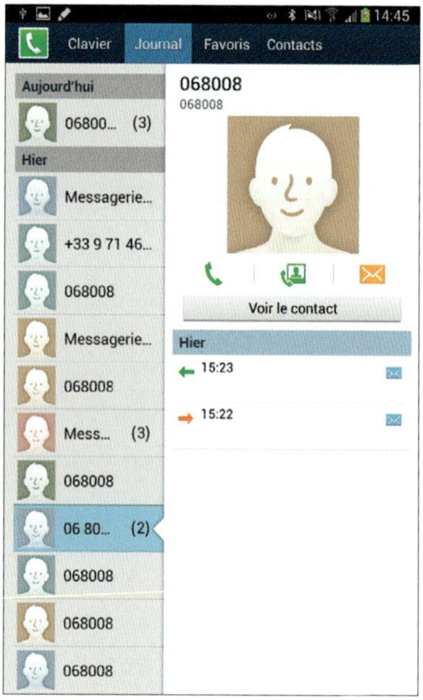

❹ Dans la partie de droite, une flèche verte vers la gauche indique un appel reçu, une flèche rouge vers la droite indique un appel émis. L'heure de l'appel est indiquée en regard de la flèche.

Passer un appel vidéo

Si votre correspondant peut recevoir des appels vidéo, vous pouvez utiliser cette fonctionnalité.

1. Composez le numéro de téléphone comme pour passer un appel vocal.

2. Touchez le bouton **Visio** pour effectuer un appel vidéo à la place d'un appel vocal.

3. Lorsque votre interlocuteur répond, son image s'affiche à l'écran. Les options disponibles dépendent de votre opérateur.

Créer un contact après un appel

Pendant un appel téléphonique ou lorsque vous avez raccroché, vous avez la possibilité de placer le correspondant dans la liste de vos contacts (ou d'utiliser le numéro pour modifier un contact existant).

1. Après avoir raccroché, deux boutons apparaissent : **Créer un contact** pour créer une fiche ou **MAJ cont. existant** pour ajouter le numéro à un contact existant. Touchez l'option souhaitée.

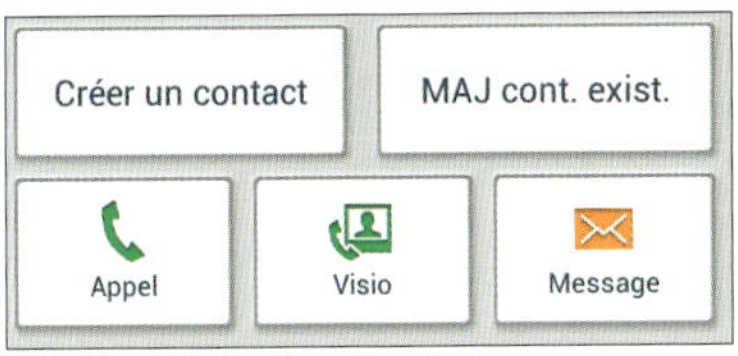

2. Si vous mettez à jour un contact existant, la liste des contacts s'affiche. Touchez le contact à mettre à jour.

3. Saisissez ou mettez à jour les détails relatifs au contact dans le formulaire et terminez en appuyant sur le bouton **Enreg.**

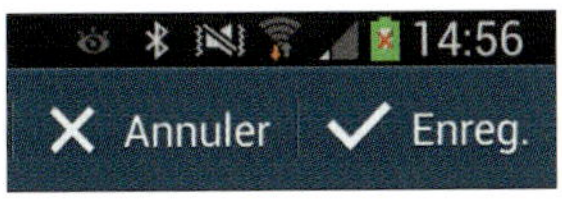

Téléphoner à un contact

Vous utilisez votre carnet d'adresses pour téléphoner facilement à un contact.

1. Ouvrez votre liste de contacts et affichez le détail d'un contact.

2. Pour initier l'appel, touchez le téléphone vert en regard du numéro de téléphone que vous souhaitez utiliser (Mobile, Bureau, Domicile, *etc.*).

3. Pour envoyer un SMS ou un MMS, touchez l'enveloppe.

4. Touchez **Appel visio** pour initier un appel vidéo avec le contact (si ce type d'appel est possible avec votre contact).

Envoyer des SMS et des MMS

Vous utilisez l'application Messages pour échanger des SMS et des MMS. Pour éviter de saisir les numéros de téléphone à chaque envoi, vous faites appel à votre carnet d'adresses.

> NOTE
> Si votre tablette est équipée d'une carte SIM et que votre abonnement ne vous permet pas l'envoi de SMS/MMS, vous pouvez toujours recevoir des SMS, ne serait-ce que de votre opérateur qui peut vous informer sur votre consommation de votre forfait de données.

Ouvrir l'application Messages

Vous trouvez l'icône de l'application Messages dans la barre de lancement rapide des pages d'accueil de votre Galaxy.

❶ Affichez la page d'accueil. Dans la barre de lancement rapide, touchez l'icône **Messages**.

❷ L'application s'ouvre. Dans le volet de gauche, vous trouvez, dans l'ordre chronologique, les personnes ou les numéros de téléphone avec qui vous avez échangé des messages. Bien entendu, si vous n'avez pas reçu ou envoyé de message vous ne trouvez rien dans cet écran.

❸ Touchez un élément de la colonne de gauche pour afficher le détail de la conversation dans la colonne de droite (messages reçus et envoyés).

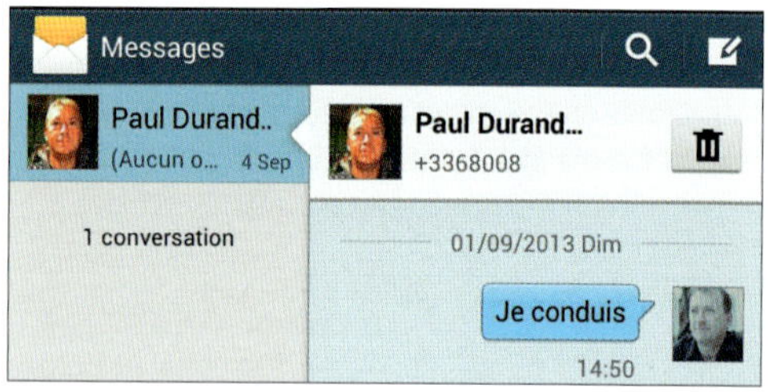

Envoyer un SMS

Pour envoyer un SMS, il vous suffit d'indiquer le destinataire, de saisir le message et de toucher le bouton pour l'expédier.

❶ Ouvrez l'application Messages, comme indiqué dans la section précédente.

❷ Touchez l'icône **Nouveau message** (elle représente un crayon sur du papier).

❸ La fenêtre de création d'un nouveau message s'affiche.

❹ Touchez la zone **Saisir le destinataire** pour y placer le curseur clignotant (s'il ne s'y trouve pas déjà).

❺ Saisissez le numéro de téléphone du destinataire. Vous pouvez également toucher l'icône à droite de la zone de saisie afin d'ouvrir les Contacts et sélectionner le ou les destinataires du message. Si vous saisissez les numéros et que vous souhaitez envoyer le message à plusieurs personnes, insérez une virgule entre les numéros de téléphone de chacun des destinataires.

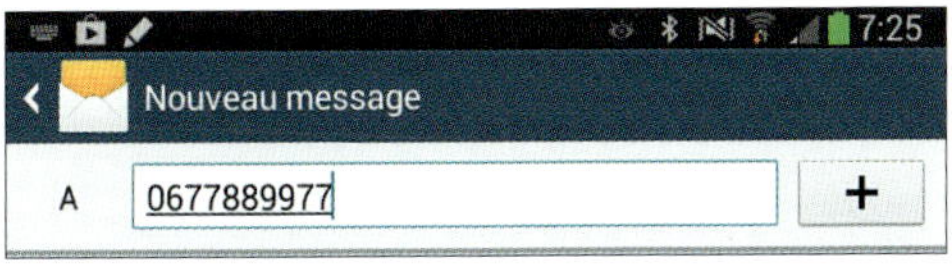

❻ Touchez la zone **Entrer un message** et saisissez votre message. Le compteur à droite de la zone de saisie vous indique le nombre de caractères dans votre message. N'oubliez pas qu'un SMS est composé de 160 caractères maximum, au-delà il faudra un SMS supplémentaire par tranche de 160 caractères.

❼ Sur la droite de la zone de saisie du message, touchez l'icône **Envoyer** (une enveloppe fléchée).

Votre message est envoyé.

Joindre un document ou une photo

Pour transformer un SMS en MMS, il suffit d'ajouter une pièce jointe (une photo ou tout autre document). Attention, si vous avez un forfait illimité pour les SMS, ce n'est peut-être pas le cas pour les MMS. De plus, lorsque vous envoyez un MMS, vérifiez que votre correspondant peut le recevoir et l'afficher.

❶ Créez votre SMS comme indiqué dans la section précédente, mais avant de l'envoyer, touchez l'icône **Pièce jointe** (un trombone de bureau).

> NOTE
>
> Vous choisissez d'écrire le message avant ou après l'insertion de votre pièce jointe.

❷ Dans la fenêtre **Joindre** qui apparaît, sélectionnez le type de pièce à joindre. Par exemple, pour choisir une photo enregistrée sur votre tablette, touchez **Image** ou touchez **Prendre une photo** pour utiliser l'appareil photo numérique intégré.

❸ Si vous avez opté pour une photo, elle s'affiche sous la forme d'une miniature dans la fenêtre du message. Si la photo était trop volumineuse, elle est transformée pour obtenir une taille correcte. Notez que la taille de la photo s'affiche à droite.

❹ Expédiez votre MMS en touchant l'icône **Envoyer** (l'enveloppe fléchée). Le MMS est envoyé.

> NOTE
> Vous utilisez la même technique pour envoyer des vidéos. Toutefois, sachez que la taille des fichiers joints dans les MMS est limitée. La faible qualité des photos reste acceptable, mais vous risquez d'être très déçu par la mauvaise qualité des vidéos.

Introduire une émoticône (smiley)

Une émoticône est un petit dessin qui représente une émotion en stylisant un visage. Dans sa forme initiale, elle se crée à l'aide de caractères que l'on regarde en penchant la tête à gauche, par exemple le sourire s'écrit :-) (les yeux, le nez, la bouche). On trouve toutefois des caractères spéciaux, véritables petits dessins qui représentent plus facilement le visage.

❶ Créez un nouveau message comme vous l'avez appris précédemment.

❷ Lorsque le curseur est dans la zone de saisie du message (Entrer un message), appuyez sur le bouton tactile **Menu** (au-dessous, à gauche de l'écran). Dans le menu qui s'ouvre, touchez **Insérer smiley**.

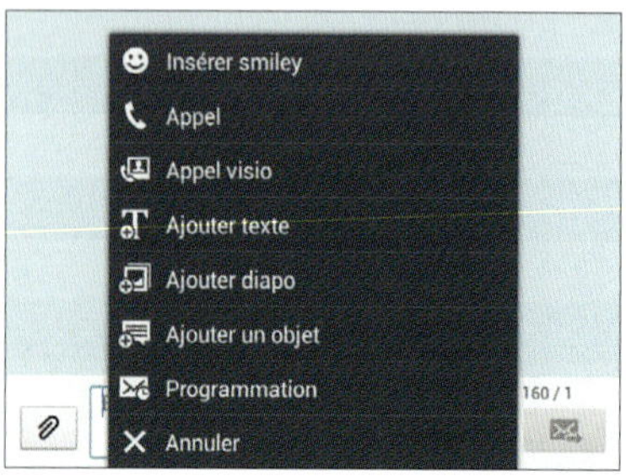

❸ Une fenêtre s'affiche et liste les émoticônes disponibles. Touchez l'émoticône que vous souhaitez placer dans votre message (à l'emplacement du curseur). Vous pourrez l'effacer comme tout autre caractère.

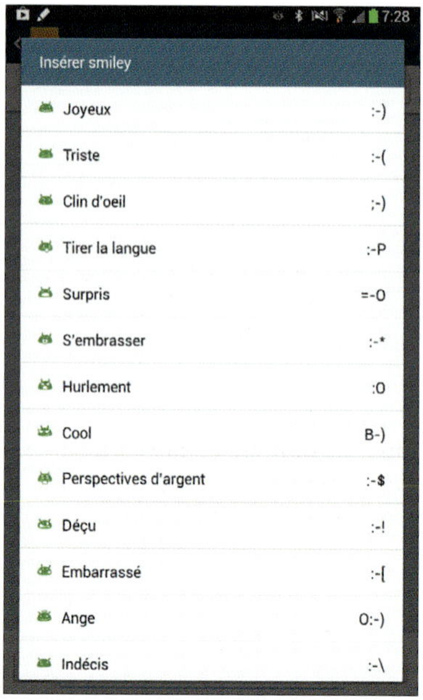

Différer l'expédition

Vous souhaitez envoyer un message à un instant précis ? Utilisez la possibilité de différer l'envoi.

❶ Créez un nouveau message comme vous l'avez appris précédemment.

❷ Lorsque le curseur est dans la zone de saisie du message (Entrer un message), appuyez sur le bouton tactile **Menu** (au-dessous, à gauche de l'écran). Dans le menu qui s'ouvre, touchez **Programmation**.

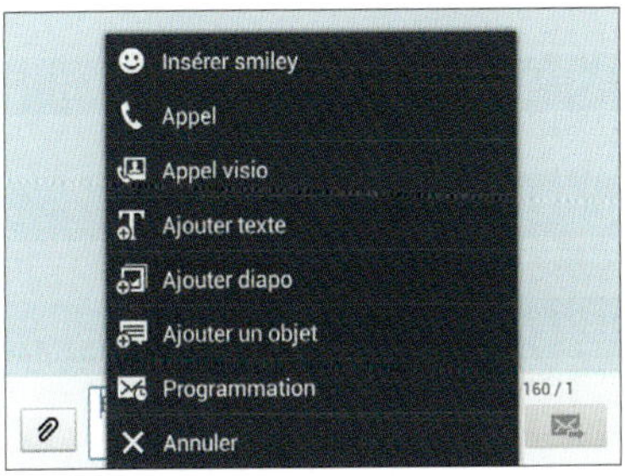

❸ Dans la fenêtre qui s'affiche, définissez la date et l'heure, puis touchez **OK**. Votre Galaxy enverra le message à l'heure et à la date indiquées (à condition qu'il soit en veille et connecté au réseau).

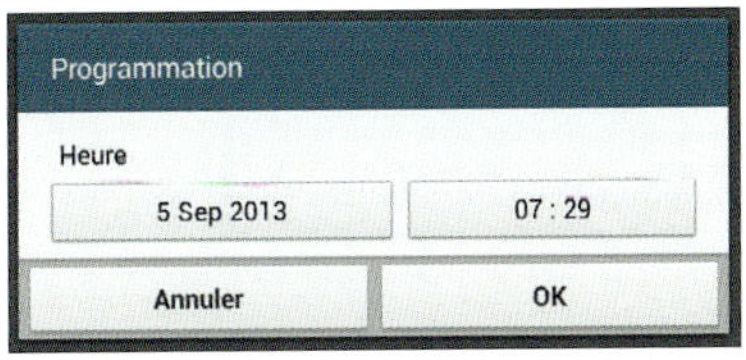

Lire un nouveau message

Lorsque vous recevez un message, vous en prenez connaissance en touchant la notification. Vous pouvez ensuite y répondre :

- Touchez l'icône **Messages** dans la barre de lancement rapide de la page d'accueil. Dans la page **Messages** qui s'affiche, touchez l'expéditeur du message pour lire le contenu de ce dernier.
- Faites glisser le volet des notifications vers le bas pour afficher les messages reçus. Appuyez sur la ligne d'un message pour l'afficher.

Enregistrer une pièce jointe reçue

Lorsque vous recevez une pièce jointe, vous pouvez la stocker dans la mémoire de votre Galaxy, si vous souhaitez la conserver pour y accéder par la suite lorsque vous aurez supprimé le MMS.

❶ Affichez le MMS contenant une pièce jointe.

❷ Appuyez longuement sur la pièce jointe. Le menu contextuel Options de message s'affiche.

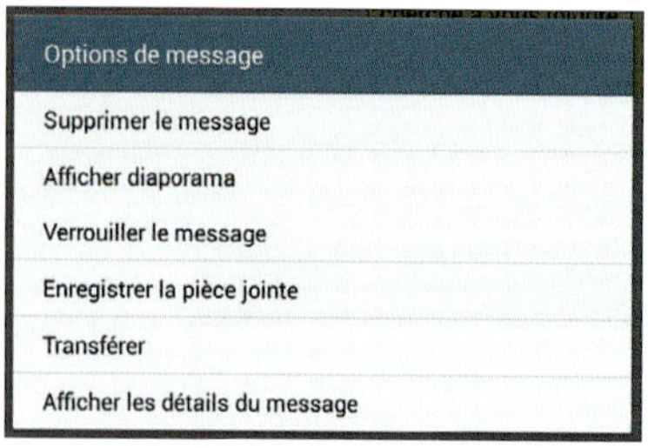

❸ Pour enregistrer la pièce jointe, touchez **Enregistrer la pièce jointe**. Une fenêtre de confirmation apparaît. Cochez la case en regard du nom de la pièce jointe (ou cochez **Sélectionner tout**) puis touchez le bouton **Enreg**.

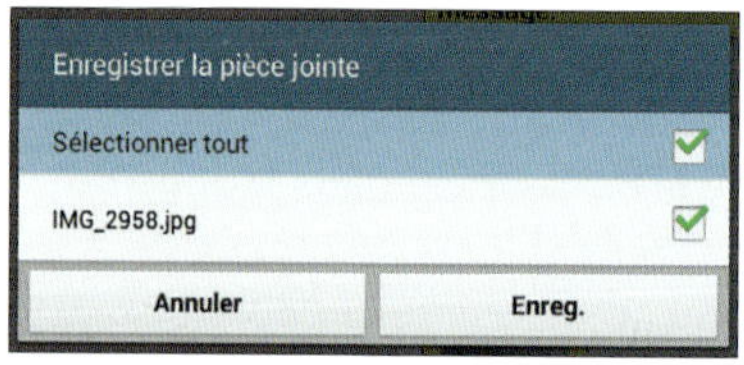

Les pièces jointes sont placées dans le dossier Downloads (Téléchargements).

Supprimer un message

Dès que vous le souhaitez, vous supprimez un message inutile ou qui vous encombre.

❶ Affichez le message à supprimer, puis faites un appui long dessus pour afficher son menu contextuel.

❷ Touchez **Supprimer le message**. Une fenêtre de confirmation s'affiche. Touchez **OK**. Le message est supprimé.

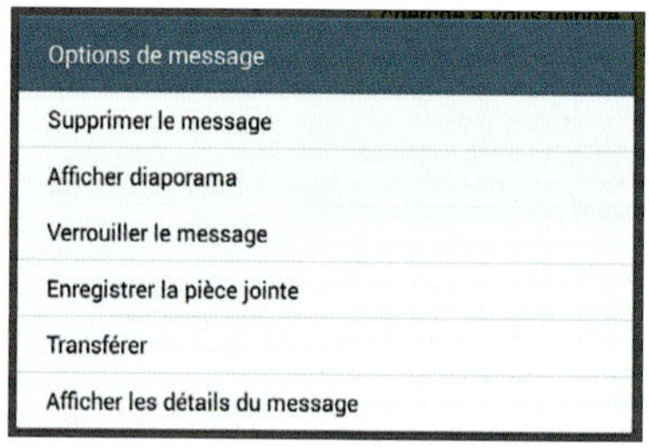

Transférer un message

Vous transférez un message pour le partager avec une autre personne.

❶ Ouvrez le message et faites un appui long dessus. Dans le menu contextuel qui s'affiche, touchez **Transférer**.

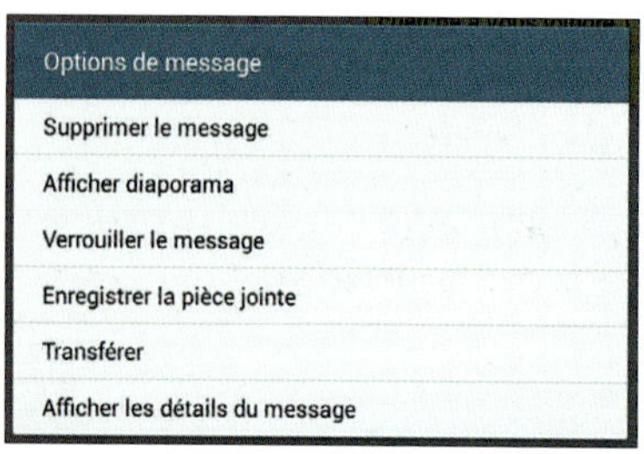

❷ Une page de nouveau message s'affiche. Indiquez le destinataire et complétez éventuellement le message.

❸ Touchez le bouton d'envoi du message (l'enveloppe fléchée).

Glossaire

Chiffres

3G

Norme de technologie permettant aux téléphones mobiles d'accéder à Internet avec un débit assez important. Les ancêtres sont les technologies GPRS et EDGE.

4G

Norme appelée à succéder à la 3G et offrant un débit encore plus important.

A

Accéléromètre

Capteur de mouvement placé dans la tablette, qui détecte les déplacements, rotations, inclinaisons, *etc.*

App ou Application

On parle aussi de *programme* ou de *logiciel*. Il s'agit des outils informatiques que l'on utilise pour réaliser différentes tâches.

Antivirus

Logiciel qui surveille la tablette et supprime les virus. Il existe des antivirus pour votre tablette.

Arborescence

Structure des dossiers d'un lecteur. Un dossier peut contenir un autre dossier, qui lui-même peut contenir un autre dossier, *etc.*

B

Barre d'adresses

Zone de saisie dans le navigateur Internet qui permet de saisir une adresse de page Web ou dans laquelle est indiquée l'adresse de la page affichée dans la fenêtre du navigateur.

Bouton Accueil

Bouton placé dans la barre de statut, au bas de l'écran. Il permet de quitter une application et de revenir à l'écran d'accueil.

C

Caméra frontale

Appareil photo ou caméra placé du côté de l'écran de la tablette, permettant de se filmer en regardant l'écran.

Carnet d'adresses

Ensemble de tous vos contacts.

Chat

Conversation en temps réel *via* Internet. Contrairement à la messagerie instantanée, vous ne connaissez pas vos interlocuteurs.

Cloud

Système de stockage distant (dans le « nuage »). En créant un compte Samsung, vous pouvez sauvegarder votre tablette dans le nuage. Vous pouvez aussi enregistrer des documents sur le nuage avec un compte Dropbox.

Contact

Personne ou société avec laquelle vous êtes en relation *via* le courrier électronique.

Copier/coller

Opération qui consiste à copier des informations dans la mémoire de la tablette (le presse-papiers) pour les coller (les insérer) dans un document.

Courriel

Courrier électronique. Une adresse de courriel a la forme *nom@adressedufournisseur.*

D

Défiler

Voir *Glisser.*

Document

Fichier créé avec une application.

Dossier

Emplacement dans lequel vous placez des documents ou d'autres dossiers. Vous utilisez les dossiers pour organiser vos documents et les retrouver facilement.

DRM

Digital Rights Management. Technologie qui protège les fichiers audio contre les copies. Les DRM sont de moins en moins utilisés pour les fichiers audio.

E

EDGE

Norme de technologie permettant aux téléphones mobiles d'accéder à Internet à bas débit. Il s'agit de l'ancêtre de la 3G, mais cette technologie reste active sur l'ensemble du territoire non couvert par la 3G.

E-mail

Electronic mail. Il s'agit du courrier électronique ou courriel.

Émoticône (*émoticon, smiley*)

Suite de caractères qui indique une émotion. Par exemple, la suite :-) correspond à « heureux » ou à un « sourire ».

F

FAI

Fournisseur d'accès à Internet. Pour vous connecter à Internet, vous devez souscrire un abonnement auprès d'un FAI (Free, Orange, Tele2, *etc.*).

Feuilleter

Mode d'interaction avec l'écran tactile, consistant à faire glisser rapidement pour défiler dans un écran.

Flux RSS

Informations en continu diffusées par des sites Web.

Formatage

Préparation d'une clé USB ou de tout autre support de données afin de pouvoir être utilisé par la tablette.

Forum

Site Web qui permet de déposer des questions ou de répondre à celles des autres participants.

G

Géolocalisation

Fonction permettant de positionner la tablette géographiquement.

Glisser

Mode d'interaction avec l'écran tactile de la tablette, consistant à toucher l'écran puis à faire glisser le doigt sans relâcher.

Go

Gigaoctet. 1 Go égale 1 024 Mo ou 1 024 x 1 024 x 1 024 octets.

H

Historique

Liste des pages Web visitées récemment.

HTML

HyperText Markup Language. Langage utilisé pour composer les pages Web.

http

HyperText Transfer Protocol. Protocole utilisé par les pages Web sur Internet. Toutes les URL commencent par ce code.

I

Icône

Représentation imagée d'un document.

Impression

Envoi d'un document sur une imprimante.

Internet

Réseau mondial d'ordinateurs.

IP (adresse)

Suite de quatre nombres de 0 à 255 qui identifie de manière unique un ordinateur sur Internet ou sur tout réseau. Une adresse IP est donc composée de quatre octets.

K

Ko

Kilo-octet. 1 Ko égale 1 024 octets.

L

Lien

Élément d'une page Web qui pointe sur une autre page Web.

M

Mémoire

Composant électronique où sont stockées les informations. La taille de la mémoire s'exprime en octets. Un octet correspond à un caractère. Les capacités supérieures s'expriment en kilo-octets (1 Ko = 1 024 octets), mégaoctets (1 Mo = 1 024 Ko) et gigaoctets (1 Go = 1 024 Mo).

Messagerie

Logiciel qui permet d'échanger du courrier et des documents avec n'importe quelle personne sur la planète, et cela en quelques secondes.

Messagerie instantanée

Logiciel qui permet d'expédier immédiatement des messages et des fichiers à vos contacts qui sont actuellement connectés à Internet.

Mise à jour

Installation des dernières versions d'Android et des programmes installés sur la tablette.

Mo

Mégaoctet. 1 Mo égale 1 024 Ko ou 1 024 x 1 024 octets.

Mode Avion

Réglage qui permet d'utiliser uniquement les fonctionnalités de la tablette qui ne sont pas liées aux réseaux sans fil.

MP3

MPEG Audio Layer 3. Fichiers audio compressés.

MPEG

Format de vidéo compressé.

N

Navigateur

Logiciel qui permet de lire le contenu des pages disponibles sur le Web (textes, images, sons, vidéos, *etc.*).

O

Octet

Ensemble de 8 bits. 1 octet correspond à une valeur variant entre 0 et 255.

Orientation paysage

Mode d'utilisation de la tablette en « largeur », en la faisant pivoter d'un quart de tour. L'orientation paysage améliore certains usages (clavier plus large) ou donne accès à des fonctions supplémentaires.

P

Page de démarrage

Page affichée lors de l'ouverture du navigateur Web.

Pichenette

Mode d'interaction avec l'écran tactile de la tablette, consistant à faire glisser rapidement pour défiler dans un écran.

Pièce jointe

Fichier expédié en même temps qu'un message (textes, feuilles de calcul, images, *etc.*).

Pincer

Voir *Zoomer*.

Police

Jeu de caractères utilisé dans les documents.

Presse-papiers

Zone temporaire dans laquelle est stockée une partie ou l'intégralité d'un document.

R

Réseau

Ensemble d'ordinateurs reliés entre eux. Un réseau d'ordinateurs dans un foyer ou une entreprise s'appelle un réseau local.

S

Saisie vocale

Saisie de texte à l'aide de la reconnaissance vocale.

Sauvegarde

Copie de secours de fichiers.

Site Web

Ordinateur en réseau qui propose des informations et des documents à consulter sous forme de pages.

Synchroniser

Mettre à jour votre tablette et transférer du contenu (musique, vidéos ou autres données) d'un ordinateur vers la tablette (et inversement) ou vers un service sur Internet.

T

Télécharger

Action consistant à transférer sur son ordinateur des données présentes sur Internet.

Toucher

Mode d'interaction avec l'écran tactile de la tablette, consistant à appuyer sur l'écran.

U

URL

Uniform Resource Locator. Également appelée *adresse* ou *lien*. Chemin d'une page Web sur Internet.

USB

Universal Serial Bus. Prise sur l'ordinateur qui permet de connecter votre tablette. La tablette propose également un adaptateur USB qui vous permet de connecter une clé USB afin d'accéder aux fichiers de cette clé.

V

Verrouillage

Mise en veille de la tablette, avec désactivation de l'écran tactile.

Virus

Programme qui empêche le fonctionnement normal de votre tablette.

W

Webcam

Caméra pour converser visuellement avec vos contacts. Sur votre tablette, on peut considérer qu'il s'agit de la caméra frontale.

Wi-Fi

Wireless Fidelity. Connexion sans fil permettent de se connecter à un réseau local ou à Internet.

World Wide Web ou Web

Service sur Internet qui permet de consulter des pages multimédias au format HTML. L'adresse des sites dans ce format commence par les trois lettres www.

Z

Zoomer

Mode d'interaction avec l'écran tactile, consistant à agrandir (zoom avant) ou réduire (zoom arrière) une partie de l'écran en touchant l'écran avec deux doigts puis en écartant ou en rapprochant les doigts (comme si l'on « pinçait » la surface de l'écran).

Index

A

B

C

H

I

J

K

L

M

N

O

P

R

S

Y

Z